"속담으로
中國語를 말해요"
오경제 지음
"호랑이 이야기를 하니까
호랑이가 오네!"
"说曹操, 曹操到"
신아사

머리말

속담으로 중국어를 말해요

"값싼 물건은 좋은 것이 없다", "싼 것이 비지떡이다".

이 두 마디의 뜻은 분명이 같다. 그러나 듣는 사람의 느낌은 다르다. 앞의 말은 그저 의사를 전달했을 뿐이고 후자의 말을 들었으면 "음~, 이 분은 유식한 사람이라"고 생각할 것이다.

만약 "외국인"이 우리에게 "싼 것이 비지떡"이라고 하면 우리는 아마 "아~, 이 분은 한국말을 보통 잘하는 편이 아니구나!"라고 생각하면서 호감을 갖게 될 것이다. 이 외국인과 교제할 마음도 생길 것이다.

이와 마찬가지로 우리가 중국어를 할 때 "便宜的沒好貨"(값싼 물건은 좋은 것이 없다)보다 "一分錢, 一分貨"(싼 것이 비지떡)라고 하면 중국 사람들이 들었을 때 우리를 매우 높이 평가하고 따뜻하게 대해 줄 것이다.

저자가 한국어를 배울 때 한국 속담을 사용하여 많은 인기를 얻었고 주목도 받았다. "一石三鳥"라고 해도 결코 과언이 아니다. 예를 들어 교수님들이 나에게 한국말을 잘한다고 칭찬할 때 나는 "과찬의 말씀"이라고 하지 않고 항상 "비행기를 태우지 마세요"라고 해서 분위기를 부드럽게 만들었고 덕분에 학점도 잘 받았다. 이 말을 중국어로 하면 "不要給我戴高帽子"(나에게 높은 모자를 쓰지 마세요)이다.

중국 사람들은 일상생활 속에 속담을 사용하는 경우는 한국어보다 훨씬 많다. 예를 들어, "種瓜得瓜, 種豆得豆" (콩 심은데 콩 나고 팥 심은데 팥 난다), "三十六計走爲上策" (삼십육계 줄행랑하자), "人爲財死, 鳥爲食亡" (사람은 재물에 욕심내서 죽고 새는 먹이 때문에 잡히다) 등과 같이 비슷한 것이 많지만 이해하기가 어려운 것도 많다. "人無橫材不富, 馬無夜草不肥" (사람은 횡재가 없으면 큰 부자가 되기 어렵다, 말은 밤에 먹을 사료가 있어야 살찐다), "一朶鮮花插在牛糞上" (한 송이 아름다운 꽃이 소 똥에 꽂았다) 등등은 그것이다.

과연 "一朵鲜花插在牛粪上"는 무슨 의미일까? 이 말은 아름다운 여자가 못생긴 남자에게 시집가거나 교제할 때 제삼자가 비웃는 말이다. 즉, 두 사람이 같이 있는 것은 마치 한 송이 아름다운 꽃이 소 똥에 꽂았다는 것과 같아 어울리지 않고 아쉽고 시기하다는 말이다.

이 책에 속담마다 直譯과 意譯으로 각각 해석・설명하였다. 직역은 그 속담의 문자대로 해석한 것이고, 의역은 그 속담이 갖고 있는 진정한 뜻을 설명한 것이다. 그리고 학습상의 편의를 위하여 어려운 단어가 나타나면 하단에 주석을 달아주었다.

그리고 독자가 쉽게 배울 수 있게 하기 위하여 속담마다 실용예문 2개를 참고하도록 만들었다. 500개의 속담 가운데 한국 속담과 흡사하고 또한 자주 사용한 100개를 정선하여 목차에 마크(*)를 했다.

이 책은 韓中修交 前인 1992년에 번체자로 출판하였다가 이제 간체자 시대가 왔으니 신아사의 도움을 받아 간체자로 재판하게 된다. 이에 감사의 뜻을 표한다.

2010 1.

著者 吳慶第

차례

속담으로 중국어를 말해요

九

十四

十五

十六~二十二

속담으로 중국어를 말해요

1. 一人做事, 一人当

yìrénzuòshì, yìréndāng

直译 : 혼자서 일을 했으면 혼자서 책임을 져야 한다.

意译 : 제 죄를 남 안준다. 책임을 회피하지 않는다.

① 大丈夫, 一人做事, 一人当, 你为什么要说谎?
사나이가 일을 저질렀으면 스스로 책임질 줄 알아야지. 넌 왜 거짓말을 하려고 하니?

② 既然是我的不对, 一人做事一人当, 我不会抵赖的.
기왕 내 잘못이니까 스스로 책임지고 시치미는 떼지 않을 겁니다.

2. 一人得道, 鸡犬升天

yìréndédào, jīquǎnshēngtiān

直译 : 한 사람이 도를 깨치면 그가 기르던 닭과 개까지도 하늘에 올라간다.

意译 : 한 사람의 덕은 여럿이 본다. 한 사람이 출세하면 가족이나 주변 사람도 덕을 본다.

① 他当选市长以後, 把他的亲戚都安排在重要的位置上了, 真是一人得道, 鸡犬升天!
그 사람이 시장에 당선된 후 그의 친척들을 모두 중요한 자리에 기용하였으니 정말 한 사람이 출세하여 여러 사람이 그 덕을 보는구먼!

② 一人得道, 鸡犬升天, 难怪他的亲戚们那么神气了.
한 사람이 출세하면 그 덕을 보는 사람이 많다더니 어쩐지 그의 친척들이 모두 그렇게 의기양양하구나!

---

1. 当(dāng) : 담당하다
2. 大丈夫 : 사나이
3. 说谎(shuōhuǎng) : 거짓말을 하다
4. 既然(jìrán) : 기왕... 이면
5. 不对 : 맞지 않다, 잘못
6. 抵赖(dǐlài) : 시치미를 떼다
7. 得道 : 득도하다, 도를 깨치다
8. 难怪(nánguài) : 어쩐지
9. 神气 : 의기양양하다.

3. 一不做，二不休

yíbúzuò, èrbùxiū

直译 : 안하면 그만이고 했다 하면 끝까지 한다.

意译 : 아예 … 확실하게 한다. 한번 한 일은 하늘이 무너져도 꼭 한다. 내친 걸음에 …한다.

① 一不做，二不休，我把他杀了算了.
안 하면 그만이고 할려면 확실히 해야지, 아예 그를 죽여 버리면 그만이야.

② 警察要捉他，所以他一不做，二不休，把警察也杀死了.
경찰이 그를 잡으려고 하니까 내친 걸음에 그는 아예 경찰마저도 죽여버렸다.

4. 一寸光阴一寸金，寸金难买寸光阴

yícùnguāngyīnyícùnjīn, cùnjīnnánmǎicùnguāngyīn

直译 : 한치의 시간은 한치의 금이다. 한치의 금으로 한치의 시간을 살 수 없다.

意译 : 시간은 돈보다 더 귀하다.

① 古人说 : 一寸光阴一寸金，寸金难买寸光阴，我们能不好好珍惜时间，努力用功?
옛날 사람은 시간은 금보다 더 귀하다고 하는데 우리가 어찌 시간을 아껴서 열심히 공부하지 않을 수 있겠는가?

② 老师常常告诉我们说 : 一寸光阴一寸金，寸金难买寸光阴，希望我们利用时间，多学习一点儿东西.
선생님은 늘 우리에게 말씀하시기를, 시간은 돈보다 귀하니 우리들이 시간을 잘 이용하여 더 많은 것을 배울 수 있기를 바란다고 하셨다.

---

1. 算了 : 그만이다. 그만 두라!
2. 珍惜(zhēn xī) : 아끼다

5. 一分耕耘, 一分收获

yìfēngēngyún, yìfēnshōuhuò

直译 : 일분의 경작은 일분의 수확이다.

意译 : 뿌린 만큼 거둔다.

① 古人说 : 一分耕耘, 一分收获, 如果想要考上首尔大学, 就得加倍努力用功.
옛날 사람이 말하기를, 일분의 경작은 일분의 수확이라는데 만약 당신이 서울대에 합격하려고 하면 배로 열심히 공부하여야 한다.

② 他能通过外交特考, 都是他平时用功的结果, 一分耕耘, 一分收获, 这句话一点儿也不错!
그가 외교관시험에 합격할 수 있었던 것은 그가 평상시에 열심히 공부하는 결과이다. 좋은 수확을 바란다면 열심히 농사를 지어야 한다는 말이 조금도 틀리지 않구나.

6. 一分钱, 一分货

yìfēnqián, yìfēnhuò

直译 : 한 푼의 돈이면 한 푼의 값에 해당하는 물건이다.

意译 : 싼 것이 비지떡이다.

① 一分钱, 一分货, 太便宜的东西一定有问题.
싼 것이 비지떡이예요, 너무 싼 물건은 틀림없이 문제가 있을 거예요.

② 先生! 请不要讨价还价了, 一分钱, 一分货, 我们这里的东西保证品质优良.
선생! 더 이상 에누리를 하지 마세요. 싼 것이 비지떡이죠, 우리 여기의 물건들은 우수한 품질을 보증해 드릴 수 있습니다.

---

1. 考上 : 입시, 자격시험에 합격된다
2. 加倍 : 배로 한다
3. 便宜(pián yí) : 싸다
4. 讨价还价 (tǎojiàhuánjià) : 에누리를 하다

7. 一手遮不了天

yìshǒuzhēbùliǎotiān

直译: 한 손으로 하늘을 가릴 수 없다.

意译: 나쁜 일은 들통나기 마련이다. 조만간 업보를 받는다.

① 一手遮不了天, 他总有一天会得到报应的.
나쁜 일은 들통나기 마련인데 그 사람은 조만간에 업보를 받을 것이다.

② 俗话说：一手遮不了天, 不管他的权势再大, 我们也不必怕他.
속담에 나쁜 일은 들통나기 마련이라고 하잖아. 그의 세도가 아무리 커도 우리는 그를 두려워할 필요가 없어.

8. 一手交钱, 一手交货

yìshǒujiāoqián, yìshǒujiāohuò

直译: 한 손으로 돈을 건내고 또 한 손으로 물건을 건낸다.

意译: 선치부 후출급. 외상이 아닌 현금으로 거래를 한다는 뜻이다.

① 请你明天把鉆石带来, 我们一手交钱, 一手交货.
내일 다이아를 갖고 나오세요, 우리 현물과 현금거래 합시다.

② 这个市场的交易都是一手交钱一手交货, 没有欠帐的.
암흑가끼리의 거래는 모두 현찰로 한다. 외상이란 것이 없다.

---

1. 遮 : 가리다
2. 总 : 반드시
3. 总有一天 : 반드시 어느 날에 (조만간)
4. 得到 : 받았다
5. 报应 : 업보
6. 不管… 也 … : … 든 간에, … 하더라도
7. 怕(pà) : 두렵다
8. 鉆石 : 다이아
9. 黑社会 : 마피아 단체
10. 欠帐(qiànzhàng) : 외상하다

9. 一回生, 二回熟

yìhuíshēng, èrhuíshú

直译 : 처음에 할 때는 서툴러도 두 번째 할 때는 익숙해진다.

意译 : 북은 칠수록 맛이 난다. 어떤 일이든지 반복하면 잘 할 수 있다.

例文 : ① 无论做任何事情, "一回生, 二回熟", 做久了, 自然就会熟练.

무슨 일을 하든지 처음에 할 때 서툴러도 두 번째 할 때 숙달되어진다. 오래하다 보면 자연적으로 숙달될 거예요.

② 中国话不容易学, 但是一回生, 二回熟, 多练习自然就会了.

중국 글자는 배우기가 쉽지 않지만 처음에 할 때 서툴러도 자꾸 하면 숙달되니, 많이 연습하면 자연적으로 할 줄 알게 될 거예요.

10. 一年之计在於春, 一日之计在於晨

yìniánzhījìzàiyúchūn, yírìzhījìzàiyúchén

直译 : 일년의 계획은 봄에 있고 하루의 설계는 아침에 있다.

意译 : 한해 또는 하루가 시작될 때 그 해 또는 그날의 일을 위해 기초를 잘 다져야 한다.

① 一年之计在於春, 一日之计在於晨, 现在是春天, 应该抓紧时间, 做好今年的计划.

1년의 계획은 봄에 설계하고 하루의 설계는 아침에 한다는데 지금 봄이니까 당신도 시간을 잘 이용하여 금년의 계획을 잘 만드세요.

② 一年之计在於春, 一日之计在於晨, 这句话是劝人在一年和一天的开始, 谨慎做好计划, 不可以虚渡岁月.

1년의 계획은 봄에 설계하고 하루의 설계는 아침에 한다는 말은 우리에게 1년과 하루가 시작될 때 계획을 잘 세워야 하며 허송세월하면 안 된다고 권하는 것이다.

---

1. 无论 : 든지, 든간에
2. 熟练 : 숙달하다
3. 晨 : 아침
4. 把握 : 파악하다
5. 谨慎 : 조심하다
6. 虚渡 : 헛되이 보낸다

11. 一朵鲜花插在牛粪上

yìduǒxiānhuāchāzàiniúfènshàng

直译 : 한 송이의 예쁜 꽃이 소똥에 꽂혀 있다.

意译 : 아름다운 여인과 못 생긴 남자가 같이 있을 때 비웃는 말이다.

① 金美花怎么会和李吉洞结婚? 真是一朵鲜花插在牛粪上, 太可惜了.
(아름다운) 김미화양은 어째서 못생긴 이길동과 결혼했을까? 정말 아깝구나! 마치 한 송이의 아름다운 꽃이 소똥에 꽂혀 있는 격이다!

② 潘金莲和武大郎结婚, 就像一朵鲜花插在牛粪上, 她怎么会快乐呢?
반금련이 무대랑과 결혼하니까 마치 한 송이의 아름다운 꽃이 쇠똥에 꽂혀 있는 것 같은데 그녀가 어떻게 기뻐할 수 있겠니?

12. 一言既出, 肆马难追

yìyánjìchū, sìmǎnánzhuī

直译 : 일단 말을 했으면 네 마리의 말을 타도 따라 잡지 못한다.

意译 : 한번 한 말은 되돌릴 수 없다.

① 大丈夫一言既出, 肆马难追, 我一定会守诺言的.
사나이가 말을 했으면 네 마리의 말을 타도 따라 잡지 못한다는데 나는 꼭 약속을 지킬 것이다.

② 一言既出, 肆马难追, 你说愿意借我一千万, 就要借我一千万.
일단 말을 했으면 네 마리의 말을 타도 따라 잡지 못한다. 당신이 나에게 천만원을 빌려주겠다고 했으니 내게 빌려주어야 한다.

---

1. 朵 : 꽃의 양사
2. 插 : 꽂다
3. 粪 : 똥
4. 可惜 : 아깝다, 아쉽다
5. 怎么 : 어떻게
6. 既然 : 기왕이면
7. 追 : 쫓는다
8. 诺言 : 약속
9. 愿意 : 원하다

13. 一表三千里

yìbiǎosānqiānlǐ

直译 : 친척이라고 하면 삼천리까지 걸린다.
意译 : 사돈의 팔촌이다. 먼 친척은 이루 다 헤아릴 수 없다.

① 他很会攀关系, 常常一表三千里, 无论是谁都成了他的亲戚.
그 사람은 관계를 잘 붙인다. 늘 사돈의 팔촌 식으로 해서 누구든지 모두 그의 친척이 된다.

② 他脸皮很厚, 一表三千里, 把总统都说成了他的亲戚.
그 사람은 철면피이다. 사돈의 팔촌 식으로 대통령을 그의 친척이라고 우긴다.

14. 一刻值千金

yíkèzhíqiānjīn

直译 : 15분이 천냥의 가치와 맞먹는다.
意译 : 시간은 귀하다 (신혼 등등)

① 他们两个人今天才结婚, 今天晚上真是一刻值千金.
그들 두 사람은 오늘 결혼식을 올렸으니 지금 시간이 가장 귀하지요.

② 现在一刻值千金, 让他们小两口进洞房吧!
지금 시간이 가장 귀하다. 그들 신혼부부를 신방으로 보내자!

1. 攀 : 올라가다, (관계, 친분을)맺다
2. 表 : 사촌 관계를 한다
3. 脸皮 : 낯 가죽
4. 一刻 : 15분
5. 值 : … 만 하다, ~할 가치가 있다
6. 小俩口 : 결혼한 지 얼마 안 되는 부부
7. 洞房 : 신방

15. 一夜夫妻百日恩

yíyèfūqībǎirìēn

直译 : 하루 밤의 부부도 백일의 은정이 있다.

意译 : 하루 밤에 만리장성을 쌓는다.

① 一夜夫妻百日恩, 你怎么可以随便和太太离婚呢?
하루 밤에 만리장성을 쌓는다는데 당신이 어떻게 함부로 부인과 이혼할 수 있소?

② 他虽然不爱他太太, 但是大家都说一夜夫妻百日恩, 所以他终於回心转意了.
그는 비록 그의 부인을 사랑하지 않지만 모든 사람들이 하루 밤에 만리장성을 쌓는다고 하니까 그가 드디어 마음을 돌렸다.

16. 一物降一物

yíwùjiàngyíwù

直译 : 한 가지 물건은 다른 물건을 제압한다.

意译 : 뛰는 놈 위에 나는 놈이 있다.

① 老鼠怕猫, 猫怕狗, 这就叫一物降一物.
쥐는 고양이를 두려워하고 고양이는 개를 두려워하는데 이게 바로 뛰는 놈 위에 나는 놈이 있구나.

② 他每天在办公室欺负属下, 回家以後, 在他的妻子前面, 却像小猫一样乖, 真是一物降一物.
그는 날마다 사무실에서 부하를 달달 볶고 집에 돌아가서 그의 부인 앞에서는 고양이 같다. 정말 뛰는 놈 위에 나는 놈이 있다더니.

---

1. 随便 : 함부로, 마음대로
2. 回心转意 : 마음을 돌려 뜻을 바꾼다
3. 降 : 극복하다, 이기다, 제압하다
4. 办公室 : 사무실
5. 乖 : 착하다
6. 属下 : 부하

17. 一波未平，一波又起

yìbōwèipíng, yìbōyòuqǐ

直译 : 한번의 파도가 가라앉기 전에 다른 파도가 또 일어난다.
意译 : 사고가 꼬리를 물고 연달아 생긴다.

① 一波未平，一波又起，他的儿子也被人打伤了.
사고가 연달아 생긴다. 그의 아들도 맞아서 부상당하였다.

② 台风刚过去，又发生了地震，真是一波未平，一波又起.
태풍이 금방 지났는데 지진이 일어났다. 정말 사고가 꼬리를 물고 일어나는구먼.

18. 一是一，二是二

yīshìyī, èrshìèr

直译 : 하나는 하나이고 둘은 둘이다.
意译 : 확실하게 한다.

① 我做事情一是一，二是二，没有不清楚的.
나는 일을 할 때 하나는 하나이고 둘은 둘이다. 확실하지 않은 것이 없다.

② 布施总统的性格很痛快，一是一，二是二，所以美国人都喜欢他.
부시대통령의 성격은 매우 통쾌하다. 하나은 하나이고 둘은 둘이라서 미국 사람들은 모두 그를 좋아한다.

---

1. 刚 : 금방, 방금
2. 清楚 : 깨끗하다, 분명하게, 이해하다

19. 一个和尚挑水吃, 两个和尚抬水吃, 三个和尚没水吃

yígèhéshangtiāoshuǐchī, liǎnggehéshangtáishuǐchī, sāngehéshangméishuǐchī

直译 : 중이 하나면 물을 길어서 먹고 둘이면 물을 들어서 먹고 셋이면 먹을 물이 없다.

意译 : 한집 늙은이가 둘이면 서로 죽으라고 민다. 단결이 안 되고 이기적이라는 뜻이다.

① 他们现在四分五裂, 被外国欺负, 就是犯了一个和尚挑水吃, 两个和尚抬水吃, 三个和尚没水吃的毛病.
그들이 지금 사분오열이 되어 외국에게 업신여김을 받는 이유는 바로 단결이 안 되고 이기적이기 때문이다.

② 有的人说中国人不团结, 一个和尚挑水吃, 两个和尚抬水吃, 三个和尚没水吃, 你想这是真的吗?
어떤 사람이 중국 사람은 단결되지 않아 중이 하나면 물을 길어서 먹고 둘이면 들어서 먹고 셋이면 먹을 물이 없다는데 당신은 사실이라고 생각하십니까?

20. 一个巴掌拍不响

yígebāzhǎngpāibùxiǎng

直译 : 손뼉 하나로는 소리가 안 난다.

意译 : 고장난명, 손뼉도 마주쳐야 소리가 난다.

① 一个巴掌拍不响, 你没有打他, 他怎么会打你呢?
손뼉도 마주쳐야 소리가 난다는데 당신이 그를 때리지 않았다면 어떻게 그가 당신을 때렸겠습니까?

② 这件事情要大家一起帮忙, 一个巴掌拍不响, 我一个人孤掌难鸣, 不可能会成功的.
이 일은 모든 사람들이 같이 도와주어야 한다. 손뼉도 마주쳐야 소리가 난다는데 내 혼자서 고장난명이고 성공할 가능성이 없다.

---

1. 犯… 的毛病 : … 병이 걸린다, … 결함을 걸린다. 2. 和尚 : 중, 스님
3. 挑 : (물건을 막대기로 앞 뒤로) 메다. 4. 抬 : (물건을 손이나 막대기로 좌우로) 든다.
5. 巴掌 : 손벽. 6. 拍 : 치다
7. 孤掌难鸣 : 손뼉 하나로 소리가 안 난다.

21. 一报还一报

yíbàohuányíbào

直译 : 자기가 한 일은 자기에게 되돌아온다.

意译 : 나쁜 일을 하면 반드시 업보를 받을 것이다.

① 他打了我妹妹, 所以现在我打他, 这叫一报还一报.
그 사람이 우리 여동생을 때렸으니까 지금 내가 그를 때린다. 이게 바로 자기가 한 일은 자기에게 되돌아온다는 것이지.

② 一报还一报, 他终於被人告了.
나쁜 일을 하면 반드시 업보를 받는다잖아. 그 사람 마침내 고소당했더군.

22. 一传十, 十传百

yīchuánshí, shíchuánbǎi

直译 : 한 사람은 열 사람에게 전하고 열 사람은 백 명의 사람에게 전한다.

意译 : 말의 전파속도는 매우 빠르다. 발 없는 말 천리 간다.

① 他得第一名的消息, 一传十, 十传百, 全校的同学很快都知道了.
그 사람이 일등을 하였다는 소식을 전교의 동학들은 일전십, 십전백의 매우 빠른 속도로 다 알았다.

② 泰国发生政变的消息, 一传十, 十传百, 全世界都知道了.
태국에 정변이 일어났다는 소식은 일전십, 십전백의 속도로 전 세계의 사람들이 모두 알게 되었다.

---

1. 报 : 신문, 업보
2. 还 : 갚다
3. 终於 : 드디어
4. 告 : 고소하다

23. 一颗老鼠屎，搞坏一锅粥

yìkēlǎoshǔshǐ，gǎohuàiyìguōzhōu

直译 : 한 알의 쥐똥 때문에 한 솥의 죽을 다 못 먹게 된다.
意译 : 한 개울물이 열 개울물을 흐린다. 한 사람 때문에 전체가 못쓰게 된다.

① 因为他在外面偷东西，把学校的名誉都破坏了，真是一颗老鼠屎，搞坏一锅粥.
그 사람이 밖에서 물건을 훔쳤기 때문에 학교의 명예를 다 실추시켜 버렸다. 정말 한 알의 쥐똥 때문에 한 솥의 죽이 다 못 먹게 됐군.

② 一颗老鼠屎会搞坏一锅粥，这样胡作非为，叫我们多么不好意思.
한 우물이 열 우물을 흐린다더니 네가 이렇게 비행을 저질러서 우리가 얼마나 부끄럽게 되었니?

24. 一叶落而知天下秋

yíyèluòérzhītiānxiàqiū

直译 : 나뭇잎이 하나 떨어지는 것을 보고 가을이 왔다는 것을 안다.
意译 : 한가지 징조를 보고 세상 돌아가는 것을 알 수 있다.

① 一叶落而知天下秋，看苏联的瓦解就可以知道共产主义已经没落了.
나뭇잎이 하나가 떨어진 것을 보고 가을이 왔다는 것을 알 수 있듯이, 소련의 와해를 보고 공산주의가 벌써 몰락된 것을 알 수 있다.

② 近来餐饮业的买卖不好，一叶落而知天下秋，我想韩国的经济已经进入不景气时代了.
요사이 음식점의 장사가 안 좋은데 나뭇잎이 하나가 떨어지는 것을 보고 가을이 왔다는 것을 알 수 있듯이 내 생각에는 한국의 경제가 벌써 불경기시대에 들어선 것 같다.

---

1. 屎 : 똥
2. 搞坏(gǎo huài) : 나쁘게 만들다, 고장나게 한다
3. 锅 : 솥
4 : 粥(zhōu) : 죽
5. 胡作非为 : 비행을 저지르다, 나쁜 짓을 하다
6. 秋 : 가을

25. 一样米养出百样人

yíyàngmǐyǎngchūbǎiyàngrén

直译 : 같은 쌀로 백가지 사람을 키워낸다.

意译 : 같은 환경에서 성장한 사람도 각자 성격이 다르다.

① 他和他哥哥性格完全不同, 一样米养出百样人, 这句话真是不错.
그와 그의 형은 성격이 완전히 다르다. 같은 쌀이지만 백가지의 사람이 나온다는 말이 정말 하나도 안 틀리구나.

② 一样米养出百样人, 他们兄弟一个是教授, 一个是小偷.
같은 쌀이지만 백가지 사람이 나온다더니. 그들 두 형제 중, 하나는 판사이고 하나는 도둑이다.

26. 一朝被蛇咬, 三年怕草绳

yìzhāobèishéyǎo, sānniánpàcǎoshéng

直译 : 하루 아침에 뱀에게 물리면 삼년 동안 새끼줄만 봐도 놀랜다.

意译 : 자라보고 놀란 가슴, 솥뚜껑 보고 놀란다.

① 自从上次被骗了以後, 一朝被蛇咬, 三年怕草绳, 他再也不敢随便相信别人了.
지난 번 사기당한 후, 뱀에게 물리면 삼년을 새끼줄만 봐도 놀랜다더니 그는 두번 다시 함부로 사람을 믿으려 하지 않는다.

② 俗话说"一朝被蛇咬, 三年怕草绳", 被你骗了一次, 我还会和你合作投资吗?
속담에 "자라보고 놀란 가슴, 솥뚜껑 보고 놀란다"는 말이 있는데 당신에게 한번 속았는데 내가 다시 당신과 합작투자 하겠습니까?

---

1. 养 : 기르다, 키우다
2. 养出 : 배출하다
3. 小偷 : 도둑
4. 骗 : 속다
5. 一朝 : 하루
6. 随便 : 함부로, 마음대로
7. 相信 : 믿는다

27. 二一添做五

èryītiānzuòwǔ

直译 : 이분의 일은 0.5이다.

意译 : 반반씩 나눈다.

① 这笔钱, 我们两个人二一添做五, 一人拿一半好了.
이 돈을 우리가 반반씩 나누어서 가지자!

② 他们两个人, 二一添做五, 把公款瓜分了.
그 두 사람은 각각 반반씩 공금을 횡령하였다.

28. 十年河东, 十年河西

shíniánhédōng, shíniánhéxi

直译 : 십년이면 황하 동쪽에 있는 마을이 황하 서쪽으로 변한다.

意译 : 십년이면 강산도 변하니 사람을 얕보면 안 된다.

① 不要看不起他, 十年河东, 十年河西, 像他这样肯干的人, 一定会成功的.
당신은 그 사람을 얕보지 마세요. 속담에 "십년이면 강산도 변한다"는 말이 있듯이 그 사람처럼 열심히 일을 하는 사람은 반드시 성공할 것입니다.

② 连李周一这么丑的人也红得起来, 真是十年河东, 十年河西, 谁也想不到!
이주일처럼 그렇게 못 생긴 사람도 인기정상에 올라갈 수 있다니 정말 사람을 얕보면 안되겠구나!

1. 公款 : 공금
2. 贪污 : 횡령
3. 添 : 첨가하다
4. 看不起 : 얕보다
5. 肯干 : 일하기를 원하다, 일을 열심히 하다
6. 红 : 빨갛다, 인기가 있다
7. 想不到 : 뜻밖이다

29. 十年树木, 百年树人

shíniánshùmù, bǎiniánshùrén

直译 : 나무를 기르는 데는 십년이 필요하고, 인재를 육성하는 데는 백년이 필요하다

意译 : 인재를 키우는 것은 백년대계로 매우 어렵고 중요한 일이다.

① 俗话说 : 十年树木, 百年树人, 我们怎么能不重视教育问题呢?
속담에 인재를 키우는 것이 백년대계라는데 우리가 어떻게 교육문제를 중요시 하지 않을 수 있겠어요?

② 李校长常常说 : 十年树木, 百年树人, 所以他对老师的要求非常严格.
이교장 선생님이 늘 말씀하시기를 "인재를 키우는 것은 백년대계로 매우 어렵고 중요한 일이다"고 하신다. 그래서 그는 교사들에 대한 요구는 매우 엄격하다.

30. 十年寒窗无人问, 一举成名天下知

shíniánhánchuāngwúrénwèn, yījǔ chéngmíngtiānxiàzhī

直译 : 공부하는 십년동안 관심을 두는 사람이 없고 한 번 급제되면 천하가 다 안다.

意译 : 공부할 때는 사람들이 모르나 합격되면 유명인사가 된다.

① 他的儿子十年寒窗无人问, 一举成名天下知, 终於考上大学了.
그의 아들은 십년공부 끝에 일거에 급제되어 마침내 고등고시에 합격되었다.

② 他四十九岁通过司法考试, 成了传奇人物, 真是十年寒窗无人问, 一举成名天下知.
그 사람은 49살에 사시에 합격되어 전기적 유명인사가 되었으니 정말 공부하는 십년동안은 관심두는 사람이 없더니 한 번 급제되니 천하가 다 알아주는구려.

---

1. 树木 : 나무를 키우다
2. 树人 : 인재를 키우다
3. 怎么 : 어떻게

31. 十步之内必有芳草

shíbùzhīnèibiyǒufāngcǎo

直译 : 열 걸음 내에 반드시 좋은 풀이 있다.

意译 : 가까운 곳에 좋은 사람이 있다는 말이다.

① 虽然现在人心险恶, 但是俗话说 : 十步之内必有芳草, 好人还是很多的.

비록 지금의 세상인심은 험악하지만 속담에 "열 걸음 내에 반드시 좋은 풀이 있다"고 하는데 좋은 사람은 역시 많아요.

② 他生病以後, 大家都积极的帮助他, 所以古人说 : 十步之内必有芳草, 真是一点也不错.

그가 병난 후, 모든 사람들이 그를 적극적으로 도와준다. 그래서 옛날 사람이 말하기를 열 걸음 내에 반드시 좋은 풀이 있다고 하는데 정말 조금도 틀리지 않구나.

32. 八九不离十

bājiǔbùlíshí

直译 : 8과 9는 10과는 멀리 떨어져 있지 않다.

意译 : 십중팔구. 큰 착오가 없다.

① 我说的话, 八九不离十, 他一定是中国人.

내 말은 십중팔구인데, 그 사람은 틀림없이 중국 사람일세.

② 八九不离十, 今天一定会下雨!

십중팔구, 오늘은 틀림없이 비가 올 거예요!

---

1. 芳草 : 냄새가 좋은 풀
2. 一点儿也… …不… : 조금도 … 하지 않다
3. 离 : 떠나다, 떨어지다

33. 八仙过海, 各显神通

bāxiānguòhǎi, gèxiǎnshéntōng

直译 : 여덟 명의 신선이 각자 요술을 써서 바다를 건너간다.
意译 : 각자의 재주로 한다.

① 他们几个人, 八仙过海, 各显神通, 一个一个的通过了考试.
그들 몇 사람은 각자의 재주를 발휘하여 하나하나씩 시험을 통과하였다.

② 别恐吓我, 我们八仙过海, 各显神通, 看谁厉害.
당신은 나에게 공갈하지 마시오. 우리 각자 재주를 내어 누가 더 잘 할지 봅시다.

34. 人之将死, 其言也善, 鸟之将死, 其鸣也哀

rénzhījiāngsǐ, qíyányěshàn, niǎozhījiāngsǐ, qímíngyěāi

直译 : 사람이 죽기 전에 말을 하고 새가 죽기 전에 슬프게 운다.
意译 : 죽기 전의 사람은 나쁜 말을 안 한다.

① 人之将死, 其言也善, 鸟之将死, 其鸣也哀, 那个杀人犯在被绞死之前, 终於後悔了, 劝世人不要向他学习.
사람이 죽기 전에 좋은 말을 하고 새가 죽기 전에 슬프게 운다더니 저 살인범이 교사당하기 전에 마침내 후회하여 세인에게 그를 본받지 말라고 권하더군.

② 人之将死, 其言也善, 鸟之将死, 其鸣也哀, 我现在快死了, 我还会骗你吗?
사람이 죽기 전에 좋은 말을 하고 새가 죽기 전에 슬프게 운다는데 내가 곧 죽을 것인데 당신을 속이겠습니까?

---

1. 八仙 : 중국 신화소설에 나타난 여덟 명의 신선 (吕洞宾, 何仙姑, 李铁拐 等等)
2. 神通 : 법술, 신통
3. 恐喝 : 공갈하다
4. 厉害 : 흉직하다, 심하다, 잘 하다
5. 鸣 : 울다

35. 人不可以貌相，海水不可以斗量

rénbùkěyǐmàoxiàng, hǎishuǐbùkěyǐdòuliáng

直译 : 사람은 얼굴로써 판단할 수 없고 바다물은 말로써 양을 잴 수가 없다.
意译 : 외모만 가지고 사람을 판단해서는 안 된다.

① 他虽然长得又丑又小，但是人不可以貌相，海水不可以斗量，将来说不一定能当总统呢?
그 사람은 키도 작고 못 생겼지만 외모만 가지고 사람을 판단하면 안 된다. 앞으로 대통령이 될지 누가 아니?

② 不要看不起我，虽然我没他好看，但是人不可以貌相，海水不可以斗量，谁能考上大学，还不知道呢?
너 날 얕보지 마. 내가 비록 그 사람보다 못 생겼지만 사람은 외모로써 판단할 수가 없는 거야. 누가 대학입시에 붙을지 아니?

36. 人心隔肚皮，知人知面不知心

rénxīngédùpí, zhīrénzhīmiànbùzhīxīn

直译 : 사람의 마음은 뱃가죽을 사이 두고 있으니 사람을 알고 얼굴을 알아도 마음은 알 수 없다.
意译 : 열 길 물속은 알아도 한 치 사람 속은 모른다.

① 人心隔肚皮，知人知面不知心，你不可以随便相信他.
열 길 물속은 알아도 한 치 사람 속은 모르는 거예요. 당신은 그의 말을 함부로 믿으면 안돼요.

② 我那么相信他，他还是把我出卖了，真是人心隔두皮，知人知面不知心.
나는 그를 그렇게 믿었는데 그는 이처럼 나를 배반했어. 정말 열 길 물속은 알아도 한 치 사람 속은 모르겠구나!

---

1. 又丑又小 : 못 생기면서 작다
2. 相 : 관상하다
3. 说不一定 : …인지도 모른다
4. 隔 : 사이를 두다
5. 面(面孔) : 얼굴
6. 相信 : 믿는다
7. 出卖 : 배신하다

37. 人比人，气死人

réndbǐrén, qìsǐrén

直译：사람을 사람과 비교하면 화병이 나서 죽는다.

意译：남과 비교하면 화가 난다, 위를 보고 살지 말고 밑을 보고 살아라.

① 人比人，气死人，你为甚么喜欢和有钱的李先生比呢?
위를 보고 살지 말고 밑을 보고 살아야 하는데, 당신은 왜 돈 많은 이선생과 비교하기를 좋아합니까?

② 我爱人每天和李董事长的爱人比较，永远不满足，真是人比人．气死人．
우리 집사람은 날마다 이회장 사모님과 비교하며 늘 만족하지 않는다. 정말이지 위를 보고 살지 말고 밑을 보고 살아야 할 것을.

38. 人生七十古来稀

rénshēngqīshígǔláixī

直译：일흔까지 살 수 있는 사람은 옛부터 드물다.

意译：上同

① 古人说："人生七十古来稀"，今天是你的生日，祝你长命百岁，万寿无疆.
옛말에 "인생은 일흔까지 살기도 어렵다"고 하는데 오늘은 당신의 생일이니 정말 만수무강하시고 백세까지 장수하십시오.

② 古人说："人生七十古来稀"，但是现在医学发达，七十岁已经是很平常的事了.
옛말에 "인생은 일흔까지 살기가 어렵다"고 하지만 지금은 의학이 발달되어서 일흔 살은 이미 흔한 일이 되었다.

1. 气死：화병이 나서 죽는다
2. 董事长：이사장, 회장
3. 祝：빌다

39. 人生七十才开始

réns̄hēngqīshícáikāishǐ

直译 : 인생은 칠십세부터 시작이다.

意译 : 上同

① 有人说 : "人生七十才开始", 我现在才六十岁, 算什么老呢?
어떤 사람이 말하기를 "인생은 칠십부터 시작이다"라고 하는데, 나는 이제 겨우 60이니 늙었다고 할 수 있겠습니까?

② 有人说 : 人生七十古来稀, 但是我却认为人生七十才开始, 你认为如何?
어떤 사람은 인생은 칠십까지 사는 것이 어렵다고 하는데 나는 인생은 70세부터 시작이라고 생각해요. 당신은 어떻게 생각합니까?

40. 人外有人, 天外有天

rénwàiyǒurén, tiānwàiyǒutiān

直译 : 사람 밖에 사람이 있고 하늘 밖에 하늘이 있다.

意译 : 기는 놈 위에 나는 놈이 있다. (사람이 겸손해야 한다)

① 虽然你的乒乓球打得很好, 但是不要忘记人外有人, 天外有天, 绝对不可以骄傲.
너는 탁구를 잘 치지만 뛰는 놈 위에 나는 놈이 있으니 교만해서는 안 돼!

② 人外有人, 天外有天, 比他画得好的人多得是呢 !
뛰는 놈 위에 나는 놈이 있다! 그 사람보다 그림을 잘 그리는 사람은 많이 있다구!

---

1. 算 : …셈치다
2. 认为 : 주장하다, 생각하다
3. 忘记 : 잊다
4. 骄傲 : 오만하다
5. 多得是 : 수 없이 많다

41. 人在人情在, 人死两分开

réanzàirénqíngzài, rénsǐliǎngfēnkāi

直译 : 사람이 살아 있을 때 인정이 있고 죽으면 인정도 사라진다.

意译 : 인간관계란 것은 살아 있을 때만 존재한다.

① 人在人情在, 人死两分开, 现在他已经死了, 谁还会帮助他家人呢?
인간관계라는 게 사람이 살아 있을 때 존재하는 것이지 지금 그 사람이 벌써 죽었는데 누가 그 집안 식구를 도와 주겠어요?

② 人在人情在, 人死两分开, 现在的人都是很现实的.
인간관계란 것은 살아 있을 때만 존재한다. 지금 사람들은 모두 매우 현실적이다.

42. 人在福中不知福

rénzàifúzhōngbùzhīfú

直译 : 사람이 복덩어리 속에 있는데 복인 줄 모른다.

意译 : 물속에 사는 물고기는 물이 귀한 줄 모른다. 자기의 복을 모른다.

① 他每天不愁吃, 不愁穿, 却说自己命不好, 真是人在福中不知福.
그 사람은 날마다 먹고 입는 것을 걱정할 필요가 없는데 오히려 자기 팔자가 안 좋다고 한다. 정말 물속에 사는 물고기는 물 귀한 줄 모른다더니…

② 你虽然不是一个有钱的人, 但是有妻子, 有儿女, 比没有家庭的人幸福多了, 怎么可以人在福中不知福呢?
당신은 비록 부자가 아니지만 아내가 있고 자녀가 있어서. 가정이 없는 사람보다 훨씬 행복한 겁니다. 어떻게 사람이 복덩어리 속에 있으면서도 복인 줄 모릅니까?

---

1. 帮助 : 도와주다
2. 不愁 : 걱정하지 않다
3. 虽然 : 비록

43. 人死留名, 豹死留皮

réns̆iliúmíng, bàosǐliúpí

直译 : 사람은 죽어서 이름을 남기고 표범은 죽어서 가죽을 남긴다.
意译 : 사람은 살아 있을 때 좋은 일을 해야 한다.

① 俗话说 : "人死留名, 豹死留皮", 人活在世界上, 一定要做一些有意义的事情.
속담에 사람은 죽어서 이름을 남기고 표범이 죽어서 가죽을 남긴다는데, 사람으로 세상에 태어나서는 반드시 어떤 뜻 있는 일을 해야 한다.

② 俗话说 : 人死留名, 豹死留皮, 像你这样醉生梦死, 有什么意义呢?
속담에 사람은 죽어서 이름을 남기고 표범은 죽어서 가죽을 남긴다고 하는데, 당신처럼 이렇게 날마다 술에 취해서 꿈나라 속에 산다면 무슨 의미가 있습니까?

44. 人有失足, 马有失蹄

rényǒushīzú, mǎyǒushītí

直译 : 사람이 실족할 날이 있고 말은 말굽을 잃을 때가 있다.
意译 : 원숭이도 나무에서 떨어질 수 있다.

① 人有失足, 马有失蹄, 想不到韩国会输给中国.
원숭이도 나무에서 떨어진다더니 뜻밖에 한국이 중국에 져버렸다.

② 你为甚么要指责他呢?, 人有失足, 马有失蹄, 谁都有失败的时候.
너 왜 그를 책망하니? 원숭이도 나무에서 떨어진다는데 누구든지 실패할 때가 있는 거야.

---

1. 豹 : 표범
2. 醉生梦死 : 인생을 흐리멍덩하게 보낸다
3. 失蹄 : 실족하다
4. 输 : 지다
5. 指责 : 책망하다

45. 人没伤虎心，虎有伤人意

rénméishānghǔxīn, hǔyǒushāngrényì

直译 : 사람은 호랑이를 잡을 마음이 없지만 호랑이가 사람을 잡으려고 한다.
意译 : 사람을 조심하여야 한다.

① 人没伤虎心，虎有伤人意，你千万要小心他!
사람이 호랑이를 잡을 마음이 없어도 호랑이는 사람을 잡으려고 한다는 말이 있으니까 당신은 그 사람을 조심해야 돼!

② 他没有告李先生，没想到李先生反而把他先密告了，真是人无伤虎心，虎有伤人意
그는 이선생을 고소하지 않았는데 뜻밖에 이 선생이 먼저 그를 밀고해버렸더군. 정말 사람을 조심해야겠어!

46. 人老心不老

rénlǎoxīnbùlǎo

直译 : 사람은 늙었지만 마음만은 아직 늙지 않았다.
意译 : 몸은 늙었지만 마음은 아직 이팔청춘이다.

① 他虽然已经七十岁了，但是人老心不老，还想娶小老婆呢!
그는 비록 나이가 벌써 칠십이 다 되었지만 마음은 아직 이팔청춘이라 첩을 얻으려고 하네!

② 虽然我已经老了，但是我的心还不老，所谓人老心不老，今年我一定要考上首尔大学!
나는 비록 늙었지만 마음은 아직 청춘이다. 올해에 반드시 서울대학교에 합격할 거야!

---

1. 千万 : 절대로
2. 娶 : 장가를 가다
3. 小老婆 : 첩

47. 人怕出名，猪怕壮

rénpàchūmíng，zhūpàzhuàng

直译 : 사람은 유명해지는 것을 두려워해야 하고 돼지는 살찌는 것을 두려워해야 한다.

意译 : 소문난 호랑이 잔등이 부러진다. 사람은 항상 겸손해야 한다.

① 做了大官，更要谦虚才可以，俗话说："人怕出名，猪怕壮"，你要特别注意!
당신은 높은 관직에 앉았으니까 더욱 더 겸손해야 한다. 속담에 사람은 유명해지는 것을 두려워해야 하고 돼지는 살찌는 것을 두려워해야 한다는 말이 있듯이 당신은 각별히 조심해야 합니다.

② 人怕出名，猪怕壮，出风头不见得是好事!
속담에 사람은 유명해지는 것을 두려워해야 하고 돼지는 살찌는 것을 두려워해야 한다고 하는데 인기가 너무 높은 것이 반드시 좋은 일은 아니다.

48. 人要衣裳，佛要金装(同义语：人是衣裳马是鞍)

rényàoyīshang，fóyàojīnzhuāng(rénshìyīshangmǎshìān)

直译 : 사람은 의상이 필요하고 부처님은 금박이 필요하다.

意译 : 외모가 중요하다. 옷이 날개이다.

① 人要衣裳，佛要金装，去参加宴会，一定要穿乾净一点儿的洋服.
사람은 의상이 필요하고 부처님은 금박이 필요하다 잖아요? 당신도 연회에 참석하러 갈 때 꼭 깨끗한 옷을 입어야 해요.

② 他虽然没有钱，却穿得很高雅，所以大家都尊敬他，这就是人要衣裳，佛要金装的原因.
그 사람은 돈은 없지만 옷을 고상하게 입으니까 사람들이 그를 매우 존경한다. 이것이 바로 사람은 의상이 필요하고 부처님은 금박이 필요하다는 이유이다.

---

1. 谦虚 : 겸손하다
2. 壮 : 살찌다, 건강하다
3. 出风头 : 두각이 나타나다, 인기가 있다
4. 不见得 : 반드시 …지 않다
5, 金装 : 금박 옷

49. 人急造反，狗急跳墙

réngjízàofǎn, gǒujítiàoqiáng

直译 : 사람은 다급하면 반란을 일으키고 개는 다급하면 담장을 뛰어 넘는다.

意译 : 지렁이도 밟으면 꿈틀거린다.

① 人急造反，狗急跳墙，不要逼人太甚!
속담에 "지렁이도 밟으면 꿈틀거린다"고 하는데 당신은 나를 너무 궁지에 몰아넣지 마시오.

② 他会变成小偷，实在是因为太穷了，俗话里不也说"人急造反，狗急跳墙"?
그 사람이 도둑이 되는 이유는 실로 너무 가난하기 때문이야. 속담에 "지렁이도 밟으면 꿈틀거린다"는 말이 있잖아요?

50. 人善被人欺，马善被人骑

rénshànbèirénqī, mǎshànbèirénqí

直译 : 사람이 착하면 업신여김을 받고 말이 착하면 사람이 탄다.

意译 : 나귀는 샌님만 업신여기다. 만만한 데만 말뚝 박는다.

① 人善被人欺，马善被人骑，就是因为你太听话了，所以大家都欺负你.
나귀는 샌님만 업신여긴다. 바로 당신이 너무 착하기 때문에 모든 사람들이 당신을 업신여기는 거예요.

② 因为我不愿意得罪人，所以大家都认为我好欺负，真是人善被人欺，马善被人骑.
내가 다른 사람에게 실수를 저지르길 원하지 않으니까 모든 사람들이 나를 업신여기기가 쉽다고 생각한다. 정말 만만한 데만 말뚝 박는군.

---

1. 造反 : 반란을 일으키다
2. 逼 : 강요하다, 압박을 하다
3. 否则 : 아니면
4. 不也说…. 吗? : …. 라고 말하지 않던가?
5. 听话 : 착하다, 말을 듣는다
6. 得罪 : 죄를 진다, 실례를 하다

51. 人为财死, 鸟为食亡

rénwéicáisǐ, niǎowéishíwáng

直译 : 사람은 재물 때문에 죽고 새는 먹이 때문에 죽는다.

意译 : 욕심이 살을 죽인다. 재물을 너무 탐닉하면 결과가 좋지 않다.

① 人为财死, 鸟为食亡, 做公务员绝对不可以贪污, 否则一经发觉就後悔莫及了!
사람은 재물 때문에 죽고 새는 먹이 때문에 죽는다는 속담이 있듯이 공무원이 되면 결코 부정을 해서는 안 돼. 아니면, 발각되고 나서 후회를 해도 늦는 거야.

② 人为财死, 鸟为食亡, 李先生被暗杀就是太爱钱的关系.
속담에 "사람은 재물 때문에 죽고 새는 먹이 때문에 죽는다"는 말이 있듯이 이선생이 암살당한 이유는 바로 재물에 너무 욕심을 냈기 때문이야.

52. 人倒霉喝水也塞牙

réndǎoméihēshuǐyěsāiyá

直译 : 사람이 재수가 없으면 물을 마실 때도 이빨에 낀다.

意译 : 재수가 없는 놈은 뒤로 자빠져도 코가 깨진다.

① 人倒霉喝水也塞牙, 今天我真是倒霉倒到家了.
재수가 없는 놈은 뒤로 자빠져도 코가 깨진다더니 나는 오늘 정말 죽도록 재수가 없었다.

② 人倒霉喝水也塞牙, 我怎么会被他骗了呢?
재수가 없는 놈은 뒤로 자빠져도 코가 깨진다더니 내가 어쩌다가 그에게 사기당하였을까?

---

1. 贪污 : 부정부패를 하다
2. 一… 就… : …하자마자 곧 …
3. 後悔莫及 : 후회하여도 늦다
4. 倒霉 : 재수가 없다
5. 塞牙 : 이빨에 낀다
6. 到家 : 집에 도착하다, 끝까지 된다

53. 人无横财不富，马无夜草不肥

rénwúhéngcáibúfù, mǎwúyècǎobùféi

直译 : 사람은 횡재가 없으면 부자가 못되고 말은 밤에 사료가 없으면 살이 안 찐다.동

意译 : 사람의 뜻밖의 횡재가 없으면 큰 부자가 되기 어렵다.

① 人无横财不富，马无夜草不肥，像你这样省吃俭用，也不一定能成为富翁的.
사람은 횡재가 없으면 부자되기가 어렵다. 당신처럼 먹는 것과 쓰는 것을 절약하여도 반드시 부자가 될 수 있는 것은 아니다.

② 他中了第一特奖，成了千万富翁，真是人无横财不富，马无夜草不肥!
그 사람은 복권 일등에 당첨되어 천만장자가 되었다. 정말 부자가 되려면 횡재를 해야 돼.

54. 人无千日好，花无百日红

rénwúqiānrìhǎo, huāwúbǎirìhóng

直译 : 사람은 천날을 좋을 수가 없고 꽃은 백일을 붉을 수가 없다.

意译 : 봄꽃도 한 철이다. 좋을 때 장래를 대비해야 한다.

① 有钱的时候，一定要节省使用，千万不要忘记"人无千日好，花无百日红"这句俗话.
돈이 있을 때 반드시 절약해서 사용해야 한다. 절대로 "사람은 천날을 좋을 수가 없고 꽃은 백일을 붉을 수가 없다"는 속담을 잊어서는 안 된다.

② 他以前富甲天下，现在却一文不名，真是 "人无千日好，花无百日红"!
그는 옛날에 천하갑부였는데 지금은 가난뱅이가 되었다니 정말 봄꽃도 한철이구나!

1. 省吃俭用 : 먹는 것과 사용하는 것을 절약하다
2. 富翁 : 부자
3. 中 : 당첨되다
4. 第一特奖 : 일등상
5. 富甲天下 : 천하의 부자
6. 一文不名 : 빈털털이

55. 人无远虑，必有近忧

rénwúyuǎnlǜ，bìyǒujìnyōu

直译 : 사람이 먼 훗날을 걱정하지 않으면 필히 눈앞의 근심거리가 생길 것이다.
意译 : 사람은 먼 훗날을 생각하여야 한다(=유비무환).

① 人无远虑，必有近忧，他现在这么穷困，就是以前不知道节俭的原因.
사람이 훗날을 생각하지 않으면 필히 눈앞의 우환이 있다고 하는데. 그 사람이 지금 이렇게 가난한 것은 바로 옛날에 절약할 줄 몰랐기 때문이다.

② 人无远虑，必有近忧，韩国加强军事训练的原因，就是为了防备北韩的南下侵略.
사람은 먼 훗날을 생각하여야 한다. 한국이 군사훈련을 강화하는 이유는 바로 북한의 남침을 대비하려고 한 것이다.

56. 人敬我一尺，我敬人一丈

rénjìngwǒyìchǐ，wǒjìngrényízhàng

直译 : 다른 사람이 나를 한 자 정도로 예우해주면 나는 남을 열 자로 예우한다.
意译 : 절을 하고 뺨을 맞은 일이 없다. 서로 존중하여야 한다.

① 人敬我一尺，我敬人一丈，如果他不先打我，我怎么会打他?
사람이 서로 존경하여야 하는데 만약에 그가 먼저 나를 때리지 않았다면 내가 어찌 그를 때렸겠습니까?

② 人敬我一尺，我敬人一丈，他们夫妇两个人能和和气气的相处，就是因为互相尊敬的缘故.
사람은 서로 존경하여야 한다. 그들 부부 두 사람이 화기애애하게 지낼 수 있는 이유는 바로 서로 존경하기 때문이다.

---

1. 远虑 : 훗날에 대한 걱정
2. 近忧 : 가까운 우환
3. 加强 : 강화시키다
4. 为了 : … 위하여
5. 敬 : 존경
6. 和和气气 : 화기애애하다
7. 缘故 : 이유, …때문이다

57. 人穷志不穷

réngióngzhìbùqióng

直译 : 사람은 가난하지만 뜻은 가난하지 않다.

意译 : 가난하게 지내도 큰 뜻은 잃지 않는다.

① 人穷志不穷, 虽然我没有钱, 但是我不会放弃读书的.
가난하지만 뜻은 있어요. 비록 돈은 없지만 나는 공부를 포기하지 않을 거예요.

② 他从小给人做工전钱读书, 立志要做一个有用的人, 真是人穷志不穷!
그는 어릴 때부터 사람에게 일을 해주고 돈을 벌며 공부하여 유용한 인간이 되겠다고 뜻을 세웠다. 정말 가난하지만 뜻이 있구나!

58. 人穷志短

rénqióngzhìduǎn

直译 : 가난하면 뜻이 없다.

意译 : 돈이 없으면 뜻을 못 세운다.

① 人穷志短, 现在我没有钱了, 能做什么事?
돈이 없으면 뜻도 못 세운다는데 이제 나는 돈도 다 떨어졌으니 무엇을 할 수 있겠습니까?

② 他把钱花光以後, 觉得人穷志短, 就自杀了.
그는 돈을 다 써버린 후, 돈이 없으면 뜻을 못 세운다고 생각하여 자살해 버렸다.

---

1. 志 : 뜻
2. 赚钱(zhuàn qián) : 돈을 벌다

59. 又要马儿跑得好，又要马儿不吃草

yòuyàomǎerpǎodehǎo，yòuyàomǎerbùchīcǎo

直译 : 말은 빨리 달릴 것을 바라면서도 풀은 먹지 못하게 한다.

意译 : 욕심을 내어 모순되게 행동한다.

① 他要求工人多做事, 少拿钱, 又要马儿跑得好, 又要马儿不吃草, 这种事怎么可能呢?

그 사람은 노동자들에게 많이 일을 하고 적게 동을 받으라고 요구하는데 욕심을 내 어 모순되게 행동하니 이런 일이 어떻게 가능합니까?

② 他不多加我们的工资, 反而加重了我们的工作量, 这简直是又要马儿跑得好, 又要马儿不吃草嘛!

그 사람은 우리 임금을 올려주지도 않고 오히려 우리 노동량만을 늘렸다. 이거 완전히 말은 빨리 달릴 것을 바라면서도 풀은 먹지 못하게 하는 거 아니냐?

60. 儿孙自有儿孙福

érsūnzìyǒuérsūnfú

直译 : 자손들은 자손들의 복이 있다.

意译 : 사람마다 제각기 타고난 복이 있다.

① 金先生, 儿孙自有儿孙福, 你不要太为他们担心了.

미스터김, 사람마다 제각기 타고 난 복이 있으니까 그들 때문에 너무 걱정하지 말게.

② 俗话说 : 儿孙自有儿孙福, 莫为儿孙做马牛, 太为儿女着想, 有的时候, 反而会害了他们.

속담에 「자손들은 제각기 타고난 복이 있다」는데 지나치게 자녀들을 위해 고생하는 것은 오히려 그들에게 화를 초래할 수도 있다.

---

1. 不多加 : 많이 추가하지 않다
2. 简直 : 도무지, 전혀
3. 担心 : 걱정하다, 염려하다
4. 莫 : 하지 마라
5. 为 : 위하여
6. 着想 : 생각해 주다, 걱정해 주다, 착상
7. 反而 : 오히려
8. 害 : 해치다

61. 大丈夫能屈能伸

dàzhàngfūnéngqūnéngshēn

直译 : 사나이는 굽힐 수 있고 펼 수도 있다.
意译 : 사나이는 참을 줄 안다.

① 大丈夫能屈能伸, 今天就算输你们了!
사나이는 참을 줄 안다. 오늘은 당신들에게 졌다고 하지!

② 你为什么难过? 大丈夫能屈能伸, 过几年东山再起不就可以了吗?
당신은 왜 슬퍼합니까? 사나이는 참을 줄 알아야 해요. 몇 년 후 다시 일어나면 될 게 아닙니까?

62. 大丈夫报仇, 三年不晚

dàzhàngfūbàochóu, sānniánbùwǎn

直译 : 사나이가 원수를 갚는 것은 삼년이나 걸려도 늦지 않다.
意译 : 사나이가 일시의 감정을 참아야 한다.

① 大丈夫报仇, 三年不晚, 等我把工夫学好以後, 再来找你.
사나이가 원수를 갚는 것은 삼년이나 걸려도 늦지 않다. 내가 무술을 다 배우고 난 후 당신을 찾아오겠소.

② 大丈夫报仇, 三年不晚, 你为什么要现在去捉他呢?
사나이가 원수를 갚은 것은 삼년이 걸려도 늦지 않다는데 넌 왜 지금 그를 잡으려고 하니?

1. 难过 : 슬프다, 지내기가 어렵다
2. 东山再起 : 다시 일어나다, 재기하다
3. 不就可以了吗? : 되지 않겠는가?
4. 报仇 : 복수하다
5. 工夫 : 시간, 조예, 무술
6. 找 : 찾다

63. 大水冲倒龙王庙, 自家人不认识自家人

dàshuǐchōngdǎolóngwángmiào

直译 : 홍수가 용궁을 잠기게 하듯이 같은 집안 사람을 알아보지 못한다.
意译 : 같은 편끼리 서로 모르고 싸운다. 한 집안 사람도 못 알아본다.

① 没想到你也是韩国人, 大水冲倒龙王庙, 自家人不认识自家人, 我们不要打了, 去喝一杯酒罢!.
당신도 한국 사람인 줄은 생각도 못했소. 한 집안 사람도 몰라보다니. 우리 싸우지 말고 술이나 한잔 하러 갑시다.

② 大水冲倒龙王庙, 自家人不认识自家人, 昨天他们自己兄弟们打起来了.
한 집안 사람도 몰라본다더니 어제 그들 형제끼리 싸우게 되었다.

64. 大事化小, 小事化无

dàshìhuàxiǎo, xiǎoshìhuàwú

直译 : 큰 일(사고)을 작은 일로 둔갑시키고 작은 일을 없는 일로 둔갑시킨다.
意译 : 일(사고)을 떠버리지 말고 자꾸 작게 만들어야 한다.

① 你们两个人不要再打架了, 大事化小、小事化无, 和睦相处不是很好吗?
너희 둘 더 이상 싸우지 마, 큰 일은 사소하게 생각하고 작은 일은 끝난 일로 생각하라고 하는데 화목하게 지내는 게 어때?

② 大事化小、小事化无的作风, 对国家社会而言, 不一定绝对是好的.
큰 일을 작은 일로 둔갑시키고 작은 일을 없었던 일로 둔갑시키는 풍토는 국가사회에 대해서는 반드시 좋은 일도 아니다.

---

1. 庙 : 절
2. 认识 : (사람을)알다
3. 自家人 : 같은 집안의 사람
4. 打起来了 : 싸우기 시작한다, 싸우게 된다
5. 和睦 : 화목하다
6. 相处 : 지낸다
7. 作风 : 스타일
8. 对 …而言 : …에게 말할 것 같으면

65. 大鱼吃小鱼

dàyúchīxiǎoyú

直译 : 큰 고기는 작은 고기를 먹는다.

意译 : 강자가 약자를 업신여기다.

① 现在的世界是大鱼吃小鱼, 谁还讲正义呢?
현재의 세계는 강자가 약자를 업신여기는 세상인데 누가 정의를 따지겠습니까?

② 要赶快充实自己, 不然他大鱼吃小鱼, 一定会把你消灭掉的.
넌 빨리 너 자신을 충실하게 만들어야 돼, 그렇지 않으면 큰 고기가 작은 고기를 잡아먹는 식으로 그가 반드시 너를 없애고 말테니까!

66. 大处着眼, 小处着手

dàchùzhuóyǎn, xiǎochùzhuóshǒu

直译 : 큰 것에 착안하여 작은 데부터 시작한다.

意译 : 대국적인 견지에 서서 가까운 일부터 손을 댄다.

① 我们做事情要大处着眼, 小处着手, 这样才不会失败.
우리가 일을 할 때 큰 것을 보고 작은 데서부터 하나하나 실천해 나가야 한다. 그렇게 해야 실패하지 않는다.

② 不管做甚 事情都要从大处着眼, 小处着手.
무슨 일을 하든 간에 모두 큰 것을 보고 작은 데부터 시작하여야 한다.

---

1. 讲 : 강구하다, 따지다, 말하다
2. 赶快 : 어서, 빨리
3. 才 : 겨우, 비로소

67. 大意失荆州

dàyìshīJīngzhōu

直译 : 부주의로 형주를 잃어버린다.
意译 : 부주의로 실패하다.

① 我以为我会得第一名, 没想到他竟然得了第一, 真是大意失荆州
나는 내가 일등을 할 줄 알았는데 뜻밖에도 그가 일등을 했다 정말 방심해서 실패했군.

② 你要小心, 不要大意失荆州, 他的成绩也是也是很好的.
당신 조심해야 돼요, 방심하다가 실패 말라고요. 그의 성적도 괘 좋은 편이니까!

68. 大难不死, 必有后福

dànànbùsǐ, bìyǒuhòufú

直译 : 큰 화를 당해도 죽지 않으면 필히 뒤에 복이 있을 것이다.
意译 : 사람을 위로하는 말이다.

① 这次大病能死里逃生, 相信你大难不死, 必有后福.
이번에 중병을 앓고도 죽지 않았으니 당신은 큰 화를 피하고 난 후 반드시 뒤에 복이 있을 게요.

② 大难不死, 必有后福, 你一定会成为一个非常了不起的人.
큰 화를 당하여도 죽지 않다니 당신은 반드시 아주 훌륭한 사람이 될 겁니다.

---

1. 以为 : …인 줄 알다 (잘못 알다)
2. 竟然 : 뜻밖에
3. 死里逃生 : 구사일생
4. 非常 : 매우
5. 了不起 : 대단하다, 훌륭하다

69. 大树底下好乘凉

dàshùdǐxiahǎochéngliáng

直译：큰 나무 밑에는 그늘이 있다.

意译：큰 인물 밑에서 일을 한다.

① 大树底下好乘凉，你为什么不去投奔李将军，反而来当二等兵呢？
큰 나무 밑에 가면 그늘이 있다는데 당신은 왜 이장군님에게 가지 않고 오히려 이등병으로 군부대에 왔어요?

② 大树低下好乘凉，所以大家都喜欢到青瓦台做事.
큰 나무 밑에 가야 그늘이 있다고 하여 모든 사람들이 청와대에 가서 일을 하고 싶어 한다.

70. 工欲善其事，必先利其器

gōngyùshànqíshì，bìxiānlìqíqì

直译：노동자가 그의 일을 잘하려고 하면 필히 그의 도구들을 잘 마련해 둔다.

意译：방죽을 파야 머구리가 뛰어들지. 어떤 일을 성취하려고 하면 반드시 미리 도구를 준비하여야 한다.

① 工欲善其事，必先利其器，你要学好中国话，一定先要有一本好字典.
일을 잘하려고 하면 반드시 미리 도구를 잘 준비하여야 한다. 당신은 중국말을 잘 배우려고 하면 반드시 좋은 사전이 한권 있어야 합니다.

② 你没有螺丝刀，怎么修理车子？工欲善其事，必先利其器.
당신은 드라이버가 없이 어떻게 차를 수리합니까? 일을 성취하려고 하면 반드시 미리 도구를 준비하여야 하지 않습니까?

---

1. 底下：밑에
2. 乘凉：납량하다
3. 螺丝刀：드라이버

71. 三人行必有我师

sānrénxíng, bìyǒuwǒshī

直译 : 세 사람이 동행하고 있을 때 그 중에 반드시 나의 스승 될 사람이 있다.
意译 : 어디든지 반드시 나보다 나은 사람이 있다.

① 孔子说 : 三人行, 必有我师, 我们一定要常向别人虚心请教.
공자왈 : 세 사람이 동행하고 있을 때 그 중에 필히 나보다 나은 사람이 있다고 하셨으니까 우리는 반드시 늘 다른 사람에게 겸손하게 배워야 한다.

② 三人行, 必有我师, 我们怎么可以骄傲呢?
어디든지 반드시 나보다 학문이 좋은 사람이 있을 텐데 우리가 어떻게 교만할 수 있을까?

72. 三十六计走为上策

sānshíliùjìzǒuwéishàngcè

直译 : 삼십육계중 줄행랑이 상책이다.
意译 : 삼십육계 줄행랑이다 (세 불리할 때 도망가는 것이 낫다)

① 敌军人多势众, 我们还是三十六计走为上策吧!
적군은 사람이 많고 기세가 높으니까 우리는 그냥 삼십육계 줄행랑하자.

② 他不敢和我比赛, 竟然使用三十六计走为上策的方法逃走了.
그 사람은 나와 시합할 용기가 없어서 뜻밖에 삼십육계 줄행랑의 방법으로 도망갔다.

---

1. 虚心 : 마음을 비다, 겸손하다
2. 请教 : 질문하다, 하문하다, 가르침을 받는다
3. 骄傲 : 교만하다
4. 人多势众 : 사람이 많고 세가 강하다
5. 还是 : 역시
6. 不敢 : … 할 용기가 없다
7. 比赛 : 시합하다, 경기하다

73. 三十年风水流年转

sānshíniánfēngshuǐliúniánzhuǎn

直译 : 운수란 것은 삼십년마다 도는 것이다.

意译 : 부귀영화는 물레바퀴 돌 듯한다. 세상은 돌고 도는 것이다.

① 三十年风水流年转, 以前他是我上司, 现在我反而是他的上司了.
세상은 돌고 도는 것이다. 옛날에 그 사람은 나의 상사였는데 지금 나는 오히려 그의 상사가 되었다.

② 你不要欺负他, 三十年风水流年转, 也许以後, 你会须要他帮助也不一定.
당신은 그를 업신여기지 마시오, 세상은 돌고 도는 것이니까 앞으로 당신이 그를 필요로 할는지도 모른다.

74. 三天打鱼, 两天晒网

sāntiāndǎyú, liǎngtiānshàiwǎng

直译 : 사흘 동안 고기를 잡고 이틀 동안 어망을 말린다.

意译 : 사흘 길을 하루 가서 열흘씩 눕는다. 지속적으로 못하고 자주 중단된다는 말이다.

① 他学习中文的态度, 就像渔夫三天打鱼, 两天晒网, 不可能学好的.
그 사람이 중국어를 배우는 태도는 마치 어부가 사흘 동안 고기를 잡다가 이틀 동안 어망을 말린다고 중단하는 듯하니 어떻게 잘 배울 수 있겠습니까?

② 他在学习开车, 但是三天打鱼, 两天晒网, 不知道什么时候才能学好.
그는 사람이 운전을 배우고 있는데 자주 중단한다. 언제 다 배울 수 있을지 모르겠다.

---

1. 流年 : 당해의 운수
2. 上司 : 상사, 상관
3. 反而 : 오히려
4. 也许… 也… : 아마 … 일지도 모른다
5. 须要 : … 야 한다
6. 就像 : 곧 …와 같다
7. 学好 : 잘 배운다, 다 배운다
8. 开车 : 차를 몰다

75. 三分人样, 七分打扮

sānfēnrényàng, qīfēndăbàn

直译 : 30%는 원인물이고 70%는 화장이다.

意译 : 본바탕이 중요하지만 화장은 더 중요하다. 옷이 날개이다.

① 三分人样, 七分打扮, 他化了装以後, 就像个小美人了.
본바탕도 중요하지만 화장은 더 중요하다. 그녀가 화장하고 난 후, 미인처럼 보인다.

② 他化装前和化装后, 完全不一样, 简直认不出来了. 真是三分人样, 七分打扮!
그는 화장전과 화장후가 완전히 다르다. 거의 알아볼 수가 없다. 정말 본바탕이 중요하지만 화장은 더 중요하구나!

76. 三分像人, 七分像鬼

sānfēnxiàngrén, qīfēnxiàngguǐ

直译 : 30%는 사람이고 70%는 귀신과 같다.

意译 : 인물이 없다거나 더럽다는 말이다.

① 他穿著以前的衣服, 看起来三分像人, 七分像鬼.
그가 옛날 옷을 입으니까 30%는 사람 같고 70%는 귀신같아 보인다.

② 他被打得三分像人, 七分像鬼.
그 사람은 너무 많이 맞아서 인간의 모습은 30%만 남았고 70%는 귀신같다.

---

1. 化了装 : 화장하였다
2. 不一样 : 같지 않다
3. 认不出来 : 알아보지 못하다
4. 看起来 : 보기에, 보기 시작하다

77. 三分钟热度

sānfēnzhōngrèdù

直译 : 열은 삼분 밖에 유지 못한다.
意译 : 작심삼일.

① 他每次做事，都是三分钟热度，维持不久.
그가 매번 일을 할 때는 모두 작심삼일이라서 오래 지속하지 못한다.

② 他说他戒酒了，但是大家都说他只是三分钟热度而已.
그는 가 자기가 술을 끊었다고 하지만 모든 사람들은 그가 단지 작심삼일일 뿐이라고 한다.

78. 三句话不离本行

sānjùhuàbùlíběnháng

直译 : 말 세 마디를 하여도 필히 자기 직업과 연결시킨다.
意译 : 자기의 직업을 매우 의식하는 사람이다.

① 李老师每天三句话不离本行，不断强调只有教育才能救国.
이선생님은 말마다 자기직업과 연관이 있는 말을 한다. 단지 교육만은 나라를 구할 길이라고 한다.

② 他又说警察是人民的保姆了，真是三句话不离本行.
그 사람은 또 경찰은 국민의 보모라고 한다. 정말 말마다 자기 직업과 연관시키네!

---

1. 戒酒 : 술을 끊다
2. 大家 : 모든 사람
3. 离 : 떠나다, 떨어지다
4. 本行 : 직업
5. 保姆 : 보모

79. 三百六十行，行行出状元

sānbǎiliùshíháng, hánghángchūzhuàngyuán

直译 : 360가지의 직종에서 모두 장원이 나온다.

意译 : 직업에 귀천이 없다. 어느 한 직종에 정통하느냐가 중요하다.

① 俗话说：三百六十行，行行出状元，只要你肯努力，学什么都会有出息.
속담에 36가지의 직종에서 모두 장원이 나온다고 하는데, 당신이 노력하기 만하면 무엇을 배우든 간에 출세할 수가 있다.

② 擦皮靴的老李每天风雨无阻，为客人擦拭皮靴，经过许多年的努力，终於成了首屈一指的富翁，谁说不是三百六十行，行行出状元呢?
구두닦이인 이씨가 날마다 비바람을 무릅쓰고 손님을 위해 구두를 닦아 주고 수년의 노력을 거쳐 마침내 제일의 갑부가 되었다. 누가 36가지의 직종에서 모두 장원이 나온다고 아니라든가?

80. 三军可夺帅，匹夫不可夺志

sānjūnkěduóshuài, pǐfūbùkěduózhì

直译 : 삼군의 원수를 잡을 수 있어도 사나이의 뜻을 꺾을 수 없다.

意译 : 지기와 절조는 중요한 것이다.

① 三军可夺帅，匹夫不可夺志，无论你怎么样威胁我，我也不会投降的.
삼군의 원수를 잡을 수 있어도 사나이의 뜻을 꺾을 수 없다. 당신이 나를 어떻게 위협하든 간에 나는 투항하지 않을 거예요.

② 算了，三军可夺帅，匹夫不可夺志，你何必强迫他呢?
그만 두세요, 삼군의 원수를 잡을 수 있어도 사나이의 뜻을 꺾을 수 없다는데 당신은 왜 그를 강요합니까?

---

1. 出息 : 앞날, 미래의 희망
2. 没出息 : 싹이 노랗다
3. 擦… 的人. : … 닦는 사람
4. 风雨无阻 : 비 바람에도 불구하여
5. 客人 : 손님
6. 擦拭 : 닦는다
7. 首屈一指 : 최고의, 제일의
8. 威胁 : 공갈하다
9. 投降 : 투항하다
10. 算了 : 그만 두자, 계산하였다
11. 强迫 : 억지로 강요하다

81. 三个臭皮匠, 胜过一个诸葛亮

sāngèchòupíjiàng, shèngguòyígèzhūgěliàng

直译 : 냄새 풍기는 구두 수선공 세 사람이면 제갈공명보다 낫다.

意译 : 소경 셋이 모이면 못 보는 편지를 뜯어본다. 중지를 모아야 한다.

① 如果有困难, 一定要和朋友商量, 三个臭皮匠, 胜过一个诸葛亮, 不管是什么问题都能比较容易解决.

만약 어려움이 있을 때 반드시 친구와 상의해야 한다. 소경 셋이 모이면 못 보는 편지를 뜯어본다. 중지를 모아야 한다, 중지를 모으면 무슨 일이든 간에 모두 비교적으로 해결하기가 쉬울 것입니다.

② 三个臭皮匠, 胜过一个诸葛亮, 你为什么不把你的问题告诉我呢?

소경 셋이 모이면 못 보는 편지를 뜯어본다. 중지를 모아야 한다는 말이 있는데 너는 왜 문제(고민거리)를 나에게 이야기하지 않느냐?

82. 士可杀, 不可辱

shìkěshā, bùkěrǔ

直译 : 군자는 죽일 수 있어도 모욕을 할 수 없다.

意译 : 군자는 죽일 수 있어도 모욕을 할 수 없다.

① 士可杀, 不可辱, 你把我杀了吧! 我不会投降的.

군자는 죽일 수 있어도 모욕을 할 수 없다. 나는 항복하지 않을 거예요.

② 李将军认为士可杀, 不可辱, 所以在敌军攻进来的时候, 自杀殉国了.

이장군님은 군자는 죽일 수 있어도 모욕을 할 수 없다고 생각하여 적군이 쳐들어 왔을 때 자살하여 순국하였다.

---

1. 商量 : 상의하다
2. 告诉 : 이야기하다, 알려주다

83. 士别三日, 刮目相看

shìbiésānrì, guāmùxiāngkàn

直译 : 선비는 삼일동안 보지 못하다가 만나면 다른 눈으로 보아야 한다.
意译 : 잠시 만나지 못하더니 아주 달라졌다.

① 士别三日, 刮目相看, 想不到你的中国话现在这么好了.
잠시 만나지 못하더니 확 달라졌다. 당신의 중국말이 이렇게 좋아질 줄 생각조차 못하였다.

② 才两年没见, 他竟然变得这么漂亮了, 真是士别三日, 刮目相看.
겨우 2년 동안 보지 못하였는데 그녀가 이렇게 예쁘게 변하였다. 정말 잠시 만나지 못하더니 확 달라졌어.

84. 上山擒虎易, 开口求人难

shàngshānqínhǔyì, kāikǒuqiúrénnán

直译 : 산에 가서 호랑이를 잡은 것은 쉬우나 입을 열어서 남에게 부탁하는 것은 어렵다.
意译 : 남에게 도움을 요청하는 것은 지극히 어려운 것이다.

① 上山擒虎易. 开口求人难, 如果自己不好好学, 到时候要求人帮忙, 就后悔莫及了.
산에 가서 호랑이를 잡은 것은 쉬우나 입을 열어서 남에게 부탁하는 것은 어렵다. 자기자신이 잘 배우지 않고 그 때에 와서 남에게 도와달라고 하면 벌써 너무 늦었다.

② 上山擒虎易, 开口求人难, 向别人求助不是一件简单的事 !
산에 가서 호랑이를 잡은 것은 쉬우나 입을 열어서 남에게 부탁하는 것은 어렵다. 남에게 도움을 요청한 것은 쉬운 일이 아니야!

---

1. 刮目 : 눈을 비비고 다시 본다, 새로운 안목으로 본다
2. 想不到 : 뜻밖에
3. 好好 : 매우 잘, 매우 좋다
4. 到时候 : 때가 되면, 그 때에 와서

85. 上梁不正下梁歪

shàngliángbúzhèngxiàliángwāi

直译 : 윗 기둥이 바르지 않으면 아래 기둥이 비틀어진다.

意译 : 윗물이 맑아야 아래 물이 맑다.

① 上梁不正下梁歪, 连做总统的都贪污, 这个国家怎么会好呢?
윗물이 맑아야 아래 물이 맑을 수 있는데 대통령마저도 공금횡령을 하고 이 나라가 어떻게 좋을 수 있을까?

② 李课长因为看到金部长贪污, 所以也跟著贪污了, 真是上梁不正下梁歪!
이과장은 이부장님이 부정한 것을 보았기 때문에 자기도 부정을 했어요. 정말 윗물이 맑아야 아래 물이 맑을 수 있구나!

86. 山中无老虎, 猴子称大王

shānzhōngwúlǎohǔ, hóuzichēngdàwáng

直译 : 산속에 호랑이가 없어서 원숭이가 왕이 된다.

意译 : 범이 없는 산에 토끼가 대왕노릇을 하다.

① 山中无老虎, 猴子称大王, 李老大死了以後, 没有本事的老金就自己当了老大.
범이 없는 산에 토끼가 대왕노릇을 하다. 이두목이 돌아가신 후, 재주가 없는 김씨가 스스로 두목자리에 올랐다.

② 他们因为没有人敢负责, 所以就叫我做团长了, 真是山中无老虎, 猴子称大王.
그들은 책임을 질 용기가 있는 사람이 없으니까 나로 하여금 단장을 하라고 하였다. 정말 범이 없는 산에 토끼가 대왕노릇을 하는 거야.

---

1. 歪 : 비뚤다
2. 连… 都… : … 마저도
3. 跟著 : 따라서
4. 猴子 : 원숭이
5. 老大 : 맡이, 두목
6. 本事 : 능력, 재주

87. 山高皇帝远

shāngāohuángdìyuǎn

直译 : 산이 높고 임금님이 멀다.
意译 : 거리가 멀어서 다스리지 못한다.

① 山高皇帝远, 他搬来釜山以後, 他的父亲再也管不了他了.
산이 높아서 임금님도 멀어진다. 그가 부산에 이사 온 뒤, 그의 아버지는 더 이상 그를 다스리지 못한다.

② 他敢欺骗我, 就是因为山高皇帝远, 现在他谁也不怕了.
그가 감히 나를 속았던 것은 바로 거리가 멀어서 누구도 그를 다스리지 못하기 때문이다. 지금 그가 누구도 무서워하지 않다.

88. 丈二和尚, 摸不著头脑

zhàngèrhéshang, mōbuzháotóunǎo

直译 : 키가 큰 중이 자기머리를 만지지 못한다.
意译 : 영문을 모른다.

① 我没有做错事, 他为什么骂我呢? 真是让我丈二和尚, 摸不著头脑.
나는 잘못을 한 적이 없는데 그가 왜 나를 욕을 하는지 정말 너로 하여금 영문을 모르게 한다.

② 今天到底是怎么一回事, 真让人丈二和尚, 摸不著头脑.
오늘은 도대체 어떻게 된 일인지 정말 사람으로 하여금 영문을 모르게 한다.

---

1. 搬 : 옮기다.
2. 再也… 不… : 더 이상 …치 않다
3. 管不了 : 다스릴 수 없다, 통제할 수 없다
4. 做错 : 잘못을 저지르다
5. 骂 : 욕을 하다
6. 让 : …로 하여금, 양보하다
7. 摸 : 만지다, 쓰다듬다
8. 到底 : 도대체
9. 一回 : 한번

89. 丈母娘看女婿，越看越喜欢

zhàngmǔniángkànnǚxu, yuèkànyuèxǐhuan

直译 : 장모가 사위를 보는데 볼수록 마음에 든다.
意译 : 딸을 사랑하는 어머니는 사위도 사랑하게 된다.

① 我看他就像丈母娘看女婿，越看越喜欢.
나는 그를 볼 때 마치 장모님이 사위를 보듯이 볼수록 마음에 든다.

② 因为他有钱，所以她是丈母娘看女婿，越看越喜欢.
그 사람이 돈이 있기 때문에 그녀는 장모가 사위를 보듯이 볼수록 그를 좋아한다.

90. 久病无孝子

jiǔbingwúxiàozǐ

直译 : 오랫동안 앓아누우면 효자가 없다.
意译 : 잔병에 효자 날 때가 없다.

① 古人说 : "久病无孝子", 他的母亲生病那么久了，他还是那么孝顺，真是难得.
옛 사람이 말하기를 잔병에 효자도 없다고 했는데 그의 모친은 그렇게 오랫동안 앓아누웠는데도 그는 아직 그렇게 효도를 하다니 정말 쉬운 일이 아니구나!

② 俗话说 : "久病无孝子", 老年生病又没有钱，是最悲哀的事了.
속담에 잔병에 효자도 없다는 말이 있는데 병든 노인이 돈마저도 없는 것은 가장 슬픈 일이다.

---

1. 丈母娘 : 장모
2. 女婿 : 사위
3. 难得 : 기득하다
4. 孝顺 : 효도를 하다
5. 难得 : 희한하다

91. 久病成良医

jiǔbìngchéngliángyī

直译 : 병을 오랫동안 앓아 명의가 된다.

意译 : 병을 오랫동안 앓는 환자는 전문의가 된다.

① 他得肺病已经有十年了，现在自己也成了肺病专家，真是久病成良医 !
그 사람은 폐병을 앓는 지 십년이나 되었으니까 지금 자기도 폐병전문가가 되었다. 정말 병을 오래 앓으면 명의가 되는구나!

② 久病成良医，现在我也会治疗感冒了.
병을 오래 앓으면 명의가 된다더니 지금 나도 감기를 치료할 줄 안다.

92. 久赌无胜家

jiǔdǔwúshèngjiā

直译 : 도박을 오래 한 사람 중에 딴 사람은 없다.

意译 : 도박을 오래하면 패가망신한다.

① 久赌无胜家，他赌了十几年，现在果然一名不文了.
도박을 오랫동안 하면 패가망신한다더니 그가 십여 년 동안 도박을 하였으니까 지금 과연 빈털털이 되었다.

② 俗话说 : 久赌无胜家，你为什么还要赌呢?
속담에 도박을 오랫동안 하면 패가망신한다는데 당신은 왜 그래도 도박을 하려고 합니까?

---

1. 肺病 : 폐병
2. 专家 : 전문가
3. 感冒 : 감기
4. 赌 : 도박하다
5. 果然 : 과연

93. 千里送鹅毛，礼轻情意重

qiānlǐsònggémáo

直译：천리 먼 길에서 거위 털을 보냈는데 선물은 가볍지만 정이 두텁다.

意译：냉수 한 그릇 떠놓고 제사를 지내도 제 정성이다. 선물은 값어치가 없지만 뜻이 중요하다.

① 我结婚的时候，他虽然只打了一张电报来，但是千里送鹅毛，礼轻情意重，我非常感谢他.

내가 결혼할 때 그가 전보만 보냈지만 그러나 그 뜻은 매우 갸륵해서 나는 그를 매우 감사하게 생각한다.

② 千里送鹅毛，礼轻情意重，不管你送什么礼物，我都非常高兴.

천리 먼 곳에서 거위 털 선물을 하여 값어치가 없지만 그 뜻이 중요하다. 당신은 무슨 선물을 하든 간에 나는 모두 반갑다.

94. 千补万补不如食补

qiānbǔwànbǔbùrúshíbǔ

直译：천번 만번 보신을 하여도 식보보다 못 하다.

意译：잘 먹는 것이 바로 약이다.

① 千补万补不如食补，你为什么不买一些有营养的东西来补补身体呢?

잘 먹는 것이 바로 약이라는데 당신은 왜 영양가가 있는 것을 사먹지 않습니까?

② 他每天吃补药，却舍不得买好东西吃，他就是忘了"千补万补不如食补"这句话.

그 사람은 날마다 보약을 먹으면서도 좋은 것을 사먹는 것을 아까와 한다. 그가 바로 잘 먹는 것이 약이란 말을 망각하였다.

---

1. 鹅毛：거위 털
2. 情意：정，뜻
3. 高兴：기쁘다，반갑다，즐겁다
4. 不如：… 보다 못 하다，차라리
5. 舍不得：… 하기가 아깝다

95. 亡羊补牢，犹未为晚

wángyángbŭláo, yóuwèiwéiwǎn

直译 : 양을 잃고 외양간을 수리한다.
意译 : 소 잃고 외양간 고친다.

① 只要你肯改过，亡羊补牢，犹未为晚.
당신은 개과천선하기만 하면 소 잃고 외양간이지만 아직 늦지 않다.

② 亡羊补牢，犹未为晚，我们从今天起，好好努力吧!
소 잃고 외양간이지만 우리들이 오늘부터 열심히 합시다.

96. 己所不欲，勿施於人

jǐsuŏbùyù, wùshīyúrén

直译 : 자기가 당하고 싶지 않는 일을 남에게 가하지 말라.
意译 : 남을 생각하라.

① 己所不欲，勿施於人，你为什么要害他呢?
자기가 당하고 싶지 않는 것을 남에게 가하지 말라는데 당신은 왜 그를 해치려고 하는가?

② 因为我知道挨打是很羞耻的事，己所不欲勿施於人，所以我才没有打他.
나는 매를 맞은 것이 매우 부끄러운 일이라고 알고 있으니까 "자기가 당하고 싶지 않는 일을 남에게 가하지 말라" 하여 나는 그를 때리지 않았다.

---

1. 牢 : 감옥, 외양간
2. 犹 : 아직
3. 害 : 해치다
4. 挨打 : 매맞다
5. 羞耻 : 부끄럽다

97. 女大不中留

nǚdàbùzhòngliú

直译 : 여자아이가 크면 집안에 그냥 있게 해서는 좋다.

意译 : 딸은 크면 시집을 보내야 한다.

① 女大不中留, 女儿迟早要结婚的, 你难过什么呢?
딸이 크면 잡아놓을 수 없어서 딸은 조만간 시집에 가야 하는데 당신은 무엇 때문에 슬퍼하는가?

② 俗话说 : 女大不中留, 养那么多女儿有什么用呢?
속담에 딸이 크면 잡아놓을 수 없다고 하는데 딸을 그렇게 많이 키워서 무슨 소용이 있느냐?

98. 女大十八一枝花

nǚdàshíbāyīzhīhuā

直译 : 여자아이가 열여덟이 되면 꽃과 같다.

意译 : 나이차고 미운 계집 없다. 여자아이가 열여덟이 되면 꽃처럼 아름답다.

① 女大十八一枝花, 没想到你变得这么亭亭立立了.
여자아이가 열여덟 살이면 꽃과 같다고 하더니 당신이 이렇게 아름답게 변할 줄 몰랐다.

② 他现在虽然很丑, 但是女大十八一枝花, 长大以後, 一定也会很漂亮的.
그녀는 지금 못생겼지만 그러나 여자아이가 열여덟이면 꽃이라니까 그녀가 크고 나서 반드시 아름다울 겁니다.

---

1. 中留 : 남기기가 좋다
2. 中看不中吃 : 보기가 좋고 먹기가 안 좋다, 빛 좋은 개살구
3. 迟早 : 조만간
4. 亭亭立立 : 날씬하고 아름답다

99. 女子无才便是德

nǚzǐwúcáibiànshìdé

直译 : 여자가 재주 없는 것이 바로 덕이다.

意译 : 여자는 배울 필요가 없다.

① 以前的人说 : 女子无才便是德, 这一句话已经不适合现代的女人了
옛날 사람이 말하길 "여자는 배울 필요가 없다". 이 말은 벌써 현대의 여성에 적합하지 않게 되었다.

② 认为女子无才便是德的男人, 实在是固执不通的封建主义者.
『여자는 배울 필요가 없다』고 주장하는 남자는 정말 고집불통의 봉건주의자이다.

100. 小不忍, 则乱大谋

xiǎobùrěn, zéluàndàmóu

直译 : 잠시 참지 않으면 큰 일을 망친다.

意译 : 인내력이 있어야 한다는 말이다.

① 小不忍, 则乱大谋, 你现在不能忍耐一点吗?
잠시 참지 못하면 중요한 일을 망친다니까 당신은 지금 좀 참을 수 없을까?

② 他为了一点小事, 竟然和老板打架, 真是小不忍, 则乱大谋!
그 사람은 사소한 일로 뜻밖에 사장님과 싸우다니 정말 잠시 참지 못하다가 큰일 저질렀구나.

---

1. 适合 : 적합하다
2. 固执不通 : 고집불통
3. 老板 : 사장, 주인
4 打架 : 싸우다

101. 小庙留不住大菩萨

xiǎomiàoliúbúzhùdàpúsà

直译 : 작은 절에는 큰 보살을 모실 수 없다.

意译 : 접시굽에 한 섬을 담을까? (관직)자리가 작아서 큰 인물을 모실 수 없다.

① 对不起, 你的要求太高了, 我们这里小庙留不住大菩萨, 你另请高明吧!
미안합니다. 당신의 요구가 너무 많고 우리는 작은 곳이라서 큰 인물을 모실 수 없으니 다른 데로 가십시오.

② 小庙留不住大菩萨, 他终於辞去了那个小公司.
작은 절에는 큰 보살을 모실 수 없다. 그가 마침내 그 작은 회사에 사표를 냈다.

102. 马不知脸长

mǎbùzhīliǎncháng

直译 : 말은 자기의 얼굴이 길쭉한 줄 모른다.

意译 : 숯이 검정을 나무란다.

① 马不知脸长, 像他那么坏的学生, 反而说李同学最坏.
숯이 검정을 나무란다더니 그와 같은 나쁜 학생이 오히려 이학생이 전교에서 가장 나쁜 학생이라고 우긴다!

② 东海大学的学生说东海大学是全世界最好的学校, 真是马不知脸长
동해대학교의 학생이 동해대학교는 전 세계에서 가장 좋은 학교라고 하다니 정말 말이 자기 얼굴이 길쭉한 줄 모르고 부끄러워 할 줄 모르는 격이로군.

---

1. 留不住 : 머물게 할 수 없다
2. 另 : 별도로, 따로
3. 高明 : 고명하다, 재주가 있는 사람
4. 辞去 : 사표를 내서 떠나다
5. 脸 : 얼굴
6. 像… 那麽 : …와 처럼 그렇게 …

103. 干打雷，不下雨

gāndǎléi, búxiàyǔ

直译：천둥만을 치고 비가 내리지 않는다.

意译：큰 소리만 치고 실천하지 않는다.

① 他说一定会把钱借给我，但是一直没借我，干打雷，不下雨，有什么用呢?
그는 반드시 나에게 돈을 빌려준다고 해놓고서는 줄곧 나에게 빌려주지 않았다. 큰 소리만 치고 실천하지 않는데 무슨 소용이 있느냐?

② 他说他要戒烟了，但是干打雷，不下雨，到现在也没有开始.
그는 담배를 끊겠다고 했지만 큰 소리만 쳐놓고 지금까지도 시작하지 않았다.

104. 万丈高楼平地起，英雄不论出身低

wànzhànggāolóupíngdìqǐ, yīngxióngbúlùnchūshēndī

直译：만장의 높은 빌딩도 땅에서 시작되었듯이 영웅은 출신고하에 상관없이 될 수 있다.

意译：작은 것부터 큰 것을 이룬다. 출신고하를 막론하고 노력하기만 하면 성공할 수 있다.

① 虽然你不是世家出身，但是万丈高楼平地起，英雄不论出身低，只要你肯努力，一定会成功的.
당신은 비록 권세집안의 아들은 아니지만 그러나 만장의 빌딩도 땅에서 시작되었듯이, 영웅은 출신의 고하를 막론하고 될 수 있다. 당신은 노력하기만 하면 반드시 성공할 수 있을 것이다.

② 虽然他父亲是个工人，但是他从小勤奋好学，努力不倦，所以终於成了大企业家，真是万丈高楼平地起，英雄不论出身低啊.
비록 그의 아버지는 노동자였지만 그러나 그가 어렸을 때부터 열심히 공부하고 쉴새없이 노력하였기 때문에 마침내 대기업가가 되었다. 정말 출신고하를 막론하고 노력하기만 하면 누구든지 다 성공할 수 있구나.

---

1. 一定：반드시
2. 干：마르다, …만
3. 打雷：천동을 치다
4. 戒烟：담배를 끊다
5. 世家：세가, 명문
6. 不论：논하지 않다, …든지, 든 간에
7. 从小：어릴 때부터
8. 勤奋：근면노력하다
9. 好学：배우기를 좋아하다

105. 万般皆下品, 唯有读书高

wànbānjiēxiàpǐn, wéiyǒudúshūgāo

直译 : 모든 것은 보잘 것이 없고 단지 공부하는 것만이 최고다.

意译 : 공부하는 사람만이 존경을 받는다.

① 万般皆下品, 唯有读书高, 你为什么不好好儿读书呢?
모든 것은 보잘 것 없고 오로지 공부하는 것만이 최고의 일인데 당신은 왜 공부를 잘하려고 하지 않는가?

② 他虽然很有钱, 但是却羡慕读书人, 因为他觉得万般皆下品, 唯有读书高.
그 사람은 비록 돈이 많지만 공부하는 사람을 매우 존경합니다. 왜냐하면 그의 생각에는 모든 것이 보잘 것 없고 오로지 공부하는 것만이 최고라고 생각하기 때문이다.

106. 万事俱备, 只欠东风

wànshìjùbèi, zhǐqiàndōngfēng

直译 : 모든 것이 준비되는데 단지 동풍만 없다.

意译 : 귀한 것은 상량문. 준비는 다 되었고 단지 사람만(물건, 돈, 기타)되면 된다.

① 我们万事俱备, 只欠东风, 你能不能帮助我们呢?
우리는 모든 것을 다 준비하지만 단지 동풍만 (돈) 없다. 당신이 우리를 도와줄 수 없어요?

② 快! 万事俱备, 只欠东风, 快把火拿来!
어서! 모든 것이 준비 다 되었는데 동풍만 (불) 없습니다. 어서 불을 갖고 오세요!

---

1. 不倦 : 권태하지 않다
2. 万般 : 모든 것
3. 下品 : 하급품
4. 羡慕 : 부럽다
5. 俱备 : 다 준비되다
6. 欠 : 모자라다

107. 少小不努力，老大徒伤悲

shǎoxiǎobùnǔlì，lǎodàlǎodàshāngbēi

直译 : 어릴 때 노력하지 않으면 늙어서 슬퍼해도 소용이 없다.
意译 : 어릴 때 노력하지 않으면 늙어서 슬퍼해도 소용이 없다.

① 俗话说 : 少小不努力, 老大徒伤悲, 你现在年青的时候, 不好好努力用功, 将来一定会後悔的.
속담에 "어릴 때 노력하지 않으면 늙어서 슬퍼해도 소용이 없다"고 하는데 넌 젊을 때 공부를 열심히 하지 않으니 앞으로 반드시 후회할 거야.

② 他年青的时候, 没有养成读书的好习惯, 现在才知道知识的重要, 但是已经太晚了, 真是少小不努力, 老大徒伤悲
그는 젊었을 때 공부하는 좋은 습관을 들이지 않고 지금에 와서야 지식의 중요성을 알았지만 벌써 너무 늦었다. 정말 어릴 때 노력하지 않으면 늙어서 슬퍼해도 소용이 없는 거야.

108. 井水不犯河水

jǐngshuǐbúfànhéshu

直译 : 우물의 물은 강물을 침범하지 않는다.
意译 : 서로 싸우지 않는다(서로 간섭하지 않는 관계).

① 我们两个人. 井水不犯河水, 你做什么我都不会管的.
우리 두 사람은 서로 우물과 강물의 관계라서 당신이 무엇을 하든 나는 상관하지 않을 거예요.

② 井水不犯河水, 他不会欺负你的.
우물과 강물은 서로 침범하지 않는다 하니 그는 당신을 업신여기지 않을 거예요.

---

1. 少小 : 어린 시절
2. 徒 : 괜히
3. 犯 : 범하다, 저지르다
4. 管 : 간섭하다, 상대하다

109. 今朝有酒, 今朝醉

jīnzhāoyǒujiǔ, jīnzhāozuì

直译 : 오늘 술이 있으면 오늘 취한다.

意译 : 근심거리는 내일로 미룬다.

① 今朝有酒, 今朝醉, 明天的事, 明天再想吧!
오늘 술이 있으면 오늘 취해야지, 내일 일은 내일 다시 생각하자!

② 有的人醉生梦死, 今朝有酒今朝醉, 从来不去想未来的计划, 这种人真是可怜!
어떤 사람은 매일 취생몽사여서 오늘 술이 있으면 오늘 취하고 전혀 미래에 대한 계획을 생각하지 않으니 이런 사람은 정말로 가엾구나!

110. 不入虎穴, 焉得虎子

búrùhǔxué, yāndéhǔzǐ

直译 : 호랑이 굴에 가지 않고 어떻게 호랑이를 잡느냐?

意译 : 호랑이 굴에 가야 호랑이 새끼를 잡을 수 있다.

① 不入虎穴, 焉得虎子, 我一定要到中国留学才行.
호랑이 굴에 가야 호랑이를 잡는다니까 난 꼭 중국 가서 유학할 거예요.

② 他的胆子很大, 夸口说 : 不入虎穴, 焉得虎子, 所以一个人潜入敌人的後方去了.
그의 간덩이는 커서 호랑이 굴에 가지 않으면 호랑이를 잡을 수 없다고 큰 소리치고는 적의 후방으로 잠입하였다.

---

1. 今朝 : 오늘
2. 不去想 : 생각하지 않다
3. 胆子 : 용기
4. 夸口 : 큰 소리를 하다

111. 不打不相识

bùdǎbùxiāngshí

直译 : 싸우지 않으면 서로 모른다.

意译 : 매 끝에 정든다. 싸우고 난 후 정이 든다.

① 他们两个人打了一架以後, 才知道都是老乡, 真是不打不相识.
그들 두 사람은 한번 싸우고 나서야 비로소 고향 사람이란 것을 알았다. 정말 싸우고 나서야 서로 정이 드는구나!

② 他们两个人不打不相识, 上次大打一场以後, 现在倒成了好朋友.
매 끝에 정이 든다더니 그들 둘은 지난 번 크게 싸우고 난 후 지금은 오히려 좋은 친구가 되었다.

112. 不打落水狗

bùdǎluòshuǐgǒu

直译 : 물에 빠진 개를 때리지 않는다.

意译 : 사람을 궁지로 몰아넣지 않는다.

① 他已经那么可怜了, 俗话说 : 不打落水狗, 你就饶了他吧 !
그는 벌써 그렇게 비참한데 속담에 물에 빠진 개는 때리지 않는다니까 당신은 그를 용서해 주시지요.

② 俗话说 : 不打落水狗, 没想到我失意以後, 他们还是不放过我.
속담에 물에 빠진 개를 때리지 않는다는데 내가 실의에 빠진 후에도 그들이 여전히 나를 그냥 두지 않을 줄은 생각도 못했네.

---

1. 场 : 打架의 양사
2. 老乡 : 고향 사람
3. 倒 : 오히려, 도리혀
4. 饶 : 용서하다
5. 放过 : 놓아주다

113. 不叫的狗咬人

bújiàodegǒuyǎorén

直译 : 짖지 않는 개는 사람을 문다.

意译 : 말이 없는 사람을 조심하라.

① 不叫的狗咬人, 他的话不多, 所以千万要小心他.
짖지 않는 개가 사람을 무는 법. 그는 말수가 적으니 당신은 그를 조심해야 해요.

② 他每天骂你, 但是你不必怕他, 因为只有不叫的狗咬人, 他不会害人的.
그가 날마다 당신을 욕하지만 당신은 그를 두려워할 필요가 없소. 짖지 않는 개만 사람을 문다하니 그는 당신을 해치지 않을 게요.

114. 不在其位, 不谋其政

búzàiqíwèi, bùmóuqízhèng

直译 : 그 자리 (관직)에 있지 않으면 그 일을 관여하지 않는다.

意译 : 자기 직분 외의 일에 개입하지 않는다.

① 不在其位, 不谋其政, 现在我已经不是校长了, 我怎么能过问学校的人事?
그 관직에 있지 않으면 그 일에 관여하지 않는게요. 난 이제 교장도 아닌데 어떻게 학교의 인사문제에 관여할 수 있겠소?

② 不在其位, 不谋其政, 你最好不要管这件事.
그 자리에 있지 않으면 그 일에 관여하지 않는다하니 당신 되도록이면 이 일에 참견하지 마세요.

---

1. 咬 : 물다
2. 谋 : 도모하다, 생각하다
3. 过问 : 간섭하다, 참견하다
4. 最好 : 가장 좋다, 되도록이면

115. 不孝有三, 无後为大

búxiàoyǒusān, wúhòuwéidà

直译 : 불효는 세 가지가 있는데 자식이 없다는 것이 그 첫째이다.

意译 : 불효삼천, 자식이 없는 것이 가장 큰 불효이다. 결혼해서 자식을 낳아야 한다.

① 不孝有三, 无後为大, 你已经四十岁了, 为什么还不结婚?
불효는 세 가지 있는데 자식이 없는 것은 그 첫째라고 합니다. 당신은 벌써 마흔 살이 되었는데 왜 아직 결혼하지 않습니까?

② 他认为不孝有三, 无後为大, 所以讨了一房小老婆.
그 사람은 자식이 없는 것보다 더 큰 불효가 없다고 생각해서 첩을 두었다.

116. 不见棺材, 不流泪

bújiànguāncái, búluòlèi

直译 : 관을 직접 보기 전에는 눈물을 흘리지 않는다.

意译 : 철저히 실패한 것을 인정하기 전에는 포기하지 않는다.

① 那个学生每天玩, 不知道用功, 真是不见棺材, 不流泪, 等到被留级的时候, 後悔也来不及了.
저 학생은 날마다 놀기만 하고 공부할 줄 모르는군. 정말 관을 보기 전에는 눈물을 안 흘리겠군. 나중에 유급당할 때 후회를 해도 소용없을 거야.

② 你现在还不赶快离开那个酒家女, 难道你真是不见棺材, 不流泪吗?
자네 아직도 빨리 저 술집 여자를 떠나지 않다니. 설마 자네 정말 관을 봐야 눈물을 흘릴 것인가?

---

1. 无後 : 자녀가 없다
2. 为 : …이다, …하다
3. 讨 : 장가를 가다
4. 房 : (양사) 小老婆
5. 棺材 : 관
6. 来不及 : 시간이 늦다
7. 酒家女 : 술집 여자

117. 不怕一万，只怕万一

búpàyíwàn, zhǐpàyíwàn

直译 : 일만은 괜찮은데 만일이 무섭다.

意译 : 설마가 사람을 죽인다.

① 你要小心呀，不怕一万，只怕万一，如果失败的话就完了.
당신 조심해야 돼요. 설마가 사람을 죽인다하니 만약 실패하면 끝장이에요.

② 俗话说：不怕一万，只怕万一，不管做什么事情，都要小心.
속담에 설마가 사람을 죽인다니 무슨 일을 하든 조심하여야 한다.

118. 不怕慢，只怕站

búpàmàn, zhǐpàzhàn

直译 : 느린 것은 두려워하지 말고 단지 멈출 것을 두려워하라.

意译 : 오줌 누는 새에 십리 간다. 일은 더디더라도 중단 말고 계속하라.

① 虽然中国话不好学，但是不怕慢，只怕站，只要你不断努力，好好地学，一定会学好的.
비록 중국어가 배우기가 쉽지 않지만 느린 것을 두려워 하지 말고 멈추는 것을 두려워 해야지 자네가 계속 노력만 한다면 반드시 잘 배우게 될 것일세.

② 不论学习什么东西，一定要坚持不懈，中国俗话说：不怕慢，只怕站，一停止学习就很难学成功了.
무엇을 배우든 간에 반드시 끊임없이 지속적으로 해야 한다. 중국속단에 느린 것은 두려워하지 말고 단지 멈출 것을 두려워하라는 말이 있듯이 멈추기만 하면 성공하기가 힘들어진다.

1. 完了：끝마치다, 끝장나다
2. 好好地：잘 …하다
3. 学好：잘 배운다
4. 学成功：성공하게 배운다

119. 不到黄河心不死

búdàoHuánghéxīnbús

直译 : 황하에 이르지 않으면 결코 포기하지 않는다.

意译 : 소금이 쉴 때까지 해본다. 목적을 달성하지 않으면 포기하지 않는다.

① 虽然金小姐不爱我, 但是我不到黄河心不死, 我一定会和她结婚的.
비록 미스김은 나를 사랑하지 않지만 나는 목적을 달성시키지 않으면 결코 포기하지 않습니다. 반드시 그녀와 결혼할 겁니다.

② 他下定决心, 要去中国留学, 并且发誓说 : 不到黄河心不死.
그는 중국에 가서 유학을 하겠다고 결심했다. 그리고 맹세하기를 "황하에 이르지 않으면 결코 포기 하지 않을 것이라"고 하였다.

120. 不按牌理出牌

búànpáilǐchūpái

直译 : 패의 도리를 지키지 않고 패를 낸다.

意译 : 상식을 벗어난 일을 한다.

① 他是一个不按牌理出牌的人.
그는 상식을 벗어난 일을 하는 사람이다.

② 如果你没有不按牌理出牌, 今天就没有这个麻烦了.
만약 당신이 상식을 벗어난 일을 하지 않았더라면 오늘 같은 골칫거리가 없었을 것이다.

---

1. 下定决心 : 결심을 내리다
2. 发誓 : 맹세하다
3. 牌理 : 표의 도리
4. 出牌 : 표를 내다
5. 麻烦 : 귀찮다, 골칫거리

121. 不是冤家不聚头

búshìyuānjiābújùtóu

直译 : 원수가 아니면 만나지 않는다.
意译 : 원수는 외나무다리에서 만나다.

① 不是冤家不聚头, 没想到在中国见到了他.
원수는 외나무다리에서 만난다더니 뜻밖에 중국에서 그를 만났다.

② 好呀! 不是冤家不聚头, 今天可让我捉到你了.
잘 되었다. 원수는 외나무 다리에서 만난다더니 오늘 과연 너를 잡게 되었구나.

122. 不是不报, 日子未到

búshìbúbào, rìziwèidào

直译 : 응보를 받지 않는 것이 아니라 아직 때가 되지 않았을 뿐이다.
意译 : 나쁜 일을 하면 반드시 벌을 받을 때가 온다.

① 他杀了人, 却还没有被警察捉去, 许多人觉得非常奇怪, 但是俗话说"不是不报, 日子未到", 坏事做久了, 一定会被捉到的.
그가 사람을 죽였는데도 아직 경찰에 잡히지 않아서 많은 사람들은 이상하게 여기지만 속담에 "응보를 받지 않는 것이 아니라 아직 때가 되지 않았을 뿐이라는 말이 있듯이 나쁜 일을 오래 하다보면 반드시 경찰에 잡힐 것이다.

② a. 那个汉奸为什么还是那么得意呢?
b. 放心! 不是不报, 日子未到而已.
a. 저 매국노은 왜 아직도 그렇게 득의양양한가?
b. 걱정마세요. 응보를 받지 않는 것이 아니라 아직 때가 되지 않았을 뿐이니.

---

1. 冤家 : 원수
2. 聚头 : 만나다
3. 可 : 강조하는 어감
4. 汉奸 : 중국에 파견 온 간첩, 매국노
5. 得意 : 득의양양하다
6. 放心 : 마음을 놓다, 걱정을 하지 않다

123. 不问青红皂白

bùwènqīnghóngzàobái

直译 : 파랗든 빨갛든 검든 하얗든 따지지 않다.
意译 : 이유 여하를 묻지 않다.

① 他一进来，就不问青红皂白，把我打了一顿.
그는 들어오자마자 이유여하를 묻지 않고 나를 한 바탕 때렸다.

② 你为什么不问青红皂白，就说我是犯人呢?
당신은 왜 이유여하를 묻지 않고 바로 내가 범인이라고 합니까?

124. 不当家不知柴米价，不养儿不知父母恩

bùdāngjiābùzhīcháimǐjià, bùyǎngérbùzhīfùmǔēn

直译 : 살림을 하지 않으면 쌀값을 모르고 자녀를 키우지 않으면 부모의 은혜를 모른다.
意译 : 부모가 되기 전에는 부모의 은혜를 모른다(당사자가 아니면 그 고충을 모른다).

① 不当家不知柴米价，你不是负责人，所以不知道这件事有多么复杂.
살림을 맡고 있지 않으면 쌀값을 모른다잖소. 당신은 책임자가 아니기 때문에 이 일이 얼마나 복잡한지를 몰라요.

② 不养儿不知父母恩，看见我的孩子们这么调皮，我才知道父母养育我们是多么不容易.
자녀를 키우지 않으면 부모의 은혜를 모른다더니 우리 애들이 이렇게 설치는 것을 보고 나는 비로소 부모님이 우리를 기르시는 것은 얼마나 어려운지 알았다.

---

1. 皂 : 검다
2. 一顿 : (식사) 한 끼, 한 바탕.
3. 当家 : 집을 관리하다
4. 柴米 : 땔감과 쌀
5. 调皮 : 까불다, 장난꾸러기

125. 不管三七二十一

bùguǎnsānqīèrshíyī

直译 : 삼칠은 이십일인데도 막무가내이다.

意译 : 앞뒤를 가리지 않고 에라! 모르겠다. 자포자기의 뜻이다.

① 虽然明天可能下雨, 但是我们还是不管三七二十一, 说去就去.
비록 내일이 비가 올 가능성이 있지만 우린 모든 것을 제쳐놓고 간다면 간다.

② 不管三七二十一, 走! 我们去问他.
에라! 모르겠다. 가자 우리 그 사람에게 물어보자.

126. 不经一事, 不长一智

bùjīngyíshì, bùzhǎngyízhì

直译 : 한번 당하지 않으면 지혜가 늘지 않는다.

意译 : 일을 해 보아야 경험이 쌓인다.

① 不经一事, 不长一智, 经过这次教训以後, 我不会再随便相信别人了.
한번 당하지 않으면 지혜가 늘지 않는다더니 이번 교훈을 겪고 난 후, 나는 다시는 남을 함부로 믿지 않을 거예요.

② 他被骗了以後, 常常说 : 不经一事, 不长一智.
그는 사기를 당한 후 늘 "한번 당하지 않으면 지혜가 늘지 않는다"고 한다.

---

1. 经 : 거치다
2. 长 : 늘다, 증가하다
3. 经过 : …을 …거치고 난
4. 相信 : 믿는다

127. 不鸣则已, 一鸣惊人

bùmíngzéyǐ, yìmíngjīngrén

直译 : 소리를 내지 않으면 그만이고 소리를 내기만 하면 사람을 놀라게 한다.
意译 : 쉽게 (재주를)내보이지 않는데 하기만 하면 사람을 놀라게 한다.

① 他平常不参加唱歌比赛, 但是一参加就得了第一名, 真是不鸣则已, 一鸣惊人.
그는 평상시에는 노래경연대회에 나가지 않는데 참가하기만 하면 일등을 하니 정말 쉽게 하지 않는데 하기만 하면 사람을 놀라게 하네.

② 金将军是不鸣则已, 一鸣惊人, 果然打了一场胜仗.
김장군님은 쉽게 (참전)하지 않는데 하기만 하면 사람을 놀라게 하는 분이야. 과연 전승했군.

128. 狗咬吕洞宾, 不识好人心

gǒuyǎolǚdòngbīn, bùshíhǎorénxīn

直译 : 사람의 선심을 몰라주고 개가 여동빈(신선의 이름)을 물다.
意译 : 남의 선심호의를 몰라주고 오히려 해치려고 한다.

① 我替他整理书包, 他反而说我偷他的东西, 真是狗咬吕洞宾. 不识好人心.
나는 그를 위하여 책가방을 정리해주는데 그는 오히려 내가 그의 물건을 훔친다고 하니 정말 남의 선심을 몰라주고 오히려 해하려고 하는군.

② 你不要狗咬吕洞宾, 不识好人心, 我没有帮助你的义务.
당신은 남의 선심을 몰라주고 오히려 해치려고 하지 말게. 나는 당신을 도와줄 의무가 없네.

---

1. 打胜仗 : 전쟁에 승리하다
2. 替 : 대신, 위하여
3. 书包 : 책 가방
4. 不识 : 모른다
5. 吕洞宾 : 중국 신화소설 가운데 八仙 중의 한 분

129. 不为五斗米折腰

búwèiwǔdǒumǐzhéyāo

直译 : 다섯 되의 쌀 때문에 허리를 굽히지 않는다.

意译 : 음식 때문에 뜻을 굽히지 않는다.

① 大丈夫不为五斗米折腰, 我怎么会因为没有饭吃而去偷东西呢?
사나이는 음식 때문에 뜻을 포기할 수 없소. 내가 어찌 먹을 밥이 없다고 물건을 훔칠 수 있었겠소?

② 他因为不肯为五斗米折腰, 所以自杀了.
그 사람은 음식 때문에 자기의 뜻을 포기하기를 원하지 않아서 자살해 버렸다.

130. 不做中人不做保, 一世无烦恼

búzuòzhōngrénbúzuòbǎo, yíshìwúfánnǎo

直译 : 중재인이나 보증인을 서지 않으면 한 평생에 걱정거리가 없다.

意译 : 빚 보증인을 하는 자식을 낳지 말라. 보증인으로 서지 말라.

① 俗话说 : 不做中人不做保, 一世无烦恼, 你为什么答应他做保证人呢?
속담에 중재인이나 보증인을 서지 않으면 한 평생 걱정거리가 없다고 하는데 자네 왜 그 사람에게 보증인으로 서주겠다고 수락하였는가?

② 我爱人不愿意给人做保, 她说 : 不做中人不做保, 一世无烦恼.
제 집 사람은 사람에게 보증인으로 서 주기를 원하지 않아요. 그녀가 말하기를 중재인이나 보증인을 서지 않으면 한 평생 걱정거리가 없다고 해요.

---

1. 折腰 : 허리를 굽히다
2. 不肯 : 원하지 않다
3. 中人 : 중간인, 소개인
4. 做保 : 보증인을 서다

131. 不费吹灰之力

búfèichuīhuīzhīlì

直译 : 먼지를 불어서 없애 버릴 힘도 필요없다.
意译 : 식은 죽 먹기, 누워서 떡 먹기.

① 他太聪明了, 所以不费吹灰之力, 就可以考第一名.
그는 너무 똑똑해서 식은 죽 먹기 식으로 일등을 할 수 있다.

② 我不费吹灰之力, 就借到了一千万块钱.
나는 식은 죽 먹기 식으로 천만원을 빌리게 되었다.

132. 不听老人言, 吃亏在眼前

bùtīnglǎorényán , chīkuīzàiyǎnqián

直译 : 노인의 말을 듣지 않으면 손해가 눈앞에 있다.
意译 : 어른들의 말을 귀담아 듣지 않으면 화를 입을 것이다.

① 不听老人言, 吃亏在眼前, 你不听我的话, 一定会後悔的.
어른들의 말을 귀담아 듣지 않으면 화를 입는 법, 너는 내 말을 듣지 않으면 반드시 후회할 것이다.

② 他不听父母的话, 执意和李小姐结婚, 现在李小姐果然红杏出墙了, 真是不听老人言, 吃亏在眼前!
그는 부모님의 말을 듣지 않고 고집부려 미스리와 결혼했는데 아니나 다를까 지금 미스리는 바람을 피우니, “어른의 말씀을 듣지 않으면 곧 손해를 볼 것이다”라는 속담이 과연 맞구나 맞아!

1. 费 : 쓰다
2. 吹灰 : 먼지를 불다
3. 亏 : 손해
4. 执意 : 고집을 하다
5. 红杏出墙 : (여자가) 외간 남자와 간통하다

133. 夫妻本是同林鸟，大难到时各自飞

fūqīběnshitónglínniǎo, dànándàoshígèzìfēi

直译 : 부부는 같은 숲에 사는 새들이지만 큰 재난이 닥쳤을 때는 각자 날아가 버린다.

意译 : 부부는 일심동체이지만 재난이 갑자기 닥쳐올 때는 헤어질 수밖에 없다.

① 夫妻本是同林鸟，大难到时各自飞，我们夫妻两个人的命实在太苦了.
부부는 일심동체라고 하지만 큰 재난이 갑자기 닥쳐올 때는 각자 날라갈 수밖에 없다더니 우리 부부의 운명이 정말로 너무 고되구나.

② 他们夫妻两个人平时恩恩爱爱，但是这次水灾以後，也离散了. 夫妻本是同林鸟，大难到时各自飞，这句话真是一点儿也不错
그들 부부는 평상시에 서로 사랑하고 화목하게 살았는데 이번 홍수 후에 역시 헤어졌다. 부부는 일심동체라고 하지만 큰 재난이 갑자기 닥쳤을 때 역시 헤어질 수밖에 없다는 말은 정말 하나도 안 틀리구나.

134. 太岁头上动土

tàisuìtóushàngdòngtǔ

直译 : 목성이 있는 곳에다가 삽질을 한다.

意译 : 일을 낸다. 간덩이가 크다.

① 太岁头上动土，你竟敢骗我!
간이 부었군! 나를 속이다니!

② 他敢在王老师面前说谎，真是太岁头上动土.
그가 왕선생님 앞에서 거짓말을 하다니 정말 간덩이가 부어서 일을 냈네!

---

1. 同林鸟 : 같은 숲의 새
2. 恩恩爱爱 : 서로 사랑하는 모양
3. 太岁 : 목성
4. 动土 : 삽질을 하다

135 太阳从西边出来

tàiyángcóngxībianchūlai

直译 : 해가 서쪽에서 뜬다.

意译 : 내 손톱에 장을 지져라. 불가능한 일이다.

① 你会说实话? 那就像太阳从西边出来.
너가 참말을 한다고? 그건 마치 해가 서쪽에서 뜬 것과 같다.

② 就是太阳从西边出来, 我也不会相信你的.
해가 서쪽에서 뜬다고 하여도 나는 당신을 믿지 않을 거예요.

136 天下大势分久必合, 合久必分

tiānxiàdàshìfēnjiǔbìhé, héjiǔbìfēn

直译 : 천하의 대세란 것이 오래 흩어졌으면 필히 합칠 것이고 오래 합쳐졌으면 흩어질 것이다.

意译 : 나라와 나라 사이의 관계는 불변하는 것이 아니다.

① 天下大势分久必合, 合久必分. 苏联联邦终於解体了.
나라와 나라 사이의 관계는 불변하는 것이 아니잖아. 소련연방이 마침내 해산되었다구.

② 他们几个人的关系, 就像天下大势一样, 分久必合, 合久必分, 聚散不定.
그들 몇 사람의 관계는 마치 천하의 대세 흐름과 같이 헤어졌다가 합치고 합쳤다가 헤어지고 해서 회합과 분산이 일정치 않다.

---

1. 就是 : 바로, … 이더라도, … 하더라도
2. 就像… 一样 : 곧 …와 같다
3. 聚散 : 모임과 흩어짐

137. 天下没有不散的筵席

tiānxiàméiyǒubúsàndeyánxí

直译 : 세상에 끝나지 않는 잔치가 없다.

意译 : 조만간 헤어져야 한다.

① 天下没有不散的筵席. 你不要太伤心了.
세상에 끝이 없는 잔치는 없는 거야. 슬퍼하지 마!

② 天下没有不散的筵席, 毕业以後, 我们就要分开了.
세상에 끝나지 않는 잔치는 없어. 졸업 후, 우리는 곧 헤어져야만 할 거야.

138. 天下本无事, 庸人徒自扰

tiānxiàběnwúshì, yōngréntúzìrǎo

直译 : 세상은 원래 아무 일도 없는데 바보 같은 인간이 스스로 골칫거리를 만든다.

意译 : 쓸 데 없는 일을 한다.

① 天下本无事, 庸人徒自扰, 你们为什么要那么做呢?
세상은 원래 아무 일도 없는데 바보 같은 인간이 스스로 골칫거리를 만든다더니 자네들은 왜 그렇게 하려고 하는가?

② 这件事本来没有什么了不起, 真是天下本无事, 庸人徒自扰.
이 일은 원래 아무 것도 아닌데 정말 세상은 원래 아무 일도 없는데 바보 같은 인간이 스스로 골칫거리를 만드는군.

1. 筵席 : 잔치
2. 伤心 : 상심하다, 슬프다
3. 毕业 : 졸업
4. 庸人 : 우둔한 사람
5. 扰 : 어지럽히다, 교란하다
6. 了不起 : 대단하다, 훌륭하다, 아주 잘한다

139. 天下乌鸦一般黑

tiānxiàwūyāyìbānhēi

直译 : 이 세상의 까마귀들은 똑 같이 까맣다.
意译 : 나쁜 놈들은 똑 같다.

① 天下乌鸦一般黑, 有几个公务员不贪污呢?
나쁜 놈들! 그 놈이 나쁜 놈이야. 횡령하지 않는 공무원이 몇 명이나 되겠니?

② 他说他不是小偷, 但是天下乌鸦一般黑, 我根本不相信他的话.
그는 자기가 도둑이 아니라고 하는데 나쁜 사람은 똑 같이 나쁜 놈이야. 난 아예 그 사람 말 안 믿어.

140. 天下无难事, 只怕有心人

tiānxiàwúnánshì, zhǐpàyǒuxīnrén

直译 : 세상에 어려운 일이 없다, 단지 뜻이 있는 사람이 두려울 뿐이다.
意译 : 지성이면 감천이다. 하고자 하는 뜻만 있다면 세상에 어려운 일이 없다.

① 天下无难事, 只怕有心人, 只要継续不断努力, 一定会成功的.
세상에 어려운 일이 없다. 당신이 하고자 하는 마음을 갖고 계속적으로 열심히 노력하기만 하면 반드시 성공할 것이다.

② 他考首尔大学中文系, 失败了三次, 但是这一次终於考上了, 真是天下无难事, 只怕有心人啊!
그는 서울대학교에 지망했다가 세 번 떨어졌는데 이번에 드디어 합격했다. 정말 속담대로 뜻만 있으면 어려운 일이 없구나!

---

1. 乌鸦 : 까마귀
2. 一般 : 같다, 일반적으로
3. 根本 : 전혀, 근본적으로
4. 有心人 : 뜻이 있는 사람

141. 天生我材必有用

tiānshēngwǒcáibìyǒuyòng

直译 : 하늘이 나를 낳았음은 반드시 쓸모가 있다.

意译 : 허수아비도 제 구실은 한다. 소용이 없는 인간이 없다.

① 虽然这次名落孙山了，但是俗话说：天生我材必有用，何必一定要上大学呢?
비록 대입시험에 떨어졌지만 속담에 소용없는 인간은 없답니다. 왜 꼭 대학에 가야만 합니까?

② 虽然他不会念书，但是却成了伟大的画家，真是天生我材必有用.
그는 비록 공부할 줄 모르지만 오히려 훌륭한 화가가 되었다. 정말 소용이 없는 인간이 없구나.

142. 天有不测风云，人有旦夕祸福

tiānyǒubúcèfēngyún, rényǒudànxīhuòfú

直译 : 하늘에는 예측하기 어려운 기상이 있고 사람에게는 아침 저녁으로 화복이 있다.

意译 : 세상만사를 예측하지 못하니까 항상 대비하라.

① 天有不测风云，人有旦夕祸福，有钱的时候，一定要养成储蓄的习惯.
세상만사를 예측하지 못하니까 돈이 있을 때 반드시 저축하는 습관을 길러야 한다.

② 他昨天还是百万富翁，今天却突然因为火灾无家可归，真是天有不测风云，人有旦夕祸福呀!
그는 어제까지만 해도 백만장자였는데 오늘은 어제 화재때문에 돌아갈 집도 없다. 정말 세상만사는 예측할 수 없는 것이구나!

---

1. 名落孙山 : 시험에 떨어지다
2. 何必 : … 할 필요가 없다, 하필이면
3. 不测 : 예측하지 못하다
4. 旦夕 : 아침 저녁
5. 无家可归 : 돌아갈 집이 없다

143. 天作孽，犹可活，自作孽，不可活

tiānzuòniè, yóukěhuó, zìzuòniè, bùkěhuó

直译 : 하늘이 장난칠 때는 살길이 있어도 자기 자신이 악한 일을 하면 살 길이 없다.

意译 : 화는 자초한 것이다. 나쁜 일을 하지 말아야 한다.

① 天作孽，犹可活，自作孽，不可活，谁叫你偷老师的钱?
화는 자초한 것이다. 누가 너 보고 선생님의 돈을 훔치라고 하던?

② 他杀了人，所以被判死刑，真是天作孽，犹可活，自作孽，不可活
그가 사람을 죽여서 사형언도를 받았다. 정말 화를 자초한 것이지.

144. 天高皇帝远

(山高皇帝远 条 参照)

tiāngāohuángdìyuǎn

145. 天时不如地利，地利不如人和

tiānshíbùrúdìlì, dìlìbùrúrénhé

直译 : 때가 좋은 것보다는 환경이 좋아야 하며 환경보다는 인화가 더 중요하다.

意译 : 인간관계가 가장 중요하다.

① 天时不如地利，地利不如人和，你一定要和朋友们好好相处.
인간관계는 때와 환경보다 중요하니까 넌 반드시 친구들과 잘 지내야 한다.

② 天时不如地利，地利不如人和，然而你却三者都有，一定会成功的.
때와 환경과 인화 중에 인화가 가장 중요한데, 당신은 세 가지를 다 갖추고 있으니까 반드시 성공할 거예요.

---

1. 孽 : 재난, 요괴
2. 谁叫你 : 누가 너로 하여금, 누가 너를 부른다

146. 天网恢恢, 疏而不漏

tiānwǎnghuīhuī, shū'érbúlòu

直译 : 하늘의 그물은 눈이 커서 성근 것 같지만 악인은 결코 빠뜨리지 않는다.
意译 : 나쁜 짓을 하면 잡히게 된다.

① 天网恢恢, 疏而不漏, 他终於被警察捉到了.
나쁜 짓을 하면 잡히는 법. 그는 결국 경찰에 잡혔어.

② 你以为你能逃掉? 不要忘了 : 天网恢恢, 疏而不漏.
넌 도망가 버릴 수 있다고 생각해? 나쁜 짓을 하면 반드시 잡히는 거야.

147. 天无绝人之路

tiānwújuérénzhīlù

直译 : 하늘은 사람을 궁지에 몰지 않는다.
意译 : 하늘이 무너져도 솟아날 구멍이 있다. 살 길이 있기 마련이다.

① 你不要怕, 天无绝人之路, 一定会有办法的.
무서워 마! 살 길은 있는 거니까. 반드시 방법이 있을 거야.

② 我以为那件事情没希望了. 没想到却简单地解决了. 真是天无绝人之路.
나는 그 일이 희망이 없다고 생각하였는데 뜻밖에 쉽게 해결하였다. 정말 하늘은 사람을 궁지에 몰지 않고 살 길을 반드시 남겨주시는구나.

---

1. 天网恢恢 : 하늘의 그물은 매우 크다
2. 疏而不漏 : 느슨하지만 빠뜨리지 않는다
3. 绝 : 단절

148. 天涯何处无芳草

tiānyáhéchùwúfāngcǎo

直译 : 이 세상에 어디든지 향기 나는 풀이 있다.
意译 : 좋은 사람, 좋은 친구는 어디든지 있기 마련이다.

① 小美, 不要伤心, 天涯何处无芳草, 何必为小李的移情别恋而伤心呢?
소미씨! 슬퍼하지 마세요 세상에는 어디든지 좋은 사람이 있어요. 이씨의 배신 때문에 슬퍼할 필요가 있어요?

② 天涯何处无芳草, 相信你一定会找到一个如意郎君的.
세상 어디든지 좋은 사람이 있어요. 당신은 꼭 좋은 신랑을 만날 것이라고 믿습니다.

149. 王小二过年, 一年不如一年

wángxiǎo'èrguònián, yìniánbùrúyìnián

直译 : 왕소이가 설을 쇠는데 한 해가 전년보다 못하다.
意译 : 형편은 해가 갈수록 나빠지다.

① 我的经济状况是王小二过年, 一年不如一年, 越来越穷困.
나의 경제상황은 갈수록 형편없다. 해가 갈수록 빈곤해진다.

② 唉! 我是王小二过年, 一年不如一年, 一点希望也没有了.
에이! 난 갈수록 형편이 없어. 희망이 조금도 없군.

---

1. 天涯 : 하늘 끝에
2. 何处 : 어디
3. 移情别恋 : 사랑을 배신하다
4. 如意 : 마음에 들다, 좋은
5. 郎君 : 신랑, 남편
6. 越 …越 … : … 할수록 …하다
7. 一点也不 … : 조금도… 치 않다

150. 王子犯法，与庶民同罪

wángzǐfànfǎ, yǔshùmíntóngzuì

直译：왕자님도 법을 어기면 서민과 똑 같은 벌을 받는다.
意译：만민평등의 뜻이다.

① 王子犯法，与庶民同罪，就是总统的儿子犯了罪，也要接受审判的.
왕자님도 법을 어기면 서민과 똑 같이 벌을 받는다. 이것은 대통령의 아들이라도 죄를 저질렀으면 심판을 받아야 한다는 거예요.

② 国王说：王子犯法，与庶民同罪，所以就把王子杀了.
국왕이 말하기를 "왕자도 법을 어기면 서민과 똑같이 벌을 받아야 한다"고 하여 왕자를 죽였다.

151. 五十步笑百步

wǔshíbùxiàobǎibù

直译：오십보를 도망간 사람이 백보를 도망간 사람을 비웃는다.
意译：검은 개가 돌을 흉한다. 오십보 백보이다. 겨 묻은 개가 똥 묻은 개를 나무란다.

① 你不要五十步笑百步，倒数第一名和倒数第二名都不是名誉的事.
당신은 (오십보의 주제에 백보인) 나를 비웃지 말라. 끌찌와 뒤에서 이등은 모두 명예스러운 일이 아니다.

② 你说他胆小，但是你的胆子也不大，我看你不要五十步笑百步了.
당신은 그가 용기 없다고 하지만 당신도 별 용기가 없다. 내 보기에는 당신은 오십보인 주제인데 백보인 그를 비웃지 마라.

---

1. 笑：웃다, 비웃다
2. 倒数：거꾸로 세다
3. 胆小：간이 작다, 용기가 없다

152. 五百年前是一家

wŭbăiniánqiánshìyìjiā

直译 : 오백년 전에는 같은 한 집안 식구였다.

意译 : 같은 집안이다.

① 我们两个人都姓金, 五百年前是一家, 何必分彼此呢?
우리 두 사람은 모두 김씨인데, 너 나를 구별할 게 있나?

② 虽然你是中国人, 我是韩国人, 但是我们两个人都姓吴, 五百年前是一家, 所以请你多照顾我.
비록 당신은 중국 사람이고 나는 한국 사람이지만 우리 모두 오씨라서 오백년 전에는 같은 집안이오. 그러니 나를 많이 돌봐 주구려.

153. 仇人相见, 分外眼红

chóurénxiāngjiàn, fènwàiyănhóng

直译 : 원수를 만나서 눈이 빨갛게 된다.

意译 : 감정이 있는 두 사람이 만나면 싸운다.

① 仇人相见, 分外眼红, 我看他们两个人一定会打架.
원수끼리 만나서 눈이 빨갛게 된다하니, 내 보기에는 그들 두 사람은 반드시 싸울 것 같다.

② 他枪走了我的情人, 现在和他见面, 我当然是仇人相见, 分外眼红.
그가 나의 애인을 가로챘기에, 지금 그와 만나면 당연히 눈이 빨갛게 된다.

---

1. 仇人 : 원수
2. 相见 : 서로 만나다
3. 分外 : 특히, 특별하게
4. 抢走 : 빼앗기다

154. 火烧眉毛, 且顾眼前

huǒshāoméimáoqiěgùYǎnqián

直译 : 불이 눈썹 앞까지 왔으니 눈앞의 일밖에 신경을 못 쓴다.

意译 : 눈썹에 불붙는다. 급할 때 딴 생각을 못한다. 발등에 불이 떨어지다.

① 火烧眉毛, 且顾眼前, 敌人已经打到家前面了, 现在哪儿顾得了朋友了呢?
발등에 불이 떨어졌으니 딴 생각을 못한다. 적이 벌써 집 앞까지 쳐들어왔는데 지금 어떻게 친구를 돌볼 수 있겠는가?

② 他现在是火烧眉毛, 且顾眼前, 不能不专心准备考试了.
그는 발등에 불이 떨어져서 전심전력으로 시험준비를 해야만 하다.

155. 文章是自己的好, 老婆是人家的好

wénzhāngshìzìjǐdehǎo, lǎoposhirénjiadehǎo

直译 : 글은 자기가 쓴 것이 좋고 처는 남의 처가 좋게 보인다.

意译 : 글은 자기 것이 좋다고 하지만 떡은 남의 것이 크게 보인다.

① 因为他有"文章是自己的好, 老婆是人家的好"这种心理, 所以常常说他的爱人不好.
그 사람은 "글은 자기가 쓴 것이 좋고 처는 남의 처가 예쁘게 보인다"는 심리를 갖고 있기 때문에 늘 그의 처가 안 좋다고 말한다.

② 大家都说文章是自己的好, 老婆是人家的好, 他却说自己的老婆最好, 真奇怪.
모든 사람들은 글은 자기의 것이 가장 좋고 처는 남의 처가 예쁘게 보인다고 하는 데 그는 오히려 자기의 처가 가장 좋다고 하니 정말 이상하다.

---

1. 眉毛 : 눈썹
2. 哪儿 : 어디
3. 顾得了 : 돌볼 수 있다
4. 不能不 : …하지 않으면 안 된다
5. 人家 : 나, 너, 그대
6. 奇怪 : 이상하다

156. 水来土淹，兵来将挡

shuǐláitǔyān, bīngláijiàngdǎng

直译：물이 나오면 흙으로 막고 병이 오면 장군을 출동시킨다.

意译：대책이 있다는 말이다.

① 水来土淹，兵来将挡，你放心，我自然有办法的.
물이 나오면 흙으로 막고 군사가 오면 장군을 출동시킨다하니 걱정마세요. 내게 자연적으로 방법이 있을 거예요.

② 他说水来土淹，兵来将挡，我想他心里一定已经有打算了.
그는 물이 나오면 흙으로 막고 병이 오면 장군을 출동시킨다고 하니 내 생각에는 그 마음속에 벌써 계획이 있을 것 같습니다.

157. 以小人之心，度君子之腹

yǐxiǎorénzhīxīn, duójūnzǐzhīfù

直译：소인의 마음으로 군자의 속을 잰다.

意译：제 속 흐린 게 남보고 집 봐달란 말.

① 你不要以小人之心，度君子之腹，我不会骗你的.
당신은 소인의 마음으로 군자의 속을 재지 마세요. 나는 당신을 속이지 않을 거예요.

② 他以小人之心，度君子之腹，一直认为我们没有把实情告诉他.
그는 소인의 마음으로 군자의 속을 가늠하기에 우리는 그에게 줄곧 실정을 알려주지 않았다고 생각하오.

---

1. 淹：매립하다
2. 将：장군
3. 打算：타산, 계획
4. 度：추측하다
5. 腹：…마음, 속
6. 骗：속다
7. 一直：줄곧
8. 认为：생각하다, 주장하다
9. 告诉：알려주다, 고소하다

158. 以牙还牙，以眼还眼

yǐyáhuányá，yǐyǎnhuányǎn

直译 : 이에는 이로 갚고, 눈에는 눈으로 갚는다.

意译 : 이에는 이, 눈에는 눈.

① 既然他这么坏，我们也只好以牙还牙. 以眼还眼了.
기왕 그가 이렇게 나쁘니까 우리도 할 수 없이 이에는 이, 눈에는 눈이라는 식으로 갚을 수밖에 없다.

② 许多人都主张以牙还牙. 以眼还眼，但是这样子真的有用吗?
수많은 사람들이 이에는 이, 눈에는 눈이라고 주장하는데 그러나 이렇게 해서 정말 소용이 있을까?

159. 以其人之道，还治其人之身

yǐqírénzhīdào，huánzhìqírénzhīshēn

直译 : 그 사람의 방법으로 그에게 갚는다.

意译 : 상대방의 수단과 방법대로 대우해 준다.

① 俗话说 : 以其人之道，还治其人之身，你为什么不利用机会报仇呢?
속담에는 상대방의 방법대로 대우해 준다는데 당신은 왜 이 기회를 이용하여 복수하지 않습니까?

② 以其人之道，还治其人之身，我一定要羞辱羞辱他.
상대방의 방법대로 원수를 갚는다는 말이 있느니 나는 반드시 그에게 수모를 줄 것이다.

---

1. 既然 : 기왕이면, 기왕 …할 바에는
2. 只好 : 할 수 없다
3. 许多人 : 수 많은 사람
4. 其人 : 그 사람
5. 道 : 방법
6. 还 : 도로
7. 治 : 다스리다
8. 报仇 : 복수하다

160. 以毒攻毒, 以火攻火

yǐdúgōngdú, yǐhuǒgōnghuǒ

直译 : 독으로 독을 퇴치하고 불로 화공을 퇴치한다.

意译 : 눈에는 눈이고 이에는 이다.

① 以毒攻毒, 以火攻火, 他那么狠, 我们就不必手下留情.
눈에는 눈이고 이에는 이다. 그 사람이 그렇게 잔인하니까? 우리도 봐줄 필요가 없다.

② 你最好不要赶尽杀绝, 否则他也以毒攻毒, 以火攻火, 你们两个人一定会两败俱伤的.
당신은 되도록이면 너무 잔인하게 하지 마라, 그렇지 않으면 그도 눈에는 눈이고 이에는 이다라는 식으로 하면 당신들은 반드시 같이 망할 것이다.

161. 公说公有理, 婆说婆有理

gōngshuōgōngyǒulǐ, póshuōpóyǒulǐ

直译 : 영감은 자기의 말이 일리가 있다 하고 할머니는 자기의 말이 일리가 있다고 한다.

意译 : 서로 잘 하였다고 양보하지 않고 고집을 피우다.

① 到底是先有鸡? 还是先有蛋呢? 公说公有理, 婆说婆有理, 谁也没有办法证明谁对.
도대체 닭이 먼저냐? 달걀이 먼저냐? 서로 서로 일리가 있다는데 누구도 자기가 옳다는 것을 증명할 수 없다.

② 小李说他没偷, 小张也说他没偷, 公说公有理, 婆说婆有理, 到底是谁把我的书偷去了?
이씨는 자기가 훔치지 않았다고 하고 장씨도 자기가 안 훔쳤다고 하고 서로 우기니 도대체 누가 내 책을 훔쳐갔어?

---

1. 以 : …으로서
2. 狠 : 지독하다, 잔인하다
3. 手下留情 : 보아 준다, 여지를 남긴다
4. 最好 : 가장 좋다, 되도록이면
5. 赶尽杀绝 : 뿌리 채 …를 죽인다, 궁지로 몰다
6. 否则 : 아니면
7. 两败俱伤 : 둘 다 손해를 본다
8. 到底 : 도대체, 드디어
9. 公 : 할아버지, 시아버지, 수컷
10. 有理 : 일리가 있다, 말이 된다
11. 没有办法 : 방법이 없다

162. 比上不足, 比下有馀

bǐshàngbùzúbǐxiàyǒuyú

直译 : 위로 비교해보면 모자라고 아래로 비교해 보면 남는다.
意译 : 보통수준이다. (만족한다)

① 我的生活收入比上不足, 比下有馀, 我很满足了.
나의 생활수입은 부자보다 못하지만 가난한 사람보다 나으니까 나는 매우 만족한다.

② 我的成绩比上不足, 比下有馀, 老师为什么还骂我?
나의 성적은 우등생보다 못하지만 열등생보다 좋은데 선생님은 왜 나를 꾸짖을까?

163. 世上无难事, 只怕有心人

shìshàngwúnánshìzhǐpàyǒuxīnrén

直译 : 이 세상에 어려운 일은 없다. 단지 마음을 품고 있는 사람만 무섭다.
意译 : 지성이 감천이다. 뜻만 있으면 무슨 일이든지 다 할 수 있다.

① 世上无难事, 只怕有心人, 只要你持续不断努力, 一定会成功的.
뜻만 있으면 무슨 일이든지 다 할 수 있다. 당신이 계속 끊임없이 노력하기만 하면 반드시 성공할 것이다.

② 他为了学好排球, 三年来, 每天练习十个小时, 现在终於成了校队主将, 世上无难事, 只怕有心人, 这句话一点也不错.
그 사람이 배구를 잘 배우기 위하여 과거 삼년동안 날마다 열 시간씩 연습해서 지금 드디어 학교팀의 주장이 되었다. "뜻만 있으면 무슨 일이든지 다 할 수 있다"는 말은 조금도 틀리지 않다.

---

1. 骂 : 꾸짖다
2. 怕 : 두려워하다
3. 有心人 : 뜻이 있는 사람
4. 排球 : 배구
5. 校队 : 학교대표팀
6. 这句话 : 이 말씀

164. 世有伯乐, 然後有千里马

shìyǒubólè,ránhòuyǒuqiānlǐmǎ

直译 : 세상에 백락이 있으니 천리마가 있을 수 있다.
意译 : 알아줄 사람이 있어야 한다.

① 世有伯乐, 然後有千里马, 如果不是你的提拔, 我哪会有今天呢?
세상에 백락이 있으니 천리마가 있을 수 있다. 만약 당신의 제휴가 아니었더라면 제가 오늘 같은 날이 있겠습니까?

② 世有伯乐, 然後有千里马. 他能有今天, 完全是张老师的功劳.
세상에 백락이 있으니 천리마가 있을 수 있다. 그 사람이 오늘 같은 날이 있는 것은 전부 다 장선생님이 격려해 주신 덕분이다.

165. 牛头不对马嘴

niútóubúduìmǎzuǐ

直译 : 소 머리와 말 입과 맞지 않다.
意译 : 동문서답. 아닌 밤중에 홍두깨.

① 他的答案完全是牛头不对马嘴. 一分也不能给他.
그의 답은 완전히 아닌 밤중에 홍두깨, 동문서답이다. 일점도 주지 못한다.

② 我要他去英国学音乐, 他却去美国学了数学, 真是牛头不对马嘴, 白费心思了.
나는 그를 보고 영국에 가서 음악을 배우라고 했는데 그가 도리어 미국에 가서 수학을 배웠다. 정말 아닌 밤중에 홍두깨지, 괜히 생각을 해 주었다.

---

1. 伯乐 : 사람의 이름 (马에 대해서 잘 아는 사람)
2. 提拔 : 제휴, 발탁하다
3. 哪会 : 哪里会의 준말
4. 鼓励 : 격려하다
5. 一分 : 일점
6. 白 : 하얗다, 괜히
7. 心思 : 생각

166. 孔夫子门前卖文章

kǒngfūzǐménqiánmàiwénzhāng

直译 : 공자 묘 앞에 글을 판다.

意译 : 부처님 앞에서 설법, 공자 앞에 문자 쓰기.

① 吴老师的日本话非常好, 你在他面前说日本话, 简直是孔夫子门前卖文章.
오선생님의 일본말은 아주 좋은데 당신이 그의 앞에서 일본말을 하다니 바로 부처님 앞에서 설법한 격이로군요.

② 你学围棋才学了两年, 就想和我比赛, 真是孔夫子门前卖文章, 不自量力.
넌 그림을 그리는 것을 배운 지 이년밖에 안되는데 나와 경기하려고 하다니 정말 부처님 앞에서 설법하듯이 자기 주제를 모르구나.

167. 日有所思, 夜有所梦

rìyǒusuǒsī, yèyǒusuǒmèng

直译 : 낮에 생각한 것은 밤에 꿈으로 나타난다.

意译 : 평상시에 먹는 마음이 꿈에도 있다. 낮의 생각은 꿈에 나타난다.

① 俗话说 : 日有所思, 夜有所梦, 你每天想金小姐, 所以会在梦里见到他.
속담에 낮에 생각한 것은 밤에 꿈꾸게 된다는 말이 있더니 내가 날마다 미스김을 생각하니까 그녀의 꿈을 꾼 거로군.

② 最近杀人事件非常多, 电视新闻里每天不断报导, 昨天我做梦被别人杀了, 真是日有所思, 夜有所梦呀!
최근에 살인사건이 아주 많아서 TV 뉴스에 날마다 보도되니까 어제 밤에 내가 살해당하는 꿈을 꾸었어, 정말 낮에 생각한 게 밤에 꿈으로 나타나구나!

1. 简直 : 도무지
2. 比赛 : 경기하다, 시합하다
3. 不自量力 : 자지 주제를 모른다
4. 所思 : 생각할 바
5. 新闻 : 뉴스

168. 心有馀，力不足

xīnyǒuyú, lìbùzú

直译 : 마음은 있지만 힘이 모자라다.
意译 : 도와줄 힘이 없다.

① 对不起 这件事情，我实在是心有馀，力不足.
미안합니다. 이 일은 내가 정말 마음은 있지만 힘이 모자라서 도와 드리지 못합니다.

② 他是心有馀，力不足，你不要怪他了.
그는 마음은 있지만 힘이 모자라니까 당신은 그를 원망하지 마세요.

169. 见怪不怪，其怪自坏

jiànguàibúguài, qíguàizìhuài

直译 : 이상한 것을 보아도 이상하게 여기지 않으면 그 이상한 것이 없어진다.
意译 : 장비와 싸움을 안 하면 그만이다. 이상한 일을 보아도 진정하기만 하면 정상적으로 된다.

① 你不要理他，见怪不怪，其怪自坏，过一会儿就没事了.
당신이 이상한 것을 보아도 이상하게 여기지 않으면 그 이상한 것이 없어진다. 조금 있다 보면 아무 일도 없을 것이다.

② 不管看到什么怪事，都不可以紧张，那么自然可以见怪不怪，其怪自坏.
무슨 괴상망측한 일을 보아도 긴장하면 안 된다. 그래야 이상한 일이 자연적으로 없어진다.

---

1. 怪 : 책망하다, 원망하다
2. 理 : 상대하다
3. 怪 : 이상하다, 책망하다

170. 见树不见林

jiànshùbújiànlín

直译 : 나무만 보이고 숲이 안 보인다.

意译 : 나무만 보고 숲을 못 본다. 안목이 짧다.

① 大家都说他是好学生, 其实那只是见树不见林而已, 他才是真的坏学生呢.
모든 사람들이 그는 좋은 학생이라고 하지만 사실은 그것은 나무만 보고 숲을 못 본 것이다. 그 사람이야말로 진짜 나쁜 학생이다.

② 他的见解根本就是见树不见林, 一点也不全面.
그 사람의 견해는 바로 나무만 보고 숲을 못본 격이다. 조금도 객관적이지 못하다.

171 书中自有颜如玉, 书中自有黄金屋

shūzìyǒuyánrúyù, shūzhōngzìyǒuhuángjīnwū

直译 : 책속에는 자연히 옥과 같은 미인이 있고 홍금의 집이 있다.

意译 : 공부를 하면 미인과 돈을 다 얻을 수 있다.

① 古人说 : 书中自有颜如玉, 书中自有黄金屋, 你为什么不好好用功呢?
옛 사람이 말하기를 책속에는 자연히 옥과 같은 미인과 황금이 있다고 하는데 당신이 왜 열심히 공부하지 않나요?

② 爸爸常说 : 书中自有颜如玉, 书中自有黄金屋, 勉励我们要努力用功.
아버지는 늘 우리들에게 책속에는 자연히 미인이 있고 황금이 있다고 말씀하시며 우리에게 열심히 공부하여야 한다고 격려하신다.

---

1. 林 : 숲
2. 只是 …而己 : 단지 …뿐이다
3. 远见 : 원대한 식견
4. 颜如玉 : 옥과 같은 얼굴 (미인)
5. 好好 : 잘, 매우 좋다
6. 用功 : 열심히 공부하다, 열심히
7. 勉励 : 독려하다, 장려하다

172. 无毒不丈夫

wúdúbúzhàngfū

直译 : 독이 없으면 사나이가 아니다.
意译 : 마음이 독해야 성공할 수가 있다.

① 无毒不丈夫, 干脆把他宰了.
마음이 독해야 성공한다. 아예 그를 죽이자.

② 他为了考第一, 竟然作弊, 真是无毒不丈夫.
그는 일등을 하기 위하여 뜻밖에 시험부정행위를 했다. 정말 마음이 독해야 성공할 수 있구나.

173. 无风不起浪

wúfēngbùqǐlàng

直译 : 바람이 없으면 파도가 안 일어난다.
意译 : 아니 땐 굴뚝에 연기가 날까?

① 无风不起浪. 这件事一定是真的.
아니 땐 굴뚝엔 연기가 안 난다. 이 일은 반드시 진짜일 것이다.

② 他说他没有离婚, 但是无风不起浪, 谁相信他的话呢?
그 사람은 자기가 이혼하지 않았다고 하지만 아니 땐 굴뚝에 연기가 날까? 누가 그의 말을 믿을까?

---

1. 无毒 : 독이 없다, 지독하지 않다
2. 丈夫 : 사나이, 남편, 장부
3. 干脆 : 아예
4. 宰 : 도살하다, 죽이다
5. 起浪 : 파도가 일어나다

174. 无颜见江东父老

wúyánjiànjiāngdōngfùlǎo

直译 : 고향의 어른들을 만나 뵐 면목이 없다.
意译 : 부끄럽다는 말이다.

① 高考名落孙山以后, 我已经是无颜见江东父老了.
고시에 떨어진 후 나는 고향어른을 만나 뵐 면목이 없게 된다.

② 他参加校外比赛, 没有得奖, 所以觉得无颜见江东父老, 没有来上学.
그는 교외시합에 나갔다가 입상을 못한 것을 부끄럽게 여겨 학교에 가지 않았다.

175. 无事不登三宝殿

wúshìbùdēngsānbǎodiàn

直译 : 일이 없으면 절에 안 온다.
意译 : 일이 (부탁) 있어서 왔다.

① 无事不登三宝殿, 我今天是来借钱的.
일이 없으면 절에 안 온다. 나는 돈을 밀리러 온 것이다.

② 他平常不来, 今天无事不登三宝殿, 一定是有事情要我帮忙.
그 사람은 평상시 잘 안 와요. 오늘 일이 없으면 절에 안 올 것인데 틀림없이 나에게 도움을 청할 일이 있을 거예요.

---

1. 名落孙山 : 시험에 떨어지다, 이름이 손산씨의 뒤에 처진다
2. 无眼 : 면목이 없다, 부끄럽다
3. 江东父老 : 강동 쪽의 어른, 고향의 어른
4. 比赛 : 경기, 시합
5. 得赏 : 상을 타다
6. 觉得 : 생각하다, 느끼다
7. 不登 : 오르지 않다
8. 三宝殿 : 절의 본당, 대웅전

176. 为人不做亏心事，半夜敲门心不惊

wéirénbúzuòkuīxīnshì，bànyèqiāoménxīnbùjīng

直译 : 나쁜 짓을 하지 않으면 밤중에 문을 두드리는 소리가 나도 놀라지 않는다.

意译 : 나쁜 짓을 하지 않으면 마음이 든든하다.

① 为人不做亏心事，半夜敲门心不惊，我没有做坏事情，为什么要怕警察呢?
나쁜 짓을 하지 않으면 마음이 든든하다는데 내가 나쁜 일을 하지도 않았는데 왜 경찰을 두려워해야 합니까?

② 为人不做亏心事，半夜敲门心不惊，你一定做了坏事，不然为什么那么紧张呢?
나쁜 짓을 하지 않았으면 마음이 든든한 법이요. 당신은 반드시 나쁜 짓을 했어요. 그렇지 않다면 왜 그렇게 긴장합니까?

177. 为富不仁，为仁不富

wéifùbùrén，wèirénbúfù

直译 : 부자는 인애심이 없고 인애심이 있는 사람은 부자가 못 된다.

意译 : 돈이 있는 사람들은 인내심이 없다.

① 为富不仁，为仁不富，如果他有道德观念的话，他就不会成为富翁了.
부자는 어지 마음이 없고 어지 마음이 있는 사람은 부자가 못되는 거야. 만약 그가 도덕관념을 갖고 있었다면 그는 부자가 못 되었을 거야.

② 他是一毛不拔的吝啬鬼，所以大家都说为富不仁，为仁不富.
그는 돈 한 푼에도 인색한 깍쟁이이다. 그래서 모든 사람들이 부자는 어지 마음이 없고 어지 마음이 있는 사람은 부자가 못된다고 한다.

---

1. 为人 : 사람 됨됨이
2. 亏心事 : 양심에 어긋난 일
3. 敲门 : 문을 두드리다
4. 惊 : 놀라다
5. 富翁 : 부자
6. 一毛不拔 : 한 푼도 내지 않다
7. 吝啬鬼 : 깍쟁이

178. 丑媳妇也得见公婆

chǒuxífuyěděijiàngōngpó

直译 : 못 생긴 며느리도 시부모를 만나 뵈어야 한다.

意译 : 조만간 보여주어야 한다.

① 丑媳妇也得见公婆, 你为什么不把你的文章给我们看呢?
못 생긴 며느리라도 조만간에 시부모를 만나 뵈어야 한다는데 당신은 왜 당신의 글을 우리에게 보여주지 않습니까?

② 我想丑媳妇也得见公婆, 干脆告诉你们真相吧!
내 생각에는 못 생긴 며느리라도 조만간 시부모를 만나야 한다니까 아예 당신들에게 진실을 말해주지요.

179. 丑媳妇熬成婆

chǒuxífuáochéngpó

直译 : 못생긴 며느리도 십년이면 시어머니가 된다.

意译 : 고진감래. 참으면 출세할 수 있다.

① 他辛苦了十年, 现在终於丑媳妇熬成婆, 成了首屈一指的大富翁.
그가 십년동안 고생한 현재 드디어 못생긴 며느리가 시어머니로 변하듯이 제일의 부자가 되었다.

② 俗话说 : 丑媳妇熬成婆, 只要你肯努力, 能忍耐, 也会有出人头地的一天.
속담에 못생긴 며느리도 십년이면 시어머니가 된다는 말이 있듯이 당신도 노력하고 참을 줄 알면 출세할 날이 있을 것이다.

---

1. 丑 : 추하다, 못 생기다
2. 媳妇 : 며느리
3. 得 : … 야 하다
4. 公婆 : 시부모
5. 干脆 : 아예
6. 熬 : 끓이다, 오래 삶다
7. 首屈一指 : 제일의
8. 出人头地 : 출세하다, 두각을 나타나다

180. 瓜田不纳履, 李下不整冠

guātiánbúnàlǚ, lǐxiàbùzhěngguàn

直译 : 뫼 밭에서 신발 끈을 매지 않고 자두나무 밑에서는 모자를 정리하지 않다.

意译 : 까마귀 날자 배 떨어진다. 의심될 일을 조심하여야 한다.

① 古人说：瓜田不纳履, 李下不整冠, 你为什么在考试的时候, 要整理书呢?
옛날 사람이 말하기를 외밭에서 신발 끈을 매지 않고 오얏나무 밑에서는 모자를 정리하지 않는다는데 당신은 왜 시험칠 때 책을 정리하려고 하였습니까?

② 瓜田不纳履, 李下不整冠, 那种地方你最好不要去, 免得别人怀疑.
뫼 밭에서 신발 끈을 매지 않고 오얏나무 밑에서는 모자를 정리하지 않는다는데 저런 곳에 당신은 되도록이면 가지 마세요. 다른 사람이 당신을 의심하는 것을 피해야죠.

181. 出门不露白

chūménbúlòubái

直译 : 외출할 때 돈을 노출시키지 않는다.

意译 : 밖에 나가서 재화를 자랑하지 않는다.

① 你带那么多的钱出国, 千万要记住"出门不露白"这句俗话, 小心不要让扒手偷走了.
당신은 돈을 그렇게 많이 가지고 출국하시니까 절대로『밖에 나가서 재화를 자랑하지 않는다는 속담을 잊지 마세요. 소매치기당하지 않도록 조심하세요.

② 他的钱会被强盗抢走, 就是因为忘记了出门不露白这句俗话.
그가 돈을 강도에게 빼앗긴 이유는 바로 "밖에 나가서 재화를 자랑하지 않는다"는 속담을 잊어버렸기 때문이다.

---

1. 纳 : 넣다, 들이다
2. 李(李子) : 자두, 오얏
3. 免得 : … 을 피하다
4. 千万 : 절대로
5. 白 : 빛
6. 扒手 : 소매치기
7. 偷走 : 훔쳐가다

182. 皮之不存，毛将焉附

pízhībùcún, máojiāngyānfù

直译：껍질이 없으면 털이 어디에다가 붙을 수 있느냐.

意译：순망치한의 뜻이다.

① 如果公司关门，你们也就要失业了，皮之不存，毛将焉附，为什么还要罢工呢?
만약 회사가 문을 닫으면 당신들도 실업자가 될 텐데 순망치한이다. 왜 계속 파업하려고 하느냐?

② 皮之不存，毛将焉附，你们两个人要相依为命啊!
순망치한이로군! 당신 두 사람은 서로 의지하여 살아야 한다.

183. 半斤八两

bànjīnbāliǎng

直译：반근과 여덟 냥이다.

意译：피차일반이다. 똑 같다. 마찬가지다.

① 你和他半斤八两，都不是好东西!
당신이나 그나 똑같이 나쁜 놈이야!

② 这两家餐厅的菜半斤八两，都不太好吃.
이 두 식당의 요리는 피차일반이다. 모두 맛이 없다.

1. 不怎么 : 별로 …치 않다

184. 失之东隅，收之桑榆

shīzhīdōngyú, shōuzhīsāngyú

直译 : 아침에 잃어버리고 저녁에 받는다.

意译 : 시작할 때 실패하였으나 끝에 성공한다.

① 失之东隅, 收之桑榆, 虽然你没考上大学, 但是终於成了有地位, 有名誉的人.
시작할 때 실패하였으나 끝에 성공한다더니 당신은 대학에 떨어졌지만 결국 지위가 있고 명예가 있는 사람이 되구려.

② 他虽然没追上李小姐, 但却和金小姐结婚了, 这也算是失之东隅, 收之桑榆.
그 사람이 비록 이양에게 프로포즈하다가 실패했지만 도리어 김양과 결혼하였으니까 이것도 일종의 "시작할 때 실패하였으나 끝에 성공하였다"라고 할 수 있겠지.

185. 失败为成功之母

shībàiwéichénggōngzhīmǔ

直译 : 실패는 성공의 어머니다.

意译 : 실패를 하여도 낙심하지 말라

① 失败为成功之母, 虽然这一次失败了, 但是你绝对不可以灰心, 下次一定会成功的.
실패는 성공의 어머니다. 비록 이번에 실패했지만 넌 절대로 낙심하면 안돼. 다음번에 반드시 성공할 거야.

② 李议员落选了七次, 这一次才当选. 失败为成功之母, 这一句话一点也不错呀!
이의원은 일곱번이나 낙선되었는데 이번에 겨우 당선되었다. "실패는 설공의 어머니다"라는 이 말은 조금도 틀림이 없구나!

---

1. 东隅 : 동쪽, 아침, 시작
2. 桑榆 : 서쪽, 저녁, 끝
3. 追 : 구애하다
4. 追上 : 따라 가다, 잡게 된다
5. 算是 : … 이라고 셈이다
6. 灰心 : 낙심하다
7. 为 : 이다, 위하여
8. 一点儿也不 … : 조금도 …치 않다

186. 他山之石，可以攻玉

tāshānzhīshí, kěyǐgōngyù

直译：다른 나라의 돌로 자신의 옥을 깎는다.

意译：다른 사람의 재능으로 자신의 결점을 보완한다.

① 他山之石，可以攻玉，他们的经验，对我们的工作不无启迪.
다른 사람의 재능으로 자신의 결점을 보완할 수 있다. 그들의 경험은 우리의 일에 좋은 启示가 될 것이다.

② 老师常常说：他山之石，可以攻玉，希望我们好好地学习别人的长处.
선생님은 늘 다른 사람의 재주로 우리의 결점을 보완하여야 한다고 말씀을 하시고 우리가 남의 장점을 배울 수 있기를 바란다.

187. 他乡遇故知

tāxiāngyùgùzhī

直译：타향에서 옛 지기를 만나다.

意译：타향에서 옛 친구를 만나서 기쁘다.

① 他乡遇故知，今天能在中国见到你，真令人高兴.
타향에서 옛 친구를 만난다더니 오늘 중국에서 널 만나게 되어 정말 반갑구나.

② 人生有三乐，他乡遇故知就是其中之一.
인생에 세 가지의 낙이 있다고 하는데 타향에서 옛 친구를 만나서 기쁘다는 게 바로 그 중의 하나이다.

---

4. 攻：공격하다, 정복하다
5. 工作：일
6. 启迪：계시
7. 好好地：… 을 잘 (하다)
1. 灰心：낙심하다

188. 外来的和尚会念经

wàiláidehéshanghuìniànjīng

直译 : 먼 곳에서 온 중이 경을 읽을 줄 안다.

意译 : 가까운 무당보다 먼 데 무당이 영하다. 외국 사람과 외국문물을 선호한다는 말이다.

① 外来的和尚会念经, 我们还是请个美国顾问来吧!.
먼 곳에서 온 중이 경을 읽을 줄 안다는데 우리도 미국고문 한분을 초청하는 게 낫겠다.

② 大部分的人都认为美国的科学技术比较发达, 建议请美国技术人员来帮忙, 这种外来的和尚会念经的想法真要不得.
대부분의 사람들이 미국의 과학기술이 비교적으로 발달되었다고 생각해서 미국기술자를 초청하여 도움을 청하자고 한다. 이러한 외국 사람과 외국 문물을 선호하는 생각은 정말 권장할 게 못된다.

189. 外贼易防, 家贼难防

wàizéiyìfáng, jiāzéinánfáng

直译 : 외부에서 온 도둑을 방비하기가 쉬워도 집안 도둑을 방비하기가 어렵다.

意译 : 상동

① 外贼易防, 家贼难防, 他自己的儿子把他的东西都偷光了, 你说有什么办法呢?
외부에서 온 도둑을 방비하기가 쉬워도 집안 도둑을 방비하기가 어렵다고 하잖아요. 그 사람의 아들이 그의 물건을 다 훔쳤는데 당신이 무슨 수가 있다고 하겠습니까?

② 自己的家里有小偷, 你说怎么办才好呢? 外贼易防, 家贼难防呀!
자기의 집안에 도둑이 있으니까 어떻게 하면 좋을지 말씀해 주세요. 외부에서 온 도둑은 방비하기가 쉬워도 집안 도둑을 방비하기란 어렵지 않아요?

---

1. 为 : 이다, 위하여
2. 一点儿也不 … : 조금도 …치 않다
3. 攻 : 공격하다, 정복하다
4. 启迪 : 계시
5. 好好地 : … 을 잘 (하다)
6. 办法 : 방법
7. 怎么办 : 어떻게 할까?
8. 才 : 겨우, 비로소

190. 用人不疑，疑人不用

yòngrénbùyí，yírénbúyòng

直译：사람을 쓰면 의심하지 말고 사람을 의심하면 쓰지 말라.

意译：사람을 믿어야 한다.

① 用人不疑，疑人不用，你既然这么怀疑他，当初为什么要用他呢?
사람을 쓰면 의심하지 말고 사람을 의심하면 쓰지 말라는데 당신이 그를 이렇게 의심하면 애당초 왜 그를 고용하였습니까?

② 我的原则就是用人不疑，疑人不用，他的为人，我绝对相信.
나의 원칙은 사람을 쓰면 의심하지 않고 사람을 의심하면 쓰지 않는다는 것인데 그의 사람 됨됨이를 나는 절대로 믿어요.

191. 用尽吃奶的力量

yòngjìnchīnǎidelìliàng

直译：젖을 먹던 힘을 다 한다.

意译：젖 먹던 힘까지 다 하여 총력을 기울인다.

① 我用尽吃奶的力量，才把他教会了.
나는 젖 먹던 힘을 다 하여 비로소 그를 알게끔 가르쳤다.

② 他为了通过考试，用尽吃奶的力量，全力准备，终於通过了.
그는 시험을 통과하기 위하여 젖 먹던 힘까지 다 해서 전력으로 준비하여 마침내 통과하였다.

1. 为人：사람 됨됨이
2. 教会了：(가르쳐서) 알게 하였다
3. 为了：위하여, 위해서
4. 终於：드디어, 마침내

192. 司马昭之心，人人皆知

sīmǎzhāozhīxīn, rénrénjiēzhī

直译 : 사마소의 마음은 사람마다 안다.

意译 : 속을 환히 안다.

① 司马昭之心，人人皆知，你想做什么，大家都知道.
사마소의 마음을 사람들이 다 알고 있듯이 당신이 무엇을 하려고 하는지 사람들이 다 안다.

② 他想抢夺我的财产，司马昭之心，人人皆知，为什么只有你装做不知道?
그 사람이 나의 재산을 약탈하려고 하는데 사마소의 마음은 사람마다 안다잖아요. 왜 당신만이 모른 체 합니까?

193. 玉不琢，不成器

yùbùzhuó，bùchéngqì

直译 : 옥이라도 잘 다듬지 않으면 좋은 물건이 못 된다.

意译 : 아무리 소질이 좋아도 잘 닦고 기르지 않으면 훌륭한 것이 못된다.

① 玉不琢，不成器，他虽然是个天才，但是还是须要你多多指导教诲.
옥이라도 잘 다듬지 않으면 좋은 물건이 못 된다. 그 사람이 비록 천재이지만 역시 당신의 지도편달을 많이 필요합니다.

② 玉不琢，不成器，如果不是各位老师的热心指导，他怎么可能成为有名的学者呢?
옥이라도 잘 다듬지 않으면 좋은 물건이 못 된다. 만약에 선생님 여러분의 지도가 아니라면 그 사람이 어떻게 유명한 학자가 될 수 있나요?

---

1. 司马昭 : 삼국시대의 사람
2. 皆 : 모두
3. 枪夺 : 빼앗다
4. 装做 : …인양 하다
5. 琢 : 조각하다, 연마하다
6. 器 : 기물
7. 教诲 : 지도, 편달

194. 四海之内，皆兄弟也

sìhǎizhīnèi, jiēxiōngdìyě

直译 : 천하의 모든 사람들은 모두 나의 형제들이다.

意译 : 세계 전체가 모두 형제 같은 사이이다.

① 四海之内皆兄弟也，我们为什么要分彼此呢?
천하의 모든 사람들이 형제라고 하는데 우리는 왜 너와 나를 구별해야 합니까?

② 算了吧! 四海之内皆兄弟也，何必和他斤斤计较呢?
그만 두세요, 천하의 모든 사람들이 모두 형제들인데 그 사람과 자질구레하게 따질 필요가 있겠습니까?

195. 四体不动，五谷不分

sìtǐbúdòng, wǔgǔbùfēn

直译 : 사체를 움직이지 않고 오곡도 구별할 줄 모른다.

意译 : 일을 조금도 하지 않고 생산 실정도 모른다.

① 像你这样懒的人，四体不动，五谷不分. 难道不觉得惭愧吗?
당신처럼 이렇게 게으른 사람이 움직이지도 않고 오곡도 구별할 줄 모르면서 설마 부끄러워하지 않는 것은 아니겠지요?

② 都市里的高级知识份子，四体不动，五谷不分，什么活都不会干.
도시의 고급지성인들은 노동도 하지 않고 오곡도 구별할 줄 몰라 아무 일도 할 줄 모른다.

---

1. 四海 : 세계, 천하
2. 计较 : 따지다
3. 懒 : 게으르다
4. 四体 : 사지, 몸
5. 惭愧 : 부끄럽다

196. 占小便宜, 吃大亏

zhànxiǎopiányí, chīdàkuī

直译 : 작은 이득을 보려고 하다가 큰 손해를 본다.
意译 : 한 푼을 아끼려다가 백량을 잃는 꼴 된다.

① 他以为买到了便宜的东西, 其实却买到了假货, 真是占小便宜, 吃大亏呀!
그 사람이 싼 물건을 샀다고 생각하지만 사실은 가짜를 샀다. 정말 한 푼을 아끼려다가 큰 손해를 보았구나!

② 占小便宜, 吃大亏. 他昨天贪心多吃了一点东西, 结果今天反而拉肚子了.
작은 이득을 보려고 하다가 큰 손해를 봤군. 그 사람이 어제 욕심을 내서 너무 많이 먹더니 오늘 결국 설사하는군.

197. 只有锦上添花, 哪有雪中送炭

zhǐyǒujǐnshàngtiānhuā, nǎyǒuxuězhōngsòngtàn

直译 : 비단위에 꽃을 수놓을 일만 있지 눈 오는 날에 숯을 보내는 일은 없다.
意译 : 금상첨화 식으로 아첨할 사람은 있어도 어려울 때 도와줄 사람은 없다.

① 这个世界上, 只有锦上添花的人, 哪有雪中送炭的人?
이 세상에 금상첨화 식으로 아첨하는 사람만 있지 어려울 때에 나서서 도와줄 사람이 어디 있어?

② 雪中送炭的人, 才是真正的好朋友, 谁不会锦上添花呢?
어려울 때에 도와주는 사람이 진짜 친구이지요. 금상첨화 할 줄 모르는 사람이 어디에 있어요?

---

1. 吃亏 : 손해를 보다
2. 肚子 : (몸)배
3. 锦 : 명주, 비단

198. 只知其一，不知其二

zhǐzhīqíyí, bùzhīqíèr

直译 : 하나만 알고 둘 모른다.

意译 : 하나만 알고 둘 모른다. 고지식하기 짝이 없다.

① 你只知其一，不知其二，这件事不像你所想像的那么简单.
당신은 하나만 알고 둘은 모르군요. 이 일은 당신이 상상하는 것처럼 그렇게 간단하지 않소.

② 这件贪污案，一般人只知其一，不知其二，没有任何人知道真相究竟如何.
이 공금횡령사건을 일반인들은 하나만 알고 둘 모른다. 사건의 진상이 도대체 무엇인지를 아는 사람이 아무도 없다.

199. 只问耕耘，不问收获

zhǐwèngēngyún, búwènshōuhuò

直译 : 농사만 하고 수확을 생각하지 않는다.

意译 : 열심히 일만 하고 공로를 따지지 않는다.

① 他做事情的态度就是只问耕耘，不问收获.
그가 일을 하는 태도는 바로 열심히 일만 하고 공로 같은 것은 생각하지 않는다는 것이다.

② 我们不管做甚么事情都要有只问耕耘，不问收获的精神.
우리는 무슨 일을 하든 간에 모두 농사만을 열심히 하고 수확을 묻지 않는다는 정신이 있어야 한다.

---

1. 贪污案 : 독직, 부정사건
2. 究竟 : 도대체
3. 耕耘 : 경작, 농사를 하다

200. 只许州官放火, 不许百姓点灯

zhǐxǔzhōuguānfànghuǒ, bùxǔbǎixìngdiǎndēng

直译 : 도지사는 방화를 해도 무방하지만 백성들은 촛불을 켜도 안 된다.
意译 : 두더지는 나비가 못되라는 법이 있나? 아래 사람들을 학대하는 말이다.

① 他说禁止在办公室里抽烟, 自己却不守规定, 这不是只许州官放火, 不许百姓点灯吗?
그는 사무실에서는 담배를 피우면 안 된다고 말했는데 오히려 자기가 이 규정을 지키지 않는데 이게 바로 도지사는 방화를 해도 무방하지만 백성들은 촛불을 켜도 안 된다는 것 아닌가?

② 交通部长禁止人民开外国车, 自己却开林肯牌的美国车, 这真是只许州官放火, 不许百姓点灯.
교통부장관은 국민들이 외제차를 타는 것을 금지시켰는데 오히려 자기가 미국의 링컨 리무진을 타다니, 이건 정말 도지사는 방화를 해도 무방하지만 백성들은 촛불을 켜도 안 된다는 것이로군.

201. 只要工夫深, 铁杵磨成绣花针

zhǐyàogōngfushēn, tiěchǔmóchéngxiùhuāzhēn

直译 : 심혈을 기울이기만 하면 절구공이를 갈아서 수바늘을 만들 수도 있다.
意译 : 지성이면 감천이다. 노력하기만 하면 아무리 어려운 일이라도 극복할 수가 있다.

① 俗话说只要工夫深, 铁杵磨成绣花针, 你只要每天练习写毛笔字, 将来一定会成为书法家的.
속담에는 심혈을 기울이기만 하면 절구공이를 갈아서 수바늘을 만들 수도 있다는데 당신을 날마다 붓글씨 쓰기를 연습하면 앞으로 반드시 서예가가 될 수 있을 것이다.

② 像你这么用功学中国话, 还会学不好吗? 只要工夫深, 铁杵也会磨成绣花针的.
당신처럼 이렇게 열심히 중국말을 배우는데 아직도 잘 못 배웠을까봐? 심혈을 기울이기만 하면 절구공이를 갈아서 수바늘을 만들 수도 있다.

---

1. 抽烟 : 담배를 피우다
2. 州官 : 도지사, 고관
3. 点灯 : 등불을 켜다
4. 林肯 : 미국의 링컨대통령
5. 工夫 : 시간, 정성
6. 铁杵 : 철봉, 절구공이
7. 绣花 : 수를 놓다
8. 毛笔 : 붓 글씨
9. 书法家 : 서예가
10. 学不好 : 잘 배우지 못한다

202. 只闻楼梯响，不见人下来

zhǐwénlóutīxiǎng, bújiànrénxiàlái

直译：계단소리만 들리고 사람이 내려온 것이 안 보인다.

意译：실속이 없다는 말이다.

① 政府每天说要给公务员调整待遇，但是只闻楼梯响，不见人下来.
정부는 날마다 공무원들에게 대우를 조정해주겠다고 하지만 계단소리만 들리고 사람이 내려온 것이 안 보이니 실속이 없구나.

② 爸爸说要给我买自行车，但是只闻楼梯响，不见人下来，到现在也没买.
아버지가 나에게 자전거를 사주겠다고 하셨지만 계단소리만 들리고 사람이 내려온 것이 안 보이는 격으로 지금까지도 사지 않았다.

203. 打蛇先打头

dǎshéxiāndǎtóu

直译：뱀을 때릴 때 먼저 머리를 때려라.

意译：적과 싸울 때 먼저 두목을 잡아라.

① 打蛇先打头，你想打胜仗的话，一定要先把他们的指挥官抓住.
뱀을 때릴 때 먼저 머리를 때려라, 당신이 전승하려고 하면 먼저 그들의 지휘관을 체포하여야 한다.

② 警察先逮捕了他们的头目，再逮捕他们的部下，这就是打蛇先打头的方法.
경찰들이 먼저 그들의 두목을 체포한 후 그들의 부하들을 체포했다. 이것이 바로 뱀을 때릴 때 먼저 머리를 때리는 방법이다.

---

1. 楼梯：계단
2. 响：소리가 나다, 울린다
3. 自行车：자전거
4. 打胜仗：전승하다

204. 打狗看主人

dǎgǒukànzhǔrén

直译 : 개를 때리더라도 그 개의 주인이 누구인가를 보아서 때린다.
意译 : 인간관계로 봐준다.

① 打狗看主人, 你不要处罚我的学生好不好?
개를 때리더라도 주인이 누군지를 본다는데 내 학생을 처벌하지 말아다오.

② 小心! 他的爸爸是警察, 打狗看主人, 如果你打了他, 他父亲一定不会放过你的.
조심하세요! 그의 아버지는 경찰 이예요. 개를 때리더라도 주인이 누구인가를 봐야지요. 만약 당신이 그를 때리면 그의 부친은 반드시 당신을 그냥 놓아주지 않을 거예요.

205. 打破沙锅问到底

dǎpòshāguōwèndàodǐ

直译 : 뚝배기까지 깨보면서 끝까지 캐묻는다.
意译 : 미주알 고주알. 끝까지 캐묻는다.

① 学中国话的时候, 如果有问题一定要打破沙锅问到底.
중국말을 배울 때 문제가 있으면 반드시 끝까지 캐물어야 한다.

② 这件事情, 我不想告诉你, 请你不要打破沙锅问到底好不好?
이 일은 내가 당신에게 알려주고 싶지 않으니, 끝까지 캐묻지 말아 주세요.

---

1. 放过 : 놓아 주다, 보아 주다
2. 沙锅 : 뚝배기. 질그릇
3. 问到底 : 끝까지 질문하다

206. 打开天窗说亮话

dǎkāitiānchuāngshuōliànghuà

直译 : 하늘의 창문을 열고 솔직한 말을 한다.
意译 : 털어놓고 말하다.

① 我们打开天窗说亮话, 你究竟爱不爱我?
우리는 툭 털어놓고 말합시다. 당신이 도대체 나를 사랑합니까? 사랑하지 않습니까?

② 昨天我和学生们终於打开天窗说亮话了, 如果他们不用功的话, 我不会给他们学分的.
어제 나는 마침내 학생들과 터놓고 말했다. 만약 그들 열심히 공부하지 않으면 나는 그들에게 학점을 주지 않을 것이라고.

207. 打肿脸充胖子

dǎzhǒngliǎnchōngpàngzi

直译 : 얼굴을 때려서 붓게 만들어 뚱뚱보인 척한다.
意译 : 물을 먹는 배만 튀긴다. 허세를 부리다.

① 你明明没有钱, 却装成有钱人, 为什么要打肿脸充胖子, 又浪费又奢侈呢?
너는 분명히 돈이 없는 사람인데 오히려 부자인 체 하는구나, 무엇 때문에 허세를 부려서 낭비하며 사치를 하니?

② 那个人没有钱却开名牌大车, 只是打肿脸充胖子而已.
그 사람은 돈도 없으면서 유명메이커의 큰 차를 모는데 허세를 부릴 뿐이다.

---

1. 天窗 : 지붕창, 천창
2. 学分 : 학점
3. 明明 : 분명히
4. 打肿 : 때려서 분다
5. 充 : 충당하다
6. 胖子 : 뚱뚱이
7. 奢侈 : 사치
8. 名牌 : 유명메이커

208. 平时不烧香，临时抱佛脚

píngshíbùshāoxiāng, línshíbàofójiāo

直译：평상시에는 분향하러 절을 다니지 않으면서 급할 때는 부처님 다리를 껴안는다.

意译：평상시에 노력하지 않고 급할 때 서두른다.

① 平常不用功，现在要考试了才开夜车，这种平时不烧香，临时抱佛脚的读书态度是不对的.

넌 평상시에 공부하지 않더니 이제 시험을 쳐야하니 비로소 밤새워가면서 공부하네. "평상시에 분향하러 절을 다니지 않으면서 급할 때 부처님 다리를 껴안는다"는 이런 공부 자세는 옳지 않다.

② 你以前不常去看他，现在有事情要拜托他，才带东西去看他，他怎么会看得起你呢？平时不烧香，临时抱佛脚，你後悔也没有用了.

당신은 전에 그에게 자주 문안하러 가지 않더니 이제 그에게 부탁할 일이 있으니까 물건을 가지고 그에게 가는군요. 그가 당신을 존경하겠어요? 평상시에 분향하러 절을 다니지 않으면서 급할 때 부처님 다리를 껴안는다더니, 이제 후회해도 늦었어요.

209. 生米煮成熟饭

shēngmǐzhǔchéngshúfàn

直译：생쌀이 익은 밥이 되다.

意译：익은 밥이 날로 돌아갈 수 없다. 엎지른 물이다.

① 这件事已经生米煮成熟饭了，你就答应他们的婚事吧!

이 일이 이미 엎지른 물이 되었으니 당신은 그들의 혼사를 허락하시지요.

② 既然生米煮成熟饭了，我只好赞成了.

기왕 엎지른 물. 내가 어쩔 수 없이 찬성할 수밖에.

---

1. 开夜车：밤차를 몰다, 밤을 새워 공부를 하다
2. 烧香：향을 피다
3. 抱：안다
4. 拜托：부탁하다
5. 带：가지다, 데리다
6. 看得起：존경하다, 높이 보아 준다
7. 没有用：소용이 없다
8. 生米：생쌀
9. 熟：익다
10. 答应：허락하다

210. 白刀子进，红刀子出

báidāozijìn, hóngdāozichū

直译 : 흰 칼이 들어갔다가 붉은 칼이 되어 나온다.

意译 : 사람을 죽인다.

① 把你的钱全部都给我! 不然的话，白刀子进，红刀子出!
너의 돈 다 내놔! 아니면 죽인다!

② 在黑社会里，每天白刀子进，红刀子出，危险死了!
암흑가에서는 날마다 사람을 죽이니, 너무 위험해!

211. 宁为玉碎，不为瓦全

nìngwéiyùsuì, bùwéiwǎquán

直译 : 차라리 옥쇄할망정 너절하게 살기를 원치 않다.

意译 : 명예를 지키겠다는 말이다.

① 李将军宁为玉碎，不为瓦全，所以饮弹自尽了.
이장군님께서는 차라리 옥쇄하더라도 와전하고 싶지 않아서 총으로 자살하였다.

② 做人要有志气，宁为玉碎，不为瓦全，不可以苟且偷生.
사람 됨됨이 반드시 뜻이 있어야 한다. 차라리 옥쇄하더라도 너절하게 살지 말아야지, 비겁하게 목숨을 보전하면 안 된다.

---

1. 刀子 : 칼
2. 宁 : 차라리
3. 瓦 : 기와
4. 饮弹 : 총으로 자살하다
5. 自尽 : 자살하다
6. 志气 : 뜻
7. 苟且偷生 : 그럭저럭 되는대로 살아가다

212. 宁为鸡口，不为牛后

nìngwéijīkǒu, búwéiniúhòu

直译：닭의 부리가 되더라도 소의 엉덩이 되지 않겠다.
意译：닭 벼슬이 될망정 소 꼬리는 되지 말라.

① 他说：宁为鸡口，不为牛后，所以不愿意去大企业做事.
그가 말하기를, "닭 벼슬이 될망정 소 꼬리는 되지 않겠다" 해서 대기업에 가서 일을 하려 하지 않습니다.

② 俗话说：宁为鸡口，不为牛后，我自己想开一家公司试试.
속담에, "닭 벼슬이 될망정 소 꼬리는 되지 말라"고 하니, 나는 혼자 회사를 차려서 해보고 싶습니다.

213. 龙生龙，凤生凤，老鼠生儿会打洞

lóngshēnglóng, fèngshēngfèng, lǎoshǔshēngérhuìdǎdòng

直译：용이 용을 낳고 봉황은 봉황을 낳고 쥐가 낳은 새끼는 구멍을 팔 줄 안다.
意译：그 아버지의 그 아들.

① 王将军的儿子又得了第一名，真是龙生龙，凤生凤 .
왕장군님의 아들은 또 일등을 했다. 정말 그 아버지는 저 아들이구나.

② a. 听说那个杀人犯的父亲是个大流氓.
듣건대 저 살인범의 아버지는 순 깡패래.

b. 对！龙生龙，凤生凤，老鼠生儿会打洞，这句话真是一点儿也不错.
그래! 그 아버지에 그 아들이라더니 이 말이 정말 하나도 틀린 데가 없구나.

---

1. 公司：회사
2. 试试：해 보다
3. 凤：봉황새
4. 听说：듣건대
5. 流氓：깡패
6. 老鼠：쥐
7. 打洞：구멍을 파다

214. 龙游浅水遭虾戏

Lóngyóuqiǎnshuǐzāoxiāxì

直译 : 용이 얕은 물에서 헤엄을 치더니 새우의 놀림을 당한다.

意译 : 용이 물 밖에 나가면 개미가 침노를 한다. 때를 잘못 만나면 소인재의 놀림을 당한다.

① 龙游浅水遭虾戏, 没想到这一次到首尔竟然被他欺负了.
용이 얕은 물에 헤엄을 치면 새우한테 놀림을 당한다더니 이번에 서울에 가서 뜻밖에 그 사람한테 업신당했다.

② 上次到泰国旅游, 被当地人骗了. 真是龙游浅水遭虾戏.
지난 번 태국에 가서 관광을 할 때 그 지방 사람에게 속았다니 정말 용이 얕은 물에 헤엄치면 새우한테 놀림을 당한 것과 같구나.

→ 类似语 : 虎落平阳遭犬欺(호랑이가 평양에 가니 개한테서 놀림을 당한다)

215. 龙虎相斗, 池鱼遭殃

lónghǔxiāngdòu, chíchízāoyāng

直译 : 용과 호랑이가 싸워서 물고기가 수난을 당하다.

意译 : 고래싸움에 새우등이 터진다.

① 俄国和日本在中国打仗, 结果中国人受害最大, 真是龙虎相斗, 池鱼遭殃啊!
러시아와 일본이 중국에서 싸워 결국 중국 사람의 피해가 가장 컸다 정말 고래싸움에 새우등이 터지는구나.

② 龙虎相斗, 池鱼遭殃, 他们两个人打架, 结果老师把我们都处罚了.
고래싸움에 새우등이 터진다더니 그들 두 사람이 싸워서 결국 선생님이 의리를 모두 처벌하였다.

---

1. 浅水 : 얕은 물
2. 遭 : 당하다
3. 虾 : 새우
4. 戏 : 희롱하다, 놀다, 연극
5. 欺负 : 업신여기다
6. 旅游 : 여행, 관광
7. 当地人 : 현지의사람
8. 斗 : 싸우다, 투쟁하다
9. 打仗 : 전쟁하다
10. 受害 : 피해를 입다
11. 池鱼 : 못 안의 고기
12. 遭殃 : 재앙을 당하다
13. 打架 : (사람이) 싸우다

216. 旧的不去，新的不来

jiùdebúqù，xīndebùlái

直译：헌 것이 가지 않으면 새 것이 오지 않는다.

意译：헌 것은 미련 없이 버린다.

① 旧的不去，新的不来，你不要为了那枝丢掉的铅笔伤心了.
헌 것이 가지 않으면 새 것이 오니 않는다니까 당신은 그 잃어버린 연필 때문에 가슴이 아파하지 마세요.

② a. 我的帽子不见了.
내 모자가 없어졌다.

b. 旧的不去，新的不来，另外再买一顶吧!
헌 것이 가지 않으면 새 것이 안 오는 법이니 하나 더 사세요!

217. 巧妇难为无米之炊

qiǎofùnánwéiwúmǐzhīchuī

直译：재능이 아무리 많은 아녀자라도 쌀 없이 밥을 지을 수가 없다.

意译：도깨비도 수풀이 있어야 재주를 피운다, 재료가 있어야 물건을 만들 수 있다.

① 巧妇难为无米之炊，你不给我钱，叫我怎么能做出好菜来请客人呢?
재능이 아무리 많은 아녀자라도 쌀 없이 밥을 지을 수가 없는 거예요, 당신이 나에게 돈을 안 주고 나보고 어떻게 좋은 요리를 만들어가지고 손님을 대접하라고 그래요?

② 劳工们每天要求提高工资. 但是公司赚的钱却有限，巧妇难为无米之炊，我怎么能答应他们呢?
노동자들은 날마다 임금을 올려달라고 하는데 회사가 번 돈은 제한되어 있소. 재능이 아무리 많은 아녀자라도 쌀 없이 밥을 만들 수가 없는 법. 내가 어떻게 그들에게 허락할 수 있겠소?

---

1. 旧的：헌 것
2. 丢掉：잃어버리다
3. 另外：별도로
4. 难为：하기가 어렵다
5. 炊：취사
6. 做出：만들어 내다
7. 客人：손님
8. 工资：임금
9. 公司：회사

218. 氷冻一尺，非三日之寒

bīngdòngyìchǐfēisānrìzhīhán

直译 : 삼척 두께로 얼은 얼음은 하루아침의 추위로 그렇게 된 것이 아니다.
意译 : 하루 이틀 사이에 된 것이 아니다.

① a. 你知不知道李先生夫妇为什么离婚?
b. 氷冻一尺，非三日之寒，原因太多了.
a. 당신은 이선생님 부부 왜 이혼했는지 압니까?
b. 삼척 두께로 얼은 얼음은 하루아침의 추위로 그렇게 된 것이 아니니까 이유야 너무 많겠지요.

② 他变得这么坏，有很多原因，反正氷冻一尺非三日之寒就是了.
그 사람이 이렇게 나쁘게 된 것은 여러가지 이유가 있는데, 좌우간 삼척 두께로 얼은 얼음은 하루아침의 추위로 된 것이 아니지요.

219. 猪八戒照镜子，里外不是人

zhūbājièzhàojingzi, lǐwàibúshìrén

直译 : 저팔계가 거울을 보니까 앞뒤는 모두 인간이 아니다.
意译 : 진퇴양난. 가운데에 서서 난처하다는 말이다. 꼴이 말이 아니다.

① 猪八戒照镜子，里外不是人，我为了劝他们夫妇不要打架，结果他们反而都骂我.
저팔계가 거울을 보니까 앞뒤는 모두 인간이 아니다더니, 나는 그들 부부싸움을 말리려다 결국 내가 욕을 먹었다.

② 为了处理这件纠纷，我两面奔跑，结果反而是猪八戒照镜子，里外不是人，没有一个人感谢我.
이 분규를 처리하기 위하여 나는 양쪽에 왔다갔다 했는데 결국 오히려 저팔계가 거울을 보니까 앞뒤 모두가 인간이 아니듯이, 나에게 고맙다고 하는 사람이 하나도 없더라.

---

1. 冻 : 얼다
2. 反正… 就是了 : 좌우간…이다
3. 镜子 : 거울
4. 打架 : 싸우다
5. 反而 : 오히려
6. 纠纷 : 분규
7. 奔跑 : 달리다

220. 先小人, 後君子

xiānxiǎorén, hòujūnzǐ

直译 : 먼저 소인 짓을 하고 뒤에 군자답게 행동한다.
意译 : 사무를 확실하게 한다는 말이다.

① 我们先小人, 後君子, 把事情交代清楚, 免得到时候分不清楚是谁的责任.
우리 먼저 소인 짓을 하고 뒤에 군자답게 행동하자, 일을 분명하게 인수인계해서 그 때가 되어 누구의 책임인지를 구별하지 못하는 일이 없도록 하자.

② 我是先小人, 後君子, 有什么话, 就说什么话.
난 확실하게 일을 해내는 사람이야, 무슨 할 말 있으면 해 봐!

221. 吉人自有天相

jírénzìyǒutiānxiàng

直译 : 착한 사람이 하늘이 돕는다.
意译 : 착한 사람이 하늘이 돕는다.

① 吉人自有天相, 不必为我担心.
착한 사람이 하늘이 도와준다잖소. 당신은 나 때문에 걱정할 필요가 없소.

② 到前线打仗, 虽然很危险, 但是吉人自有天相, 他不会有事情的.
전방에 싸우러 가는 것이 매우 위험하지만 운수가 좋은 사람은 하늘이 도와준다니까 그는 아무 일도 없을 거야.

---

6. 小人 : 소인배
7. 交代 : 교대하다, 인수인계하다
8. 到时候 : 그 때가 되서
9. 分不清楚 : 구별을 못하다
1. 吉人 : 착한 사람, 운수가 좋은 사람
2. 不必 : 필요 없다
3. 担心 : 걱정하다, 염려하다
4. 打仗 : 전쟁하다

222. 死生有命，富贵在天

sǐshēngyǒumìng, fùguìzàitiān

直译 : 생사는 운명이 달려있고 부귀는 천명에 달려있다.

意译 : 사람마다 팔자가 있다.

① 死生有命，富贵在天，你为什么要怕呢?
생사는 운명이 달려있고 부귀는 천명에 달려있는 법. 당신은 왜 두려워합니까?

② 我父亲常告诉我 : 死生有命，富贵在天，希望我勇敢地为国家效力.
우리 아버지는 늘 나에게 "생사는 운명이 달려있고 부귀는 천명에 달려있다"고 말씀을 하시는데, 내가 나라를 위하여 충성을 다할 수 있기를 바라신다.

223. 死马当活马医

sǐmǎdànghuómǎyī

直译 : 죽어버린 말을 살아있는 말이라고 생각해서 치료해 준다.

意译 : 불가능한 일을 최선을 다하여 해 본다.

① 那件事情是不可能成功的. 即使你死马当活马医，也没有用.
저 일은 성공할 가능성이 없을 것이다. 당신이 죽어버린 말을 살아있는 말이라고 생각해서 치료해 준다고 해도 소용이 없을 것이다.

② 他不可能考上大学的. 他的父母也只是把死马当活马医，尽量努力而已，所以给他请了家教.
그 사람은 대학입시에 합격될 가능성이 없는데 그의 부모는 또한 죽어버린 말을 살아있는 말이라고 생각해서 치료하는 격으로 그에게 가정교사를 초청해 주었다.

---

1. 怕 : 두려워하다
2. 家教 : 과외, 가정교육

224. 死无葬身之地

sǐwúzàngshēnzhīdì

直译 : 죽어도 묻힐 곳이 없다.

意译 : 비참하게 죽는 다는 말이다.

① 如果你不听我的话, 你一定会死无葬身之地.

만약 당신이 내 말을 따르지 않으면 반드시 비참하게 죽을 것이다.

② 那个杀人魔早晚会死无葬身之地的.

저 살인마는 조만간 비참하게 죽을 것이다.

225. 羊入虎口, 有去无回

yángrùhǔkǒu, yǒuqùwúhuí

直译 : 양이 호랑이 입에 들어가서 돌아오지 못한다.

意译 : 죽는 길밖에 없다(희망이 없다).

① 羊入虎口, 有去无回, 你借给他的钱是不可能拿回来的.

양이 호랑이 입에 들어가면 돌아오지 못한다는데 당신이 그에게 빌려준 돈은 되찾을 가능성이 없을 것이다.

② 你派他去和敌人打仗, 那就像羊入虎口, 有去无回, 他不可能活著回来了.

당신이 그를 파견하여 적과 싸우게 하다니 그것은 마치 양이 호랑이 입에 들어가 서 돌아오지 못하는 것처럼 그는 살아 서 돌아오지 못할 거요.

---

1. 葬身 : 몸을 묻다
2. 早晚 : 조만간
3. 拿回来 : 가지고 돌아온다
4. 派 : 파견
5. 就像 : 마치

226. 羊毛出在羊身上

yángmáochūzàiyángshēnshang

直译 : 양털은 양의 몸에서 나온다.

意译 : 모든 것이 출처가 있다(원인이 없는 특혜는 없다).

① a : 你看! 那家电气行广告说 : 买一台电视, 送一台收音机!

너 봐라! 저 전기제품가게광고에서 텔레비전 한대를 사면 라디오 한대를 무료로 준다는데.

b : 你不要傻了. 羊毛出在羊身上, 吃亏的还不是你?

어리석게 굴지 마! 양털은 양의 몸에서 나오는 거라구. 원인이 없는 특혜가 없어! 손해를 보는 사람은 결국 너야!

227. 肉包子打狗, 有去无回

ròubāozidǎgǒu, yǒuqùwúhuí

直译 : 고기만두로 개를 때렸으나 가는 것만 있고 돌아온 것이 없다.

意译 : 희망이 없다. 실력 차가 너무 크다. 함흥차사다.

① 任何人借给他钱, 都像肉包子打狗, 有去无回, 再也要不回来了.

누구든지 그에게 돈을 빌려주면 모두 고기만두로 개를 때린 것처럼 가는 것만 있고 되돌아온 것이 없다. 다시 되찾지 못한다.

② 我去年借给他一本西游记, 谁知道以後就像肉包子打狗, 有去无回, 到现在也还没有要回来.

나는 작년에 그에게 서유기 한 권을 빌려주었는데 누가 알랴, 그 뒤로 곧 고기만두로 개를 때린 것처럼 가기만 하고 돌아오지 않는다. 지금까지도 아직 되찾지 못하고 있다.

---

1. 电气行 : 전기상점
2. 傻 : 멍청하다, 바보
3. 还不是 : 역시…아닌가?
4. 任何人 : 누구든지, 어떠한 사람
5. 肉包子 : 고기만두
6. 要 : 달라고 한다, …야 한다, 하려고 한다

228. 百尺竿头，更进一步

bǎichǐgāntóu, gèngjìnyíbù

直译：백척 대나무의 가장 앞에 있지만 한걸음 더 나간다.

意译：좋지만 더욱 더 노력하여야 한다.

① 虽然你的英文比别人好，但是希望你継续努力，百尺竿头，更进一步，成为全校英文最好的学生.
비록 당신의 영어는 다른 사람보다 좋지만 백척 대나무의 가장 앞에 있어도 한걸음 더 나가야 한다. 전교에서 영어가 가장 우수한 학생이 되기를 빈다.

② 百尺竿头，更进一步，相信你不会因为有了一点小成就而骄傲
백척 대나무의 가장 앞에 있어도 한걸음 더 나가야 한다는데 당신은 조금밖에 이루지 못했으니 교만하지 않을 것이라고 믿는다.

229. 百闻不如一见

bǎiwénbùrúyíjiàn

直译：백문이 불여일견이다.

意译：동상.

① 百闻不如一见，到中国来以後，我才知道中国原来真的这么大.
백문이 불여일견이다. 중국에 온 뒤에 나는 비로소 중국이 정말 이렇게 큰 것을 알았다.

② 桂林的山水果然这么美丽，真是百闻不如一见.
계림의 산수가 과연 이렇게 아름답구나, 정말 백문이 불여일견이다.

---

1. 別人：다른 사람
2. 竿头：대나무의 끝부분
3. 相信：믿는다

230. 各人自扫门前雪，休管他人瓦上霜

gèrénzìsǎoménqiánxuě, xiūguǎntārénwǎshàngshuāng

直译 : 사람마다 자기 집 문앞의 문은 쓸어도 남의 집 기와위의 서리는 모른 척 한다.

意译 : (이기적으로) 남의 일은 참견 안한다.

① 如果每个人都各人自扫门前雪，休管他人瓦上霜，这个社会会变成什么样子呢?
만약 사람마다 모두 남의 일에 참견하지 않는다는 식으로 (이기적으로) 하면 이 사회는 어떻게 되겠느냐?

② 他的事情太复杂了，我们还是各人自扫门前雪，休管他人瓦上霜吧!
그의 일은 너무 복잡하다. 우리 남의 일에 참견하지 말자!

231. 在家千日好，出外一时难

zàijiāqiānrìhǎo, chūwàiyìshínán

直译 : 집에 있으면 천 날도 좋지만 밖에 나가면 하루도 어렵다.

意译 : 집을 떠나면 모든 일이 어렵다.

① 在家千日好，出外一时难，你到中国去留学，千万要保重呀!
집을 떠나면 모든 일이 어렵다니까 당신은 유학하러 중국에 가 있는 동안에 꼭 몸을 조심해야 됩니다.

② 在中国旅行，每天换车，换旅馆，还要买东西吃，太麻烦了，真是在家千日好，出外一时难!
중국에서 여행하니까 날마다 차를 갈아타야 하며 여관을 바꾸어야 하고 또 사먹어야 하기 때문에 너무 번거롭다. 역시 집을 떠나면 모든 일이 어렵구나.

---

1. 各人 : 각자
2. 自扫 : 스스로 청소하다
3. 休管 : 상관하지 말라
4. 瓦 : 기와
5. 霜 : 서리
6. 保重 : 몸을 조심하다
7. 麻烦 : 번거롭다

232. 在家靠父母，出外靠朋友

zàijiākàofùmǔ, chūwàikàopéngyou

直译 : 집에 있을 때 부모님을 의지하고 집을 떠나면 친구에게 의지한다.

意译 : 친구가 중요하다.

① 俗话说 : 在家靠父母，出外靠朋友，如果你不帮我，我只有死路一条了.
속담에 집에 있을 때 부모님을 의지하며 집을 떠나면 친구를 의지한다는 말이 있는데 만약 당신이 나를 도와주지 않으면 나는 죽을 길 밖에 없다.

② 在家靠父母，出外靠朋友，你要和朋友们好好交往呀!
집에 있을 때 부모님을 의지하며 밖에 나가면 친구를 의지한다니까 당신은 친구들과 잘 지내야 합니다.

233. 杀人不见血

shārénbújiànxiě

直译 : 사람을 죽여도 피가 보이지 않는다.

意译 : 사람을 잘 죽인다는 말이다.

① 他是一个杀人不见血的杀人魔.
그는 사람을 죽여도 피가 보이지 않는 살인마이다.

② 斯大林杀人不见血，不知道杀了多少人?
스탈린은 살인마이다. 사람을 얼마나 죽였는지 모른다.

---

3. 靠 : 의지하다, 기대다
4. 死路 : 죽을 길
5. 交往 : 내왕하다, 사귀다
1. 斯大林 : 스탈린

234. 杀人不眨眼

shārénbùzhǎyǎn

直译 : 사람을 죽여도 눈 하나 깜박하지 않는다.

意译 : 잔인한 살인마이다.

① 千万要小心, 他是杀人不眨眼的魔鬼.
당신은 절대로 조심해야 해요. 그는 잔인한 살인마예요.

② 他杀人不眨眼, 一次就杀了十个人, 所以法官判了他死刑.
그는 잔인한 살인마이다, 한꺼번에 열 사람을 죽였으니까 그래서 판사는 그에게 사형을 언도하였다.

235. 杀鸡焉用牛刀

shājīyānyòngniúdāo

直译 : 닭을 잡은데 소 잡는 칼을 쓸 필요가 없다.

意译 : 모기를 보고 칼을 뺀다. 사소한 일을 번거롭게 할 필요가 없다.

① 杀鸡焉用牛刀, 这件事我来做就可以, 不用你亲自动手.
닭을 잡은데 소 잡는 칼을 쓸 필요가 없는 거요. 이 일은 내가 하면 되니, 당신이 친히 할 필요가 없소.

② 我来翻译就行了, 李教授亲自翻译的话, 就是大材小用了. 杀鸡焉用牛刀呢?
내가 통역을 하면 되지. 이교수님이 친히 번역하는 것은 큰 제목을 작은 데에 쓰는 격입니다. 닭을 잡은데 소 잡는 칼을 쓸 필요가 없지요.

---

1. 眨眼 : 눈을 깜박이다
2. 判 : 판결하다
3. 焉 : 어찌, 어떻게
4. 亲自 : 손수, 친히
5. 行了 : 되었다
6. 大材 : 큰 재목
7. 亲自 : 몸소
8. 小用 : 작게 쓴다

236. 孙悟空跳不出如来佛的掌心

sūnwùkōngtiàobùchūrúláifódezhǎngxīn

直译 : 손오공이 여래불의 손바닥을 벗어날 수 없다.
意译 : 아무리 재주가 많아도 소용이 없다.

① 现在全国的警察都在捉他, 孙悟空跳不出如来佛的掌心, 他迟早会被捉到的.
지금 전국의 경찰들이 그를 잡고 있는데 손오공은 여래불의 손바닥을 벗어날 수 없는 거야. 그는 조만간에 잡힐 것이다.

② 孙悟空跳不出如来佛的掌心, 即使你的谎话说得再好, 也骗不了我.
손오공이 여래불의 손바닥을 벗어날 수 없듯이 당신이 거짓말을 아무리 잘 해도 나를 속일 수 없다.

237. 吃一回亏, 学一回乖

chīyìhuíkuī, xuéyìhuíguāi

直译 : 한번 손해를 보면 배우는 바가 한번 생긴다.
意译 : 한번 교훈을 받으면 착해진다.

① 吃一回亏, 学一回乖, 这次偷东西, 被警察捉到了, 以後就不敢了!
한번 손해를 보면 착해진다더니 이번에 물건을 훔쳐서 경찰에 잡혔으니 앞으로는 감히 안 하겠지!

② 去年考大学名落孙山, 吃一回亏, 学一回乖, 今年不能不加紧用功了.
작년에 대학입시에 떨어져서 한번 교훈을 받았으니 금년에 더욱 더 열심히 공부하지 않으면 안 된다.

---

1. 跳不出 : 뛰나갈 수 없다
2. 掌心 : 손바닥
3. 迟早 : 조만간
4. 即使… 再…也…不… : 아무리 …더라도, …치 않다
5. 骗不了 : 속일 수 없다
6. 吃亏 : 손해를 보다
7. 不敢 : 용기가 없다
8. 名落孙山 : 이름이 손산씨의 뒤로 처졌다, 시험에 떨어졌다는 말이다
9. 加紧 : 다그치다, 박차를 가하다
10. 用功 : 열심히 공부하다

238. 吃了人家的嘴软, 拿了人家的手短

chīlerénjiadezuǐruǎn, nálerénjia

直译 : 남의 것을 얻어먹으면 입이 약해지고 남의 선물을 받고 난 뒤에 손이 짧아진다.

意译 : 기름먹고 가죽이 부드럽다. 남에게서 이득을 받으면 마음이 약해진다.

① 吃了人家的嘴软, 拿了人家的手短, 上次我送了他一台电视, 他能不帮我的忙?
남에게서 이득을 받았으면 마음이 약해진다는데 지난번에 내가 그에게 T.V. 한대를 선사해 주었는데 그가 나를 도와주지 않을 수 있겠습니까?

② 公务员绝对不可以接受招待, 否则吃了人家的嘴软, 拿了人家的手短, 以後办事就不公正了.
공무원들은 절대로 대접을 받으면 안 된다. 남에게서 이득을 받으면 마음이 약해지니까 앞으로 일을 처리하기에 공정하지 못할 것이다.

239. 吃力不讨好

chīlìbùtǎohǎo

直译 : 힘만 들고 인기가 없다(효과가 없다).

意译 : 힘만 들고 효과가 없다.

① 你用死背的方法学中国话, 吃力不讨好, 不如去中国留学, 马上就能学好
당신이 죽도록 외우는 방법으로 중국말을 배우는 것은 힘만 들고 효과가 없다. 차라리 중국에 가서 유학하면 금방 잘 배울 수 있을 것이다.

② 学法文不如学英文, 因为法文的用处比较少, 同时又难学, 吃力不讨好, 何必自讨苦吃呢?
불어를 배우는 것보다 영어를 배우는 것이 더 낫다. 불어의 용도가 비교적으로 적고 동시에 배우기가 어려워 힘만 들고 효과가 없다. 스스로 사서 고생할 필요가 있나?

---

1. 嘴 : 입
2. 帮我的忙 : 나를 도와주다
3. 否则 : 아니면
4. 死背 : 억지로 외운다
5. 吃力 : 힘들다
6. 讨好 : 잘 보이다, 칭찬을 받다
7. 不如 : 차라리
8. 马上 : 곧
9. 难学 : 배우기 어렵다
10. 何必 : … 할 필요가 없다

240. 好心没好报

hǎoxīnméihǎobào

直译 : 선심을 썼지만 좋은 보답이 없었다.
意译 : 곱다고 안아준 갓난애가 바지에 똥을 싼다. 남의 선심을 몰라본다.

① 我好心帮他拿东西, 没想到好心没好报, 他反而说我要偷他的东西.
나는 좋은 뜻으로 그를 도와서 물건을 들어주는데 뜻밖에 좋은 보답이 없고 그는 오히려 내가 그의 물건을 훔치려했다고 말한다.

② 好心没好报, 我那么爱护他, 他反而把我出卖了.
남의 선심을 몰라주는 군요. 나는 당신을 그렇게 사랑했는데 당신이 오히려 나를 배신하는군요.

241. 吃不了, 兜著走

chībùliǎo, dōuzhezǒu

直译 : 너무 많아서 다 먹지 못하여 싸가지고 간다.
意译 : 복수를 할테니 조심하라(업보를 받는다).

① 如果你偷了我的东西, 我会让你吃不了兜著走!
만약 너가 내 물건을 훔쳤다면 너에게 복수할 테니 조심해!

② 他因为盗用公款, 被警察通缉了, 真是吃不了, 兜著走.
그는 공금횡령 때문에 경찰에 수배되었는데 정말 업보를 받은 것이지.

---

1. 好心 : 좋은 뜻으로, 좋은 마음
2. 没想到 : 뜻밖에
3. 好报 : 좋은 보답
4. 出卖 : 배신하다
5. 吃不了 : 다 먹을 수 없다
6. 兜著 : 호주머니, 에워싸다
7. 公款 : 공금
8. 通缉 : 수배하다

242. 好的开始是成功的一半

hǎodekāishìchénggōngdeyíbàn

直译 : 좋은 시작은 성공의 반이다.

意译 : 시작이 반이다.

① 他戒烟已经戒了三天了, 好的开始是成功的一半, 我相信他一定会成功的.
그가 담배를 끊은 지 벌써 사흘이 되었다. 시작이 반이니까 나는 그가 반드시 성공할 것이라고 믿습니다.

② 俗话说 : 好的开始是成功的一半, 只要你肯开始学, 一定可以学会的.
속담에 "시작이 반이다"라고 하는데 당신이 배우기를 시작할 마음만 있으면 반드시 잘 배울 수 있을 것이다.

243. 好狗不挡路

hǎogǒubùdǎnglù

直译 : 좋은 개는 길을 가로 막지 않는다.

意译 : 착한 사람은 나쁜 짓을 안 한다.

① 好狗不挡路, 你们为什么不让我过去?
좋은 개는 길을 막지 않는다는데 당신들은 왜 나를 지나가지 못하게 합니까?

② 快点走开, 好狗不挡路, 不然我就打死你!
빨리 비켜! 좋은 개는 길을 막지 않는다 말야, 아니면 널 때려죽일 거야!

---

1. 戒烟 : 담배를 끊는다
2. 挡 : 막다
3. 过去 : 지나가다
4. 走开 : 비키다
5. 不然 : 아니면
6. 打死 : 때려 죽인다

244. 好马不吃回头草

hǎomǎbùchīhuítóucǎo

直译 : 좋은 말은 머리를 돌려 풀을 먹지 않는다.
意译 : 군자는 후회하지 않는다.

① 好马不吃回头草, 既然你已经决定不和他结婚了, 就不要後悔.
군자는 후회하지 않는다고, 기왕 당신이 그 사람과 결혼하지 않기로 했으면 후회하지 마라!

② 好马不吃回头草, 我说不要就是不要!
군자는 후회하지 않는다고, 나는 필요 없다고 했으면 필요가 없는 거다(무엇인가를 거절한 후에).

245. 好事不出门, 坏事传千里

hǎoshìbùchūmén, huàishìchuánqiānlǐ

直译 : 좋은 일은 잘 알려지지 않지만 나쁜 일은 쉽게 퍼진다.
意译 : 나쁜 소문은 빨리 전해진다.

① 俗话说. 好事不出门, 坏事传千里, 他偷东西的事情终於全班都知道了.
속담에 좋은 일은 잘 알려지지 않지만 나쁜 일은 쉽게 퍼진다더니 그가 물건을 훔쳤다는 일이 반전체가 모두 알게 되었다.

② 好事不出门, 坏事传千里, 他们夫妇离婚的事情终於被总经理知道了.
좋은 일은 잘 알려지지 않지만 나쁜 일은 쉽게 퍼진다. 그들 부부가 이혼했다는 일이 마침내 사장님에게 알려졌다.

---

1. 不要 : 필요가 없다, … 하지 말라
2. 出门 : 집을 나간다
3. 传 : 전파하다
4. 总经理 : 사장

246. 好汉不吃眼前亏(光棍不吃眼前亏)

hǎohànbùchīYǎnqiánkuī(guānggùnbùchīYǎnqiánkuī)

直译 : 사나이는 눈앞의 손해를 보지 않는다.

意译 : 혼자서는 불리할 때 양보한다.

① 他们人太多了, 好汉不吃眼前亏, 向他们道歉算了.
그들은 사람이 너무 많다. 혼자서 불리할 때는 양보해서 그들에게 사과하면 그만이다.

② 好汉不吃眼前亏, 你为什么要和他们打架呢?
사나이는 눈앞의 손해를 안 본다는데 너는 왜 그들과 싸우니?

247. 吃软不吃硬

chīruǎnbùchīying

直译 : 연한 것은 먹지만 딱딱한 것은 먹지 않는다.

意译 : 좋은 말은 (회유)따르지만 공갈은 무서워하지 않는다.

① 他是一个吃软不吃硬的人, 所以你要好好的跟他说.
그 사람은 좋은 말은 따르지만 공갈은 무서워하지 않는 사람이니까 당신은 그에게 좋은 말을 하여야 한다.

② 我吃软不吃硬, 不管你怎么威胁我, 也是没有用的.
나는 좋은 말은 따르지만 공갈은 무서워하지 않는다. 당신이 나에게 어떻게 공갈해도 소용없는 짓이다.

---

1. 好汉 : 사나이
2. 光棍 : 홀아비, 노총각
3. 道歉 : 사과하다
4. 软 : 연하다
5. 硬 : 딱딱하다
6. 跟 : 와, 과, …에게, 따라
7. 不管 …也. (不) : 아무리…하더라도… 치 않다
8. 威胁 : 위협하다, 공갈하다

248. 吃得苦中苦，方为人上人

chīdekǔzhōngkǔ，fāngwéirénshàngrén

直译 : 고생중의 고생을 참을 수 있는 사람이라야 사람들의 위 사람이 될 수 있다.

意译 : 고생을 하여야 출세할 수 있다.

① 吃得苦中苦, 方为人上人, 如果你连这一点痛苦都不忍不住, 怎么可能成功呢?
고생을 하여야 출세할 수 있다. 만약에 당신이 이런 조그만 고통마저도 참을 수 없다면 어떻게 성공할 수 있겠습니까?

② 他小时候家境非常穷困, 所以念书的时候, 吃了许多的苦头, 但是现在终於成了有名的学者, 吃得苦中苦, 方为人上人, 这句话一点儿也不错呀!
그가 어릴 때는 집안이 아주 가난해서 공부할 때 고생을 많이 했다. 그러나 지금은 마침내 유명한 학자가 되었다. 고생을 하여야 출세할 수 있다는 말은 조금도 틀리지 않구나!

249. 朽木不可雕也，粪土之墙不可圬也

xiǔmùbùkědiāoyě，fèntǔzhīqiángbùkěwūyě

直译 : 썩은 나무는 새길 수 없고 썩은 흙으로 만든 담벽은 흙손질 할 수 없다.

意译 : 마른 나무에 꽃이 피랴

① 朽木不可雕也, 粪土之墙不可圬也, 像他那种坏人, 已经不可能变好了.
마른 나무에 꽃이 피랴. 그 사람같이 나쁜 사람이 벌써 좋게 변할 수가 없다.

② 算了! 我不想再教你了. 朽木不可雕也, 粪土之墙不可圬也, 你实在太笨了.
그만 두자! 마른 나무에 꽃이 피랴. 너 정말 너무 둔하다.

---

1. 吃苦 : 고생을 견디다
2. 方 : 비로소
3. 连… 都… : … 마저도
4. 忍不住 : 참을 수 없다, 견딜 수 없다
5. 苦头 : 고생
6. 朽木 : 썩은 나무
7. 雕 : 새기다, 조각하다
8. 粪土 : 썩은 흙
9. 圬(wū) : 흙손질하다
10. 粪 : 둔하다, 바보

250. 有仇不报非君子

yǒuchóubúbàofēijūnzǐ

直译 : 원한이 있으면서 갚아주지 않으면 군자가 아니다.

意译 : 한이 있으면 풀어야 한다.

① 有仇不报非君子, 三年以後, 我再找你算帐.
원한이 있으면서 갚아주지 않으면 군자가 아니지 삼년 뒤에 나는 너를 찾아 복수할 것이다.

② 有仇不报非君子, 难道你己经忘了杀父之仇, 夺妻之恨了吗?
원한이 있으면서 갚아주지 않으면 군자가 아니라는데 설마 당신은 아버지를 죽이고 처를 빼앗긴 원한을 벌써 잊어버린 것이 아니겠지요.

251. 有奶便是娘

yǒunǎibiànshìniáng

直译 : 젖만 있으면 아무에게도 엄마라고 부른다.

意译 : 돈만 주면 의리도 팽개치고 따른다.

① 那个人一点人格也没有, 谁有钱就跟谁, 有奶便是娘, 真不要脸!
저 사람은 조금의 인격도 없다. 누구든지 돈만 있으면 따르니까 정말 수치심도 없구나!

② 政客们有奶便是娘, 哪有道义可谈呢?
정객들은 돈만 있으면 누구든지 따라가니까 어디 도의를 따질 수 있나?

---

1. 报 : (원수를)갚다, 보고하다, 신문
2. 找 : 찾다
3. 算帐 : 계산하다, 복수하다
4. 难道 : 설마
5. 跟 : 따르다, 와, 과
6. 便是 : 바로
7. 不要脸 : 부끄럽다, 파렴치하다
8. 可谈 : 이야기를 할 수 있다

252. 有其父必有其子

yǒuqífù, bìyǒuqízǐ

直译 : 그러한 아버지가 있으면 반드시 그러한 아들이 있다.

意译 : 부전자전. 그 아버지의 그 아들.

① 有其父必有其子, 他果然像他爸爸一样勇敢.
그 아버지의 그 아들이다 그는 과연 그의 아버지처럼 용감하다.

② 他爸爸二十三岁的时候, 通过了司法考试, 他大学一毕业就考上了外交官, 真是有其父必有其子!
그의 아버지는 스물세 살에 사법시험에 합격하셨고 그도 대학을 졸업하자마자 외교관시험에 합격하였으니 정말 그 아버지의 그 아들이로구나.

253. 有借有还, 再借不难

yǒujièyǒuhuán, zàijièbùnán

直译 : 빌렸으면 갚아야 한다. 그래야 다시 빌릴 수 있다.

意译 : 오뉴월 품앗이도 진작 갚으랬다. (돈을 빌렸으면) 신용이 있어야 한다.

①有借有还, 再借不难, 如果你向别人借了钱却不还, 下次他还会借给你吗?
돈을 빌렸으면 갚아야 한다. 만약에 남에게서 돈을 빌렸는데 갚지 않으면 그 다음에 그가 또 당신에게 빌려주겠습니까?

② 他很没有信用, 根本不懂有借有还, 再借不难的道理.
그는 아주 신용이 없어요. 돈을 밀렸으면 반드시 갚아야 한다는 이치를 전혀 몰라요.

---

1. 像… 一样 : … 와 같이
2. 一毕业就 … : 졸업하자마자 곧
3. 考上了 : 시험에 합격된다
4. 还 : 갚다, 돌려주다
5. 懂 : 알다
6. 道理 : 이치, 법치

254. 有福同享, 有难同当

yǒufútóngxiǎng, yǒunàntóngdāng

直译 : 복이 있으면 같이 누리고 화가 있으면 같이 감당하다.

意译 : 고락을 같이 한다.

① 有福同享, 有难同当, 我怎么会把你丢掉, 一个人逃走呢?
고락을 같이 한다는데 내가 어떻게 당신을 버리고 혼자 도망가겠습니까?

② 桃园三结义的时候, 刘. 关. 张三个人都发誓说 : 有福同享, 有难同当.
세 사람이 도원에서 의형제를 맺을 때 유비, 관우와 장비는 모두 고락을 같이 한다고 맹세하였다.

255. 当着和尚骂贼秃

dāngzhehéshangmàzéitū

直译 : 중을 앞에 두고 대머리 도둑의 머리가 까졌다고 욕을 한다.

意译 : 건넌 산을 보고 꾸짖다. 간접적으로 사람을 욕한다.

① 你说话小心一点, 不要当著和尚骂贼秃, 转弯抹角的骂人.
당신은 말을 할 때 조심하세요. 중을 앞에 두고 대머리 도둑의 머리가 까졌다고 욕하는 식으로 사람을 돌려서 욕을 하지 마세요.

② 他说姓王的没有一个是好人, 就是在骂你, 当著和尚骂贼秃. 你不是姓王吗?
그 사람이 왕씨는 모두 나쁜 사람이라고 말하는 것은 당신을 욕한 것이다. 중을 앞에 두고 대머리 도둑의 머리가 까졌다니, 당신은 왕씨가 아닙니까?

---

1. 同享 : 같이 누리다
2. 难 : 곤난, 고난, 어려움
3. 同当 : 같이 감당하다, 나누다
4. 丢掉 : 버리다
5. 怎麽 : 어떻게
6. 一个人 : 혼자
7. 发誓 : 맹세하다
8. 当著 : 마주보다
9. 秃 : 대머리
10. 转弯抹角 : 돌리다

256. 戏法人人会变，各有巧妙不同

xìfǎrénrénhuìbiàn，gèyǒuqiǎomiàobùtóng

直译：요술은 누구든지 할 줄 안다 다만 기교만 다를 뿐이다.
意译：잔꾀 부리지 말고 정직하여야 한다.

① 戏法人人会变，各有巧妙不同，你为什么不把真相告诉我呢?
요술은 누구든지 할 줄 알고 단지 기교만 다를 뿐인데 당신은 왜 나에게 진실을 말하지 않는가?

② 那种魔术我也会，只是戏法人人会变，各有巧妙不同而已.
저런 마술은 나도 할 줄 안다. 요술은 누구든지 할 줄 안다. 단지 기교만 다를 뿐이다.

257. 关门养虎，虎大伤人

guānményǎnghǔ，hǔdàshāngrén

直译：문을 닫아서 호랑이를 키우더니 호랑이가 커서 사람을 해친다.
意译：화를 자초한다.

① 他父亲收养了他十多年，没想到关门养虎，虎大伤人，却被儿子杀了.
그의 아버지가 그를 십여 년 동안 수양아들로 키우더니 뜻밖에 화를 자초하여 아들에게 살해되었다.

② 和那个人来往，非常危险，难道你没有听说过『关门养虎，虎大伤人』这句俗话吗?
그 사람과 왕래하는 것은 매우 위험한 일이다 설마 당신은 화를 자초한다는 속담을 들어본 적이 없는 것이 아니겠지요?

---

1. 戏法：마술，요술
2. 人人：사람마다
3. 收养：수양하다
4. 养：키우다
5. 来往：왕래하다
6. 难道：설마
7. 听说：듣건대

258. 有眼不识泰山

yǒuyǎnbùshíTàishān

直译 : 눈이 있어도 태산을 알아보지 못한다.
意译 : 무식하다. 실례를 하였다(실수한다).

① 他竟然连王校长也不认识, 真是有眼不识泰山
그는 왕교장 선생님마저도 모르다니 정말 무식하구나.

② 对不起, 我有眼不识泰山, 不知道你就是李院长.
죄송합니다. 제가 실례하였습니다. 당신이 바로 이교장 선생님이란 것을 몰랐습니다.

259. 有冤报冤, 有仇报仇

yǒuyuānbàoyuān, yǒuchóubàochóu

直译 : 원한이 있으면 원한을 갚고 원수가 있으면 원수를 갚는다.
意译 : 원수가 있으면 갚는다.

① 有冤报冤, 有仇报仇, 如果我有对不起你的地方, 你就说出来.
원한이 있으면 갚아야 하오. 만약 내가 당신에게 잘못된 점이 있으면 말해 보시오.

② 有冤报冤, 有仇报仇, 我不会逃走的.
원한이 있으면 갚아야 하오. 나는 도망가지 않을 걸세.

---

1. 竟然 : 뜻밖에
2. 认识 : (사람을) 알다, 인식하다
3. 不识 : 모른다
4. 冤 : 원한
5. 有…. 的地方 : … 점이 있다, …곳이 있다
6. 说出来 : 말해 버리다

260. 有缘千里来相会，无缘对面不碰头

yǒuyuánqiānlǐláixiānghuì，wúyuánduìmiànbúpèngtóu

直译 : 인연이 있으면 천리 먼 길이 떨어져 있어도 만날 것이며 인연이 없으면 서로 마주쳐도 모른다.

意译 : 무엇이든지 인연이 있어야 한다.

① 有缘千里来相会，无缘对面不碰头，他们两个人认识这么久还没有结婚，大概是没缘分.

무엇이든 간에 인연이 있어야 한다. 그 두 사람은 이렇게 오랫동안 사귀었는데도 결혼하지 못하니 아마 인연이 없는 모양이지요.

② 有缘千里来相会，无缘对面不碰头，如果不是和你有缘，我怎么会在这里再遇到你呢?

무엇이든 간에 인연이 있어야 한다. 만약에 당신과 인연이 없다면 내가 어떻게 여기서 다시 당신을 만날 수 있겠습니까?

261. 有钱能使鬼推磨

yǒuqiánnéngshǐguǐtuīmò

直译 : 돈만 있으면 귀신으로 하여금 맷돌질하게 할 수 있다.

意译 : 돈만 있으면 안 되는 일이 없다.

① 有钱能使鬼推磨，只要给他钱，什么事他都敢做.

돈만 있으면 안되는 일이 없어. 그에게 돈만 주면 무슨 일이든지 무서워할 줄 모르고 맡아서 한다.

② 有钱能使鬼推磨的时代已经过去了

돈만 있으면 안 되는 일이 없다는 시대는 벌써 지났다.

---

1. 碰头 : 만나다, 머리를 대다
2. 大概 : 아마, 대개
3. 缘分 : 연분, 인연
4. 推磨 : 맷돌질을 하다
5. 什么都 …都 : 무엇이든 간에 다…
6. 敢 : …할 용기가 있다

262. 有意栽花花不开，无心插柳柳成荫

yǒuyìzāihuāhuābùkāi, wúxīnchāliǔliǔchéngyīn

直译 : 꽃을 심을 뜻이 있어 꽃을 심었으나 꽃은 피지 않고 무심코 버들가지를 꽂았더니 나무 그늘을 이루었다.

意译 : 세상만사는 제 뜻대로 아니고 의외가 많다.

① 在大学念中文系的时候, 学了一点日文, 没想到现在成了日文系教授, 真是有意栽花花不开, 无心插柳柳成荫啊!
대학에서 중문과를 다녔을 때 일어를 조금 배웠는데 뜻밖에 일문과 교수가 되었다니 정말 세상만사 제 뜻대로 아니고 의외가 많구나!

② 我爱的是张小姐, 没想到却和张小姐的朋友结了婚, 真是有意栽花花不开, 无心插柳柳成荫啊!
내가 사랑한 사람은 장양인데 의외로 장양의 친구와 결혼했으니 정말 세상만사는 제 뜻대로 되는 게 아니고 의외가 많구나!

263. 江山易改，本性难移

jiāngshānyìgǎi, běnxìngnányí

直译 : 강산은 쉽게 바뀔 수 있어도 사람의 본성은 쉽게 고칠 수 없다.

意译 : 보리로 담근 술 보리 냄새가 안 빠진다.

① 江山易改, 本性难移, 他又偷东西了.
보리로 담근 술 보리 냄새가 안 빠진다더니 그 사람이 또 물건을 훔쳤습니다.

② 你怎么又迟到了! 真是江山易改, 本性难移啊!
당신은 어째서 또 지각했어요! 정말 보리로 담근 술 보리 냄새가 안 빠진다더니!

---

1. 中文系 : 중문과
2. 没想到 : 뜻밖에
3. 栽花 : 꽃을 심다
4. 开 : 피다, 몰다, 끓다, 열다
5. 插柳 : 버드나무를 꽂다
6. 荫 : 그늘
7. 移 : 이동하다
8. 迟到 : 지각하다

264. 老王卖瓜，自卖自夸

lǎowángmàiguā，zìmàizìkuā

直译 : 왕씨가 수박을 팔면서 자기의 수박은 달다고 한다.
意译 : 자화자찬.

① 你别老王卖瓜，自卖自夸了！你的中国话还差得远呢!
당신 자화자찬하지 마라! 당신의 중국말은 아직 멀었다.

② 他是一个喜欢老王卖瓜，自卖自夸的人.
그 사람은 자화자찬하기를 좋아하는 사람이다.

265. 老虎头上拍苍蝇

lǎohǔtóushàngpāicāngying

直译 : 호랑이 머리에다가 파리를 때려 잡는다.
意译 : 자는 범 코침주기.

① 你想和他打架? 简直就是老虎头上拍苍蝇.
당신이 그와 싸우려고 하는 것은 완전히 자는 범 코침주기 격이다.

② 你不要老虎头上拍苍蝇，他可不是好惹的.
당신은 자는 범 코침주기 식으로 하지 마라. 그는 건들기가 쉬운 상대가 아니다.

---

1. 别 : …하지 마라
2. 自夸 : 스스로 자랑하다
3. 差得远 : (좋은 것과) 멀었다, 많이 모자라다
4. 打架 : 싸우다
5. 拍 : 치다
6. 苍蝇 : 파리
7. 可 : 결코
8. 惹(rě) : 건들이다

266. 老婆是人家的好，孩子是自己的好

lǎoposhìrénjiādehǎo, háizishìzìjǐdehǎo

直译 : 처는 남의 처가 곱고 자식은 제 새끼가 곱다.

意译 : 처는 남의 처가 곱고 자식은 제 새끼가 곱다.

① 俗话说：老婆是人家的好，孩子是自己的好，所以你对自己的爱人总是不满意.
속담에 처는 남의 처가 곱고 자식은 제 새끼가 곱다고 하다. 그래서 당신은 늘 자기의 배우자에 대하여 만족하지 않는군요.

② 老婆是人家的好，孩子是自己的好，他怎么会不爱自己的孩子呢?
처는 남의 처가 곱고 자식은 제 새끼가 곱다고 하는데 그가 자기의 아이들을 사랑하지 않을 수 있겠습니까?

267. 成事不足，败事有馀

chéngshìbùzú, bàishìyǒuyú

直译 : 일을 도울 것이 못되고 일을 망치기가 충분하다.

意译 : 부조는 않더라도 제상이나 치지 말라.

① 他是一个成事不足，败事有馀的人.
그는 일을 돕기는커녕 일을 망치기가 충분한 사람이다.

② 你为什么那么做呢? 真是成事不足，败事有馀.
넌 왜 그렇게 해야 했니? 정말 일을 도울 것이 못되고 일을 망치기가 충분하구나.

---

1. 人家 : 자기, 그대, 다른 사람
2. 总是 : 늘
3. 成事 : 일을 이루다
4. 败事 : 일을 망치다

268. 忍字头上一把刀

rěnzìtóushàngyìbǎdāo

直译 : 참을 忍자의 위에는 칼 한 자루가 있다

意译 : 참을 忍자 위에는 칼 한 자루가 있다. 참는 것은 어려운 일이지만 참아야 한다.

① 忍字头上一把刀, 我劝你还是再忍忍吧!
참을 忍자의 위에는 칼 한 자루가 있다. 내가 권하건데 당신이 역시 좀 더 참으시지요.

② 忍耐是很痛苦的一件事, 但是我们要记著 : 忍字头上一把刀, 再怎么痛苦, 我们都要忍耐.
참는 것은 매우 고통스러운 일이다. 그러나 우리는 "참을 忍자의 위에는 칼 한 자루가 있다"라는 것을 기억하여야 한다. 아무리 고통스러운 일이라도 우리는 참아야 한다.

269. 却之不恭, 受之有愧

quèzhībùgōng, shòuzhīyǒukuì

直译 : 사양하면 공경스럽지 못하고 받으면 부끄럽다.

意译 : 사양하지도 못하고 받을 수도 없는 상황이다.

① 他要给我一千万块钱, 我觉得却之不恭, 受之有愧, 你说我怎么办才好呢?
그는 나에게 천만원을 주려고 하는데 나는 사양하지도 못하고 받을 수도 없는 상황이다. 당신이 말해 보세요. 내가 어떻게 하면 좋겠어요?

② 你的称赞, 我却之不恭, 受之有愧, 只好说一声谢谢了.
당신의 칭찬은 내가 사양하지도 못하고 받을 수도 없는 상황이니까 할 수 없이 감사합니다라는 이 한마디만 하겠습니다.

---

1. 忍忍 : 좀 참는다
2. 觉得 : 느끼다, 생각하다
3. 却之 : 사양하다
4. 有愧 : 부끄럽다

270. 你走你的阳关道，我过我的独木桥

nǐzǒunǐdeyángguāndào，wǒguòwǒdedúmùqiáo

直译：당신은 당신의 큰 길을 가고 나는 나의 외나무 다리를 걷는다.
意译：서로 가섭하지 말자.

① 你走你的阳关道，我过我的独木桥，请你不要干涉我私人的事情.
당신은 당신의 큰 길을 가고 나는 나의 외나무 다리를 걷겠어요. 내 사적인 일에 간섭하지 마세요.

② 李夫人对李先生说：从今天起，你走你的阳关道，我过我的独木桥，我们之间的爱情已经不存在了.
이씨 아주머니가 이선생에게 말하기를 : 『오늘부터 당신은 당신의 큰 길을 가고 나는 나의 외나무 다리를 걷겠소. 우리 사이의 애정은 벌써 존재하지 않소』라고 하였다.

271. 初生之犊，不怕虎

chūshēngzhīdú，búpàhǔ

直译：하룻 송아지 범 무서운 줄 모른다.
意译：하룻 강아지 범 무서운 줄 모른다.

① 他竟然敢向我挑战，真是初生之犊，不怕虎.
그가 뜻밖에 나에게 도전할 용기가 있다니 정말 하룻강아지 범 무서운 줄 모르는군.

② 俗话说：初生之犊，不怕虎，只有年青人才敢去非洲国家工作.
속담에 하루 송아지 범 무서운 줄 모른다고 하듯이 젊은 사람만이 아프리카 국가에 일을 하러 갈 용기가 있다.

---

1. 阳关道：대로. 큰 길
2. 独木桥：외나무 다리
3. 犊(dú)：송아지

272. 君子之交淡如水，小人之交甜如蜜

jūnzǐzhījiāodànrúshuǐ, xiǎorénzhījiāotiánrúmì

直译 : 군자들의 사귐은 물과 같이 담담하고 소인배들의 사귐은 꿀과 같이 달콤하다.

意译 : 군자들은 의리로 사귀고 소인배들은 달콤한 말로 사귄다.

① 君子之交淡如水, 小人之交甜如蜜, 我们两个人都是君子的话, 何必每天粘在一起呢?

군자들의 사귐은 물과 같이 담담하고 소인배들의 사귐은 꿀과 같이 달콤하다. 우리가 군자라면 날마다 같이 붙어있을 필요가 있습니까?

② 我的父亲说 : 君子之交淡如水, 小人之交甜如蜜, 真正的朋友是不必酒肉来往的.

우리 아버지가 "군자들의 사귐은 물과 같이 담담하고 소인배들의 사귐은 꿀과 같이 달콤하다. 진정한 친구는 술과 고기로 사귀는 것이 아니다"고 말씀을 하셨다.

273. 君子不记小人过

jūnzǐbújìxiǎorénguò

直译 : 군자는 소인의 잘못을 기억하지 않는다.

意译 : 상대방의 용서를 받아들인다는 말이다.

① 君子不记小人过, 你为什么那么恨我呢?

군자는 소인의 잘못을 기억하지 않는다고 하는데 당신은 왜 나를 그렇게 미워합니까?

② 君子不记小人过, 他已经认错了, 你就原谅他一次吧!

군자는 소인의 잘못을 기억하지 않는다고 하잖아요. 그가 벌써 잘못을 인정하였는데 당신은 그를 한번 용서하시지요!

---

1. 淡 : 싱겁다, 엷다
2. 甜 : 달다
3. 蜜 : 꿀
4. 靠 : 의지하다, 기대다
5. 粘 : 진득진득 붙다
6. 记 : 기억하다, 따지다
7. 认错 : 잘못을 시인하다
8. 原谅 : 용서하다

274. 君子一言，驷马难追

jūnzǐyìyán, sìmǎnánzhuī

直译：군자의 한마디 말은 천리 말도 따라갈 수 없다.

意译：약속(신용)을 지켜야 한다.

① 你已经答应我了，君子一言既出，驷马难追，不可以後悔!
당신은 벌써 나와 약속을 했소. 군자의 한마디 말은 천리 말도 따라갈 수 없다 하니 약속을 지켜야 합니다. 후회하면 안 됩니다.

② 你既然已经同意给我一万块钱了，君子一言既出，驷马难追，你一定要给我!
너가 기왕 나에게 만원을 주기로 동의했으니 약속을 지켜야 돼. 군자의 한마디 말은 천리 말도 따라갈 수 없다잖아. 꼭 내게 줘야 해!

275. 君子动口，小人动手

jūnzǐdòngkǒu, xiǎoréndòngshǒu

直译：군자는 입을 사용하며 소인은 손을 사용한다.

意译：싸우지 말고 말로 해결하자.

① 俗话说：君子动口，小人动手，如果你是君子，就不要动粗的.
속담에 군자는 입으로 일을 처리하고 소인은 싸움으로 일을 해결한다는 말이 있는데 당신이 군자라면 싸움짓거리 하지 마라!

② 君子动口，小人动手，你们不要再打架了好不好?
군자는 입으로 일을 처리하고 소인은 싸움으로 일을 처리한다니까 당신네들은 더 이상 싸우지 마라!

---

1. 答应：허락하다
2. 既出：기왕 나왔으면
3. 驷马：말 네 마리
4. 难追：따라가기가 어렵다
5. 动手：시작하다, 손을 쓰다
6. 动粗的：폭력을 동원하다, 싸우다

276. 男大当婚，女大当嫁

nándàdānghūn, nǚdàdāngjià

直译 : 남자가 크면 장가를 가야 하고, 여자가 크면 시집을 가야 한다.

意译 : 누구든지 크면 결혼하여야 한다.

① 男大当婚，女大当嫁，你已经四十岁了，为什么还不快结婚呢?
남자가 크면 장가를 가야 하고 여자가 크면 시집을 가야 한다는데 당신은 벌써 사십 세가 됐는데 왜 빨리 결혼하지 않는가?

② 男大当婚，女大当嫁. 虽然他不是非常理想的对像，但是也勉强将就吧!
남자가 크면 장가를 가야 하고 여자가 크면 시집을 가야 한다하니, 비록 그 사람이 아주 이상적인 상대가 아니어서 억울하지만 참으시지요.

277. 佛是金装，人是衣裳

fóshìjīnzhuāng, rénshìyīshang

直译 : 부처님은 금박을 필요로 하고 사람은 옷을 필요로 하다.

意译 : 옷은 체면이다

① 佛是金装，人是衣裳，你去参加宴会怎么可以不穿韩服呢?
부처님은 금박을 필요로 하고 사람은 옷을 필요로 한다는데 당신은 연회에 참석하러 가면서 어떻게 한복을 입지 않을 수 있습니까?

② 佛是金装，人是衣裳. 他每天穿得像王子一样，什么人敢看不起他呢?
부처님은 금박을 필요로 하고 사람은 옷을 필요로 한답니다, 그 사람은 날마다 왕자처럼 옷을 입고 다니는데 누가 그를 얕보겠습니까?

---

1. 当 : 응당히, 당연히
2. 嫁 : 시집가다
3. 对象 : 상대
4. 勉强 : 억지로, 마지 못해, 무리하게
5. 金装 : 금박으로 장식하다
6. 看不起 : 얕보다

278. 快刀斩乱麻

kuàidāozhǎnluànmá

直译 : 잘 드는 칼로 엉켜진 마를 잘라버린다.

意译 : 마른 나무 꺾기. 일이 복잡하게 엉켜질 때 과감하게 처리하여야 한다.

① 这件事情太复杂了, 你一定要快刀斩乱麻, 赶快把它解决.
이 일은 너무 복잡하다. 당신은 반드시 잘 드는 칼로 엉켜진 마를 잘라버리 듯이 이 일을 빨리 해결하여야 한다.

② 你的女朋友太多了, 将来一定会惹麻烦的, 我劝你用快刀斩乱麻的方法, 赶快整理整理.
당신은 여자 친구가 너무 많아서요. 앞으로 틀림없이 골칫거리를 일으킬 것이다. 내가 권하건대 말이 잘 드는 칼로 엉켜진 마를 잘라버리 듯이 빨리 정리하세요.

279. 伸手不打笑脸人

shēnshǒubùdǎxiàoliǎnrén

直译 : 손을 내밀어도 웃는 사람을 때리지 않는다.

意译 : 웃는 얼굴에 뺨을 못친다. 웃는 얼굴에 침을 뱉을 수 없다.

① 俗话说 : 伸手不打笑脸人, 脸上常带笑容, 总是好的.
속담에 웃는 얼굴에 침을 뱉을 수 없다니까 좌우간 얼굴에 항상 웃음을 띠는 것은 좋은 일이다.

② 他要打你的时候, 你就笑笑看, 俗话说 : 伸手不打笑脸人, 也许他就不打你了.
그 사람이 널 때리려고 할 때 너가 좀 웃어봐. 속담에 웃는 얼굴에 침을 뱉을 수 없다니까 아마 그는 널 때리지 않을지도 몰라.

---

1. 麻 : 마, 삼베
2. 赶快 : 어서, 빨리
3. 惹 : 건드리다
4. 麻烦 : 골칫거리
5. 整理整理 : 좀 정리하다
6. 伸手 : 손을 내밀다
7. 脸 : 얼굴
8. 总是 : 늘, 반드시, 아무튼
9. 也许 : 아마

280. 走得了和尚，走不了庙

zǒudeliǎohéshang, zǒubùliǎomiào

直译 : 중이 떠나도 절은 남아 있다.

意译 : 중이 떠나도 절은 남아 있다.

① a. 李先生向我借了一千万块钱，到现在也不还我，怎么办才好?

미스터리는 나한테 천만 원을 빌려갔는데 지금까지도 나에게 돌려주지 않으니 내가 어떻게 하면 좋겠어요?

b. 放心，走得了和尚，走不了庙，我们可以去向他的父亲去要钱.

걱정마세요. 중이 떠나도 절은 남아 있는 법. 우리는 그의 아버지한테 가서 갚아달라고 하면 된다.

281. 秀才不出门，能知天下事

xiùcaibùchūmén, néngzhītiānxiàshì

直译 : 수재는 문 밖에 나가지 않아도 천하의 일을 알 수 있다.

意译 : 공부를 많이 하면 많이 알 수 있다.

① 秀才不出门，能知天下事，虽然我很少外出，但是政局的发展，我了如指掌.

수재는 문 밖에 나가지 않아도 천하의 일을 알 수 있다. 비록 나는 외출을 잘 하지 않지만 정국의 발전은 손바닥처럼 잘 안다.

② 他每天看电视，看报纸，所以虽然不出门，对时事也非常了解. 这就是所谓的 : 秀才不出门，能知天下事.

그 사람은 날마다 T.V.를 보고 신문을 봐서 비록 문 밖에 나가지 않더라도 시사에 대해 잘 안다. 이것은 바로 소위"수재는 문 밖에 나가지 않아도 천하의 일을 알 수 있다"는 것이다.

---

1. 走得了 : 갈 수 있다
2. 走不了 : 갈 수 없다
3. 要 : 요구하다, …야 한다
4. 了解 : 안다
5. 指掌 : 손가락, 손바닥

282. 秀才人情纸一张

xiùcáirénqíngzhǐyìzhāng

直译 : 수재의 교제수단은 종이 한 장이다.

意译 : 돈이 없는 사람의 의사표시(감사, 축하)는 글로 한다.

① a. 他弟弟要结婚了, 我们送他什么礼物才好呢?
그의 동생이 결혼할 예정인데 우리가 그에게 무슨 선물을 주면 좋을까요?

b. 秀才人情纸一张, 像我们这种教书匠, 只能写张字画给他了.
돈이 없는 사람의 축하표시는 글뿐이니까 우리와 같이 교편생활을 하는 사람은 다만 글이나 그림을 선사할 수 있을 뿐이다.

283. 言者无心, 听者有意

yánzhěwúxīn, tīngzhěyǒuyì

直译 : 말을 한 사람은 본의가 아니지만 듣는 사람은 오해한다.

意译 : 말을 조심해서 해라.

① 我不小心说了一句 : "姓王的都不是好东西", 没想到言者无心, 听者有意, 王先生竟然误会以为我是在骂他.
내가 실수를 해서 "왕씨는 다 나쁜 놈이다"고 하였는데 말을 한 사람은 본의가 아니지만 뜻밖에 듣는 사람은 오해한다더니 왕선생은 내가 그를 욕하고 있는 줄 알고 오해하였다.

② 我说李小姐真苗条, 没想到我的女朋友却误会以为我在说她太胖了, 真是言者无心, 听者有意呀.
나는 이양이 날씬하다고 했는데 뜻밖에 나의 여자 친구는 내가는 그녀를 살이 너무 많다고 비꼬고 있는 줄 알고 오해하였다. 정말 말을 조심해야겠구나.

---

1. 礼物 : 선물
2. 教书匠 : 교편을 잡는 사람
3. 字画 : 글이나 그림
4. 言者 : 말하는 사람
5. 听者 : 듣는 사람
6. 以为 : … (잘못)인 줄 알다
7. 苗条 : 날씬하다
8. 胖 : 뚱뚱하다

284. 来而不往非礼也

láiérbùwǎngfēilǐyě

直译 : 온 것만 있고 가는 것이 없으면 예의가 아니다.
意译 : 오는 정이 있어야 가는 정이 있다.

① 来而不往非礼也, 既然你我这么多东西, 我怎么能不回送给你呢?
오는 정이 있어야 가는 정이 있다잖소. 당신이 나에게 이렇게 많은 것을 주는데 내가 어찌 당신에게 선사하지 않을 수 있겠소?

② 去年过年的时候, 他送了我一箱梨子, 来而不往非礼也, 所以今年我也要送他一箱芒果.
작년 설날에 그가 나에게 배 한 상자를 주었다. 주는 정이 있어야 가는 정이 있는 법. 그래서 올해 나는 그에게 망과 한 상자를 드리려고 한다.

285. 来者不善, 善者不来

láizhěbúshàn, shànzhěbùlái

直译 : 온 사람은 좋은 사람이 없고 마음씨가 좋은 사람은 안 온다.
意译 : 앙심을 품고 온 사람이다.

① 小心! 来者不善, 善者不来, 他也许准备了刀子要杀你呢.
조심해! 앙심을 품고 온 사람이니까, 아마 칼을 준비해서 너를 죽이려고 할지도 모른다.

② 吴老师今天是来者不善, 善者不来, 一定会有临时考试的.
오선생님은 오늘 뜻을 갖고 있는 깊은 사람이니까 반드시 기습시험을 칠 것이다.

---

1. 来而不往 : 오기만 하고 가지 않다
2. 梨子 : 배
3. 芒果 : 망과
4. 临时考试 : 임시시험

286. 纸包不住火

zhǐbāobúzhùhuǒ

直译 : 종이는 불을 쌀 수 없다.

意译 : 진상은 조만간 드러날 것이다.

① 纸包不住火, 他和李太太通奸的事, 终於被李先生知道了.
종이는 불을 쌀 수 없다. 그와 이씨 아주머니와 간통하는 일이 마침내 이선생에게 알려졌다.

② 你不要说谎, 纸包不住火, 迟早大家都会知道的.
당신은 거짓말을 할 필요가 없다. 종이는 불을 쌀 수 없는 법. 조만간 모든 사람들이 다 알 것이다.

287. 财大气粗

cáidàqìcū

直译 : 돈이 많으면 기고만장하다.

意译 : 돈이 많으면 오만해진다.

① 他有钱了以後, 说话的声音都大起来了, 真是财大气粗啊.
그는 돈이 많아진 후, 말하는 소리조차 커졌다. 정말 돈이 많으면 오만해지는구나.

② 财大气粗, 有钱人的脸色实在难看.
돈이 많으면 오만해진다더니 부자들의 얼굴들은 정말 보기 싫다.

---

1. 包不住 : 쌀 수 없다
2. 通奸 : 간통하다
3. 说谎 : 거짓말을 하다
4. 迟早 : 조만간
5. (连)… 都 : 마저도
6. 财大气粗 : 돈이 있어서 오만하다
7. 脸色 : 안색, 얼굴

288. 财去人安乐

cáiqùrénānlè

直译 : 돈이 가면 사람이 평안하다.
意译 : 돈을 잃었지만 사람이 무사하다.

① 虽然钱被强盗抢走了, 但是却没有人受伤, 财去人安乐, 这也是不幸中之大幸.
비록 돈은 강도에 약탈당하였지만 그러나 부상당한 사람이 없어서 돈이 가면 사람이 평안하다는 격이 되었다. 이것도 불행 중의 다행이다.

② 财去人安乐, 虽然我们被骗了一百万块钱, 但是却没有任何人受伤, 我们不要和他计较了.
돈이 가면 사람이 평안하다. 비록 우리는 백만 원을 사기 당하였지만 그러나 부상당한 사람이 하나도 없으니 우리는 그와 따지지 말자

289. 财去人情去

cáiqùrénqíngqù

直译 : 돈이 없으면 인정도 가버린다.
意译 : 돈이 없으면 상관할 사람도 없다.

① 财去人情去, 他现在落魄了, 所以一个朋友也没有.
돈이 없으면 인정도 떠나는 법. 그가 지금 액운을 당하고 있으니 친구는 하나도 없다.

② 以前他有钱的时候, 每个人都想和他做朋友, 现在他没钱了, 财去人情去, 没有一个人愿意帮助他.
옛날 그가 돈이 있을 때 사람마다 그와 친구로 사귀고 싶어 했는데, 지금 그가 돈이 없어지니까 돈이 없으면 인정도 가버리듯이 그를 도우려고 하는 사람이 하나도 없다.

---

1. 抢走 : 빼앗아 가다
2. 任何人 : 누구라도
3. 落魄 : 불운에 빠지다

290. 穷则变，变则通

qióngzébiàn, biànzétōng

直译：궁하면 변하다, 변하면 통하다.

意译：궁즉변, 변즉통이다.

① 穷则变，变则通，有困难的时候，就要赶快想变通的办法，绝对不可以固执不通.
궁즉변, 변즉통이다. 어려움이 있을 때 빨리 변통할 방법을 생각하여야 한다, 고집불통이면 절대로 안 된다.

② 你不要怕，穷则变，变则通，好好动动脑筋，一定会想出来解决的方法.
당신은 두려워하지 마세요. 궁즉변, 변즉통인데 머리를 잘 쓰면 반드시 해결할 방법을 찾을 수 있을 겁니다.

291. 鸡蛋里挑骨头

jīdànlitiāogǔtou

直译：계란속에 뼈를 찾는다.

意译：두부속 가시를 찾는다. 시비를 건다.

① 他是一个专门鸡蛋里挑骨头的人，所以很难相处.
그는 전문적으로 두부 속에 가시를 찾는 사람이다. 그래서 같이 지내기가 힘들다.

② 你为什么要鸡蛋里挑骨头，难道我和你有仇吗?
당신은 왜 두부 속 가시를 찾으려고 합니까? 설마 나와 감정이 있는 것이 아니겠지요.

---

1. 赶快：어서, 빨리
2. 脑筋：머리, 뇌
3. 动脑筋：머리를 쓰다
4. 想出来：생각해 내다
5. 专门：전문적으로
6. 挑：쳐들다, 들어올리다
7. 骨头：뼈
8. 相处：같이 지내다
9. 仇：원한

292. 识时务者为俊杰

shíshíwùzhěwéijùnjié

直译 : 시무를 아는 사람이 똑똑한 사람이다.

意译 : 상황판단을 잘하는 사람이 똑똑한 사람이다.

① 识时务者为俊杰, 我劝你不要管这件事.
상황판단을 잘하는 사람이 똑똑한 사람이니 내가 권하건대 당신은 이 일에 관여하지 말라.

② 我看情况不好, 识时务者为俊杰, 还是和他们妥协吧!
내가 보기에는 상황이 별로 좋지 않습니다. 상황판단을 잘하는 사람이 똑똑한 사람이니, 역시 그들과 타협합시다.

293. 两虎相斗, 必有一伤

liǎnghǔxiāngdòu, bìyǒuyìshāng

直译 : 두마리의 호랑이가 서로 싸우면 반드시 한마리가 부상당한다.

意译 : 서로 싸우지 말자.

① 两虎相斗, 必有一伤, 我们两个人为什么要打架呢?
두 마리의 호랑이가 서로 싸우면 반드시 한 마리가 부상당하게 되는 거요. 우리가 왜 싸워야 합니까?

② 他们两个人互相攻击, 两虎相斗, 必有一伤, 为什么要这样做呢?
그들 두 사람은 서로 공격하는데 두 마리의 호랑이가 서로 싸우면 반드시 한 마리가 부상당하게 되는 법. 왜 이렇게 하여야만 하는가?

---

1. 俊杰 : 똑똑한 사람
2. 管 : 관리하다, 간섭하다
3. 情况 : 상황
4. 还是 : 역시
5. 相斗 : 서로 싸우다
6. 互相 : 서로

294. 近水楼台先得月

jìnshuǐlóutáixiāndéyuè

直译 : 물에 가까운 누각이 먼저 달님을 따게 된다.

意译 : 지리적으로 가까운 사람이 유리하다.

① 近水楼台先得月, 他果然和隔壁的李小姐结婚了.
물에 가까운 누각이 먼저 달님을 따게 된다더니 그 사람이 과연 이웃집의 이양과 결혼하였다.

② 你每天和王小姐一起上下班, 近水楼台先得月, 我怎么能和你竞争呢?
당신은 날마다 왕양과 같이 출퇴근하는군요. 물에 가까운 누각이 먼저 달님을 따게 된다고 하는데 내가 어떻게 당신과 경쟁할 수 있겠습니까?

295. 近朱者赤, 近墨者黑

jìnzhūzhěchì, jìnmòzhěhēi

直译 : 빨강색에 가까이 하면 빨갛게 되고 먹에 가까이 하면 검게 된다.

意译 : 먹에 가까이 하면 검어진다.

① 俗话说 : 近朱者赤, 近墨者黑, 你每天和那个坏学生在一起, 我怎么能不担心呢?
속담에 빨간색에 가까이 하면 빨갛게 되고 먹에 가까이 하면 검게 된다는데 당신이 날마다 그 나쁜 학생과 같이 있으니 내가 어떻게 걱정하지 않을 수 있겠습니까?

② 近朱者赤, 近墨者黑, 我们选择朋友的时候, 一定要小心.
빨간색에 가까이 하면 빨갛게 되고 먹에 가까이 하면 검게 된다. 우리는 친구를 선택할 때 반드시 조심하여야 한다.

---

1. 楼台 : 누각
2. 隔壁 : 시웃 집
3. 上下班 : 출 퇴근
4. 怎么能不 : 어떻게 하지 않을 수 있을까?
5. 小心 : 조심하다

296. 放下屠刀，立地成佛

fàngxiàtúdāo, lìdìchéngfó

直译 : 도살 칼을 놓으면 선 자리에서 당장 부처가 될 수 있다.

意译 : 회개하면 즉각 성인이 될 수 있다.

① 老王呀! 放下屠刀，立地成佛，赶快戒赌吧!

왕형! 회개하면 즉각 성인이 될 수 있다니까 하루 속히 노름을 끊으십시오.

② 他决心不再做坏事以後，人完全变了，现在到处受人尊敬，真是放下屠刀，立地成佛!

그는 다시는 나쁜 짓을 하지 않기로 결심한 후, 사람이 완전히 달라졌어요. 지금 어디 가든지 사람들의 존경을 받아요. 정말 회개하면 즉각 성인이 될 수 있구나.

297. 放长线，钓大鱼

fàngchángxiàn, diàodàyú

直译 : 낚시줄을 길게 하여 큰 고기를 낚는다.

意译 : 계획을 잘 세워 큰 수확을 올린다.

① 放长线，钓大鱼，你为什么要这么性急呢?

낚시줄을 길게 하여 큰 고기를 낚는다는데 당신은 왜 이렇게 성급합니까?

② 小心，也许他是放长线，钓大鱼，你要步步小心.

조심해. 아마 그가 낚시줄을 길게 하여 큰 고기를 낚으려고 할는지도 모르니까. 넌 한 걸음 한 걸음 모두 다 조심해야 해.

---

1. 屠刀 : 도살 칼
2. 立地 : 서는 땅
3. 戒赌 : 도박을 끊다
4. 受人尊敬 : 사람의 존경을 받다
5. 钓 : 낚다
6. 步步 : 한 걸음 한 걸음

298. 狗改不了吃屎

gǒugǎibùliǎochīshǐ

直译: 개는 똥을 먹을 버릇을 고치지 못한다.

意译: 개 버릇 남 못 준다.

① 狗改不了吃屎, 他又开始抽烟了.
개 버릇 남 못준다더니. 그 사람은 또 다시 담배를 피우기 시작하였다.

② 他上次说再也不偷东西了, 但是没过两天, 又偷了别人的东西, 真是狗改不了吃屎.
그는 지난 번에 다시는 남의 물건을 훔치지 않겠다고 했지만 며칠을 지나지 않아 또 남의 물건을 훔쳤다. 정말 개 버릇 남 못주는구나.

299. 狗咬吕洞宾, 不识好人心

gǒuyǎolǚdòngbīn, bùshíhǎorénxīn

直译: 개가 여동빈을 물다니 좋은 사람의 마음을 몰라준다.

意译: 기르던 개에게 다리를 물렸다.

① 狗咬吕洞宾, 不识好人心, 我想帮助他, 没想到他却要和我打架.
기르던 개에게 다리를 물렸다. 나는 그를 도와주려고 하였는데 뜻밖에 그가 나와 싸우려고 한다.

② 你要小心, 他是一个疑心病很强的人, 说不一定他会狗咬吕洞宾, 不识好人心, 把你告了.
당신은 조심하여야 해요. 그는 의심증이 매우 심각한 사람이니까 기르던 개에게 다리를 물리는 식으로 그가 당신을 고소할는지도 몰라요.

---

1. 改不了 : 고칠 수 없다
2. 屎 : 똥
3. 再也… 不… : 다시 더 이상 … 치 않다
4. 过 : 지내다
5. 吕洞宾 : 중국神话 八仙중의 한 사람
6. 咬 : 물다
7. 不识 : 모른다
8. 说不一定 : …일지 모른다
9. 告 : 고소하다, 밀고하다

300. 狗眼看人低

gǒuyǎnkànréndī

直译 : 개 눈에는 사람이 낮게 보인다.
意译 : 개눈에는 똥만 보인다. 남을 얕보면 안 된다.

① 你不要狗眼看人低, 说不定他会当总统的.
당신은 사람을 얕보지 마세요. 그 사람이 앞으로 대통령이 될는지도 모르니까.

② 虽然他现在成绩不好, 但是你不可以狗眼看人低, 像他这样诚实的人, 一定会成功的.
그는 비록 지금 성적이 안 좋지만 당신은 사람을 얕보면 안 돼요. 그 사람과 같이 성실한 사람은 앞으로 필히 성공할 겁니다.

301. 狗嘴里长不出象牙

gǒuzuǐlǐzhǎngbùchūxiàngyá

直译 : 개의 입속에는 상아가 나지 않는다.
意译 : 무식한 사람이 무식한 말을 한다.

① 他每天用脏话骂人, 真是狗嘴里长不出象牙来.
그 사람은 날마다 더러운 말로 남을 욕해. 정말 개 입에서 상아는 나지 않는다는 격이다.

② 你为什么又骂人? 真是狗嘴里长不出象牙来.
넌 왜 또 사람에게 욕을 했니, 정말 개 입에서 상아는 나지 않는다는 격이구나.

---

1. 总统 : 대통령 (한국말 "총통"과의 뉘앙스가 다르다)
2. 脏话 : 더러운 말
3. 骂 : 욕을 하다
4. 长不出来 : 자라가 나올 수 없다

302. 狗拿耗子多管闲事

gǒunáhàozǐduōguǎnxiánshì

直译 : 개가 쥐를 잡는 쓸데없는 일에 참견하다.

意译 : 쓸데없이 참견한다.

① 狗拿耗子多管闲事, 你不要管我们夫妻的事!
쓸데없이 남의 일에 참견하네! 당신은 우리 부부의 일에 상관하지 말아요!

② 他最喜欢狗拿耗子多管闲事, 那件事明明和他一点关系都没有, 他也想管.
그는 쓸데없이 남의 일에 참견하기를 가장 좋아한다. 저 일은 분명히 그와 조금도 관계가 없는데도 그가 간섭하려고 한다.

303. 柝东墙, 补西壁

tuòdōngqiáng, bǔxībì

直译 : 동쪽벽을 헐어서 서쪽 담을 보수한다.

意译 : 밑돌을 빼서 웃돌을 고이는 격. 문제를 근본적으로 해결하지 않고 임시변통식으로 처리한다.

① 你向李先生借钱还金先生, 这样子柝东墙, 补西壁, 究竟将来想怎么办呢?
당신은 이선생에게서 돈을 빌려서 김선생에게 갚아주고, 문제를 근본적으로 해결하지 않고 임시변통식으로 해대니 처리하니까 앞으로 도대체 어떻게 하려고 해요?

② 我的工资太少了, 不得不每个月借支, 柝东墙, 补西壁, 真是没办法的事.
내 월급이 너무 적어서 할 수 없이 달마다 가불해요 문제를 근본적으로 해결하지 못하니 정말 속수무책 이예요.

---

1. 拿 : 잡다
2. 耗子 : 쥐
3. 管 : 상관하다, 간섭하다
4. 明明 : 분명히
5. 还 : 갚다, 돌려주다
6. 拆 : 헐다
7. 没办法 : 어쩔 수 없다, 할 수 없다

304. 青出於蓝, 而胜於蓝

qīngchūyúlán, érshèngérshèng

直译 : 청색은 파란색에서 나온 것인데 파란 색보다 더 파랗다.

意译 : 스승보다 제자가 더 뛰어나다.

① 青出於蓝, 而胜於蓝, 虽然他是我的学生, 但是现在他的中国话已经比我好了.
청색은 파란색에서 나온 것인데 파란 색보다 더 파랗다. 비록 그는 나의 학생이지만 지금 그의 중국말은 벌써 나보다 낫다.

② 他写的字比他父亲还有名, 真是青出於蓝, 而胜於蓝.
그가 쓴 글자는 그의 부친보다도 유명해요 정말 청출어람 이예요.

305. 杯水难救车薪

bēishuǐnánjiùchēxīn

直译 : 물 한 컵으로 한 차의 불을 끌 수 없다.

意译 : 수량이 너무 모자라다.

① 杯水难救车薪, 这么一点钱对我几乎毫无帮助.
물 한 컵으로 한 차의 불을 끌 수 없다. 이 조금마한 돈으로는 나에게 거의 아무 도움도 안 된다.

② 我需要一亿块钱, 而你只能给我一百万, 杯水难救车薪, 谢谢你的好意了.
나는 1억이 필요한 당신은 나에게 겨우 백만 원 밖에 못 주는군요. 물 한 컵으로 한 차의 불을 끌 수 없지만 당신의 좋은 뜻에 대하여 매우 감사합니다.

---

1. 胜 : 이기다
2. 已经 : 벌써
3. 还 : 더, 또한
4. 杯水 : 물 한 컵
5. 车薪 : 나무 한 차
6. 几乎 : 거의
7. 毫无 : 조금도 없다
8. 好意 : 좋은 뜻

306. 虎父无犬子

hǔfùwúquǎnzǐ

直译 : 호랑이는 강아지와 같은 새끼가 없다.
의译 : 그 아버지에 그 아들(좋은 뜻으로).

① 虎父无犬子, 他的儿子和他一样, 又英俊, 又聪明.
그 아버지에 그 아들이다. 그의 아들은 그와 똑같이 씩씩하면서 또 한 총명하다.

② 李将军的公子也成了空军的英雄, 真是虎父无犬子啊!
이장군의 아드님도 공군의 영웅이 되었으니 정말 그 아버지에 그 아들이구나!

307. 虎毒不食子

hǔdúbùshízǐ

直译 : 호랑이는 잔인하지만 자기 새끼는 안 먹는다.
意译 : 호랑이도 자기새끼를 아낀다.

① 虎毒不食子, 但是没想到他连自己的儿子都杀掉了.
호랑이는 잔인하지만 자기 새끼를 안 먹는다는데 뜻밖에 그는 자기의 아들마저 죽여 버렸다.

② 俗话说 : 虎毒不食子, 难道爸爸会骗我吗?
속담에 "호랑이는 잔인하지만 자기 새끼를 안 먹는다"고 하는데 설마 아버지가 나를 속이겠습니까?

1. 英俊 : 씩씩하다, 인물이 좋다
2. 又… 又 … : …이며 또한 …이다
3. 公子 : 아드님, 공자
4. 食 : 먹다
5. 连… 都 : …마저도
6. 骗 : 속다

308. 虎落平阳被犬欺

hǔluòPíngyángbèiquǎnqī

直译 : 호랑이가 平陽땅에 가니까 개에게 희롱을 당한다.
意译 : 사람이 운수가 없을 때는 소인배에게서도 놀림을 당한다.

① 虎落平阳被犬欺, 没想到我今天会被你欺负.
사람이 운수가 없을 때는 소인배에게서도 놀림을 당한다더니 뜻밖에 내가 오늘 당신에게 업신여김을 당할 줄이야.

② 李部长平时威风得不得了, 但是下台以後, 却到处被别人冷待, 真是虎落平阳被犬欺.
이장관님은 평상시에 위풍당당한데 하야한 후 도리어 도처 사람들의 냉대를 받았다. 정말 사람이 운수가 없을 때에는 소인배에게서 놀림을 당하는구나.

309. 明枪易躲, 暗箭难防

míngqiāngyìduǒ, ànjiànnánfáng

直译 : 보이는 총을 피하기가 쉬워도 보이지 않는 화살은 방비하기가 어렵다.
意译 : 뒤에서 공격하는 것이 가장 무섭다.

① 明枪易躲, 暗箭难防, 他一直在背後说我的坏话, 我一点办法也没有.
보이는 총을 피하기가 쉬워도 보이지 않는 화살은 방비하기가 어렵다, 그 사람이 줄곧 배후에서 나를 훼방하니까 나는 속수무책이다.

② 你要小心他在总经理前面说你的坏话, 明枪易躲, 暗箭难防, 你还是小心一点的好.
당신은 그가 사장님 앞에서 당신을 훼방하는 것을 조심하여야 해요. 보이는 총을 피하기는 쉬워도 보이지 않는 화살은 방비하기가 어려우니 당신도 역시 조심하는 것이 좋을 겁니다.

---

1. 落 : 떨어지다
2. 欺 : 업신여기다
3. 欺负 : 업신여기다
4. 威风 : 위풍당당하다
5. 不得了 : 대단하다, 훌륭하다, 굉장하다
6. 下台 : 하야하다
7. 明枪 : 보이는 총
8. 暗箭 : 보이지 않는 화살
9. 躲 : 피하다

310. 明修栈道, 暗渡陈仓

míngxiūzhàndào, ànduChéncāng

直译 : 표면에 잔도를 수리하는 척을 하고 몰래 진창으로 간다.
意译 : 속임수를 쓴다.

① 那个电气工人每天明修栈道, 暗渡陈仓, 到李先生的家里去, 和李太太苟和.
저 전기기사가 날마다 속임수를 써서 이선생 집에 가서 이씨 부인과 간통한다.

② 老师不让我们去看棒球, 我们只好用明修栈道, 暗渡陈仓的办法, 仮装去买东西, 偷偷地到棒球场去看棒球比赛了.
선생님이 우리로 하여금 야구경기를 구경하러 가지 못하게 하니까 우리는 할 수없이 속임수를 써서 물건을 사는 척 하면서 몰래 야구장에 가서 야구경기를 볼 수밖에 없다.

311. 明知山有虎, 偏向虎山行

míngzhīshānyǒuhǔ, piānxiànghǔshānxíng

直译 : 산에 호랑이가 있는 줄 알면서도 일부러 산으로 간다.
意译 : 알면서 일부러 한다.

① 他对你不怀好心, 为什么你还明知山有虎, 偏向虎山行呢?
그는 당신에 대해 좋은 마음을 갖고 있지 않는데 당신은 왜 일부러 거길 갈려고 합니까?

② 明知山有虎, 偏向虎山行, 你这是自讨苦吃.
산에는 호랑이가 있는 줄 알면서도 일부러 산으로 간다더니 당신이 그야말로 고생을 자초하는 격이군요.

---

1. 栈道 : 절벽 사이의 작은 길
2. 陈仓 : 지방 이름
3. 苟和 : 간통하다, 내통하다
4. 棒球 : 야구
5. 仮装 : 인 척 하다
6. 偷偷的 : 몰래
7. 比赛 : 시합, 경기
8. 不怀 : 품지 않다
9. 偏 : 고집스레
10. 自讨苦吃 : 스스로 고생을 자청하다

312. 彼一时也. 此一时也

bǐyìshíyě, cǐyìshíyě

直译 : 그 때는 그 때고 지금은 지금이다(때가 달라졌다).

意译 : 치일시, 피일시. 때가 달라졌고 상황도 달라졌다.

① 彼一时也. 此一时也, 那个时候我不能不听你的话, 现在你可不能不听我的了.
때가 달라졌고 상황도 달라졌어. 그 때는 내가 당신의 말을 따르지 않으면 안 되었지만 이제는 당신이 내 말을 따르지 않으면 안 되겠다.

② 十年前, 他是一个穷光蛋, 大家都不喜欢他, 但是现在他却成了一个千万富翁, 谁都希望和他接近, 真是彼一时也. 此一时是也.
십년 전, 그는 빈 털털이였는데 모든 사람들이 그를 좋아하지 않았어요, 그러나 지금 그가 오히려 천만장자가 되자 모두가 그에게 그와 접근하려고 한다. 정말 때가 달라졌고 상황도 달라졌구나.

313. 肥水不落外人田

féishuǐbúluòwàiréntián

直译 : 거름을 타인의 논에 주지 않는다.

意译 : 좋은 것은 자기가 차지한다.

① 肥水不落外人田, 为什么要把财产留给别人呢?
거름을 타인의 논에 주지 않는다고 하는데 당신은 왜 재산을 다른 사람에게 남겨주려고 합니까?

② 北大的毕业生和北大的校花结婚了, 真是肥水不落外人田.
북경대학교의 졸업생이 북경대학교의 꽃과 결혼하였다. 정말 거름을 타인의 논에 주지 않는다더니.

1. 穷光蛋 : 빈 털털이
2. 肥水 : 거름
3. 毕业生 : 졸업생
4. 校花 : 학교의 꽃, 학교의 제일 미인

314. 朋友妻，不可欺

péngyouqī, bùkěqī

直译 : 친구의 처를 업신여기면 안 된다.

意译 : 친구의 도의를 지켜야 한다.

① 朋友妻，不可欺，你为什么欺负李太太呢?
친구의 처를 업신여기면 안 된다고 하는데 당신은 왜 이씨 부인을 업신여기려고 합니까?

② 他认为朋友妻，不可欺，所以一直对我妻子很有礼貌.
그는 친구의 처를 업신여기면 안 된다고 생각하기 때문에 우리 집사람을 예로써 깍듯이 대한다.

315. 受人之托，忠人之事

shòurénzhītuō, zhōngrénzhīshì

直译 : 사람의 부탁을 받았으면 충실하게 실천하여야 한다.

意译 : 약속을 지켜야 한다.

① 受人之托，忠人之事，既然我已经答应你了，我一定会遵守诺言的.
사람의 부탁을 받았으면 충실하게 실천하여야 한다. 기왕 내가 당신에게 승낙을 하였으니 반드시 약속을 지킬 것이오.

② 俗话说 : 受人之托，忠人之事，如果你不愿意帮助他，为什么要答应他呢?
속담에는 사람의 부탁을 받았으면 충실하게 실천하여야 한다는데 만약에 당신이 그를 도와주고 싶지 않으면 왜 그에게 약속을 하였습니까?

1. 一直 : 줄곧
2. 礼貌 : 예의, 예의가 바르다
3. 托 : 부탁
4. 诺言 : 약속

316. 受人钱财，替人消灾

shòurénqiáncái，tìrénxiāozāi

直译：남의 돈을 받았으면 남의 어려움을 해결해 주어야 한다.

意译：다른 사람으로부터 이득을 얻었으면 그 사람을 도와주어야 할 의무가 있다.

① 受人钱财，替人消灾，既然我已经收下了你的钱，我一定会帮你解决这个问题的。

남의 돈을 받았으면 남의 어려움을 해결해 주어야 한다는데 기왕 내가 당신의 돈을 받았으니 꼭 이 문제를 해결하도록 도와주겠소.

② 你已经拿了他的钱，怎么可以不帮助他呢？受人钱财，替人消灾，你不可以不守信用。

당신이 벌써 그의 돈을 받았는데 어떻게 그를 도와주지 않을 수가 있어요? 남의 돈을 받았으면 남의 어려움을 해결해 주어야 한다는데 당신은 어떻게 신용을 지키지 않을 수 있어요?

317. 知人知面不知心

zhīrénzhīmiànbùzhīxīn

直译：사람을 알고 얼굴을 알아도 마음은 모른다.

意译：열 길 물속은 알 수 있어도 한 길 사람 속은 알 수 없다.

① 知人知面不知心，你不可以随便轻信别人。

열길 물속은 알아도 한 길 사람 속은 알 수 없는 겁니다. 당신은 사람을 너무 쉽게 믿으면 안 됩니다.

② 没想到他竟然会骗我，真是知人知面不知心。

뜻밖에 그가 나를 속였다니 정말 열길 물속은 알 수 있어도 한 길 사람 속은 알 수 없어.

---

1. 受：받다
2. 替：대신, 위하여
3. 消灾：재난을 없애다
4. 拿：가지다, 받다
5. 面：얼굴
6. 随便：함부로, 마음대로
7. 轻信：함부로 믿는다

318. 知子莫若父, 知女莫若母

zhīzǐmòruòfù, zhīnǚmòruòmǔ

直译 : 아버지보다 아들을 잘 아는 사람이 없고 어머니보다 딸을 더 잘 아는 사람이 없다.

意译 : 부자와 모녀관계의 밀접성을 강조하는 말이다.

① 知子莫若父, 知女莫若母, 我对我儿子的想法最清楚了.
아버지보다 아들을 잘 아는 사람이 없고 어머니보다 딸을 더 잘 아는 사람이 없다. 나는 우리 아들의 생각을 가장 잘 안다.

② 他说他的女儿今天会迟到, 果然就迟到了, 真是知子莫若父, 知女莫若母.
그는 그의 딸이 오늘 지각할 것이라고 하였는데 (그의 딸이)과연 지각하였다 정말 아버지보다 아들을 잘 아는 사람이 없고 어머니보다 딸을 더 잘 아는 사람이 없구나.

319. 知过能改, 善莫大焉

zhīguònénggǎi, shànmòdàyān

直译 : 잘못을 고칠 줄 알면 그것보다 더 좋은 일이 없다.

意译 : 개과천선하는 것은 매우 중요한 일이다.

① 虽然他犯了非常大的错, 但是他总算知错了, 知过能改, 善莫大焉, 我们就原谅他吧!.
비록 그는 매우 큰 잘못을 범하였지만 마침내 잘못을 깨달았다. 잘못을 고칠 줄 알면 그것보다 더 좋은 일이 없다는데 우린 그를 용서합시다.

② 知过能改, 善莫大焉, 虽然他以前是个杀人犯, 但是现在已经成了人人尊敬的好国民了.
잘못을 고칠 줄 알면 그것보다 더 좋은 일이 없다는데 비록 옛날에 그는 살인범이었으나 지금은 벌써 사람마다 존경하는 좋은 국민이 되었다.

---

1. 莫若 : … 편이 낫다, … 만큼 못하다
2. 想法 : 생각, 아이디어
3. 清楚 : 깨끗하다, 잘 알다
4. 迟到 : 지각하다
5. 犯 : 저지르다, 범하다
6. 错 : 잘못
7. 总算 ; 마침내, 겨우, 간신히
8. 知过 : 잘못을 알다
9. 莫大 : 막대하다

320. 泥菩萨过江，自身难保

nípúsàguòjiāng, zìshēnnánbǎo

直译 : 흙으로 만든 부처가 강을 건너는데 자신이 위태롭다.
意译 : 흙으로 만든 부처가 강을 건너다. 자기 자신을 보존하지 못하다.

① 他自己是泥菩萨过江，自身难保，你千万不可以相信他.
그 사람 자신은 흙으로 만든 부처가 강을 건너는 당신은 절대로 그를 믿으면 안 돼요.

② 我拜托他在考试的时候，帮我过关，但是他却是泥菩萨过江，自身难保，所以没法子帮我.
나는 그에게 시험 칠 때 나를 도와서 통과할 수 있도록 부탁하였는데 그가 도리어 흙으로 만든 부처가 강을 건너는 격이어서 나를 도와주지 못한다.

321. 官大有险，树大招风

guāndàyǒuxiǎn, shùdàzhāofēng

直译 : 관직이 너무 높으면 항상 위험하고 나무가 너무 높으면 바람을 일으킨다.
意译 : 지위가 높을수록 조심하여야 한다.

① 官大有险，树大招风，你升为局长以後，一定要更加小心办事.
관직이 너무 높으면 항상 위험하고 나무가 너무 높으면 바람을 일으킨다는데 당신은 국장으로 승진한 후 반드시 더욱 더 조심하여야 합니다.

② 他不相信官大有险，树大招风这句俗话，结果终於被人陷害了.
그는 관직이 너무 높으면 항상 위험하고 나무가 너무 높으면 바람을 일으킨다는 속담을 믿지 않아서 결국 드디어 남한테 모함 당하였다.

---

1. 泥普萨 : 흙으로 만든 보살
2. 过江 : 강을 건너다
3. 相信 : 믿는다
4. 拜托 : 부탁하다
5. 过关 : 난관을 통과하다
6. 没法子 : 방법이 없다
7. 有险 : 위험이 있다
8. 招风 : 바람을 일으키다
9. 升为 : … 로 승진되다
10. 更加 : 더욱 더
11. 办事 : 일을 처리하다
12. 陷害 : 모해하다, 모함하다

322. 国家兴亡，匹夫有责

Guójiāxīngwáng, pǐfūyǒuzé

直译 : 나라의 흥망은 개개인의 책임에 있다.
意译 : 나라의 흥망은 개개인의 책임에 있다.

① 国家兴亡，匹夫有责，我们怎么能逃避兵役义务呢?
나라의 흥망은 개개인의 책임에 있다는데 우리가 어떻게 병역의무를 도피할 수 있겠습니까?

② 老李说 : 国家兴亡，匹夫有责，所以他就从军抗日去了.
이씨는 나라의 흥망이 개개인의 책임에 있다고 말하고는 군에 입대하여 항일전쟁에 참가하였다.

323. 国有国法，家有家规

guóyǒuguófǎ, jiāyǒujiāguī

直译 : 나라는 나라의 법이 있고 집에서는 집안의 규율이 있다.
意译 : 나라는 나라의 법이 있고 집에서는 집안의 규율이 있다.

① 国有国法，家有家规，你怎么可以不守规定呢?
나라는 나라의 법이 있고 집에서는 집안의 규율이 있는데 네가 어떻게 규정을 안 지킬 수 있느냐?

② 爸爸说 : 国有国法，家有家规，既然你做错了，我就不能不处罚你.
아버지께서 나라는 나라의 법이 있고 집에서는 집안의 척도가 있는 것, 기왕 네가 잘못을 저질렀으니 내가 너를 처벌하지 않을 수 없다고 말씀하셨다.

1. 匹夫 : 개인
2. 老李 : 이씨
3. 既然 : 기왕… 이면
4. 做错 : 잘못을 하다

324. 画虎不成反类犬

huàhǔbùchéngfǎnlèiquǎn

直译 : 범을 그렸는데 고양이가 되었다.

意译 : 범을 그렸는데 고양이가 되었다. 흉내를 내려고 하다가 망신당하다.

① 他想学李先生一样, 一下子跳过五米, 结果只跳过了三米, 让人笑话, 真是画虎不成反类犬.
그가 이 선생님처럼 한꺼번에 5미터를 뛰어 넘으려 했지만 결국 3미터 밖에 못 넘어서 사람에게 웃음거리가 되었다. 정말 범을 그리려고 하다가 고양이를 그린 격이다.

② 画虎不成反类犬, 我劝你不要模仿他, 想学做英雄.
범을 그리려고 하다가 고양이를 그리게 됩니다! 당신에게 권하건대 그를 모방하여 영웅이 될 생각은 하지 마세요.

325. 贫在闹市无人问, 富在深山有远亲

pínzàinàoshìwúrénwèn, fùzàishēnshānyǒuyuǎnqīn

直译 : 가난할 때 시내 번화가에 있어도 물어보는 사람이 없고 부유할 때 깊은 산중에 있어도 먼 친척이 있다.

意译 : 가난하면 개도 쳐다보지 않는다.

① 贫在闹市无人问, 富在深山有远亲, 现在的人都非常现实, 没有一点人情味.
가난하면 개도 쳐다보지 않는다. 지금의 사람들 모두가 매우 현실적이며 인정미가 조금도 없다.

② 他困难的时候, 没有人关心他, 现在成了富翁, 大家都去看他, 真是贫在闹市无人问, 富在深山有远亲.
그가 어려울 때 그에게 관심 있는 사람이 없었는데 지금 부자가 되었다고 모두 그를 방문하러 가다니 정말 가난하면 개도 쳐다보지 않는구나.

---

1. 一下子 : 한꺼번에
2. 跳过 : 뛰어 넘어가다
3. 米 : 미터, 쌀
4. 笑话 : 웃기다, 농담
5. 反 : 오히려
6. 类 : 닮다
7. 摸仿 : 모방하다
8. 闹市 : 번화한 거리

326. 贫贱夫妻百事哀

pínjiànfūqībǎishìāi

直译 : 가난하고 지위가 없는 부부는 모든 것이 슬프다.

意译 : 가난한 부부에게는 기쁨이 없다.

① 他们夫妇认为贫贱夫妻百事哀, 所以就自杀了.
그들 부부는 가난한 부부에게는 기쁨이 없다고 생각하여 자살하였다.

② 贫贱夫妻百事哀, 所以他们夫妇每天打架.
가난한 부부에게는 기쁨이 없다, 그래서 그들 부부는 날마다 싸운다.

327. 贫贱不能移, 富贵不能淫

pínjiànbùnéngyí, fùguìbùnéngyín

直译 : 빈천하더라도 뜻을 바꾸지 않고 부귀영화에 현혹하지 않는다.

意译 : 군자는 가난해도 꿋꿋하고 폭력에도 굴복하지 않는다.

① 我是一个贫贱不能移, 富贵不能淫的人, 希望你们不要再说了.
나는 빈천하더라도 뜻을 바꾸지 않고 부귀영화에도 뜻을 굽히지 않는 사람이니 당신들이 더 이상 말을 하지 않기를 바란다.

② 中国自古以来, 认为贫贱不能移, 富贵不能淫的人才是真君子.
중국에서는 자고로 가난해도 꿋꿋하고 부귀영화 앞에도 굴복하지 않는 사람이야 말로 진정한 군자라고 생각해 왔다.

---

1. 哀 : 슬프다
2. 移 : 옮기다
3. 威武 : 위풍당당

328. 贫贱之交不可忘，糟糠之妻不下堂

pínjiànzhījiāobùkěwàng, zāokāngzhīqībúxiàtáng

直译 : 빈천할 때의 친구를 잊어서는 안 되고 조강지처를 버려서는 안 된다.
意译 : 어려울 때의 친구나 아내를 잊어서는 안 된다.

① 贫贱之交不可忘，糟糠之妻不下堂. 你怎么可以有了钱，就移情别恋呢?
어려울 때의 친구나 아내를 잊어서는 안 된다는데 당신은 부자가 되었다고 해서 곧장 다른 애인을 찾을 수가 있습니까?

② 俗话说：贫贱之交不可忘，糟糠之妻不下堂，没想到他现在一有钱，就把我们忘了.
속담에 어려울 때의 친구나 아내를 잊어서는 안 된다는데 뜻밖에도 그가 부자가 되자 곧 의리를 저버렸다.

329. 饱暖思淫欲

bǎonuǎnsīyínyù

直译 : 배가 부르면 음탕한 욕심을 낸다.
意译 : 배가 부르면 음탕한 욕심을 낸다.

① 俗话说：饱暖思淫欲，他现在不愁吃，不愁穿，所以会和别的女人搞婚外恋.
속담에 배가 부르면 음탕한 욕심을 낸다는데 그가 지금 먹는 것, 입을 것을 다 걱정할 필요가 없으니까 다른 여자와 연애하게 되었다.

② 人民太富庶，反而造成社会道德的堕落. 这就是饱暖思淫欲的道理.
국민이 돈이 너무 많으면 오히려 사회도덕의 타락을 초래할 것이다. 이것이 바로 배가 부르면 음탕한 욕심을 낸다는 이치이다.

---

1. 交 : 사귐, 사귀다, 내다
2. 糟慷之妻 : 조강지처
3. 下堂 : 단상에서 내리다, 자리를 버리다
4. 移情别恋 : 마음이 변하여 새 애인을 사랑하다
5. 一有钱 : 돈이 생기자마자
6. 饱 : 배가 부르다
7. 思 : 생각하다
8. 淫欲 : 음탕한 욕망
9. 愁 : 걱정하다
10. 富庶 : 부유하다

330. 远亲不如近邻

yuǎnqīnbùrújinlín

直译 : 먼 친척은 가까운 이웃만 못하다.

意译 : 이웃 사촌이다.

① 远亲不如近邻, 你怎么可以和邻居争执打架呢?
이웃사촌인데 당신은 어떻게 이웃들과 싸울 수 있는가?

② 昨天我的儿子生病住院, 都是邻居帮的忙, 不然的话我真不知道应该怎么办才好, 真是远亲不如近邻呀!
어제 우리 아들이 아파서 입원하였는데 모두 이웃들이 도와준 일이었다. 아니면 나는 정말 어찌해야 할 바를 몰랐을 것이다. 정말 이웃사촌이로구나.

331. 学如逆水行舟, 不进则退

xuérúnìshuǐxíngzhōu, bújinzétuì

直译 : 배우는 것은 마치 물을 거슬러 올라가는 것과 같다 앞으로 나아가지 않으면 뒤로 밀려간다.

意译 : 배울 때 끊임없이 열심히 배워야 한다.

① 这次你虽然得了第一名, 但是绝对不可以骄傲, 俗话不是说 : 学如逆水行舟, 不进则退吗?
당신은 비록 이번에 일등을 했지만 절대로 오만하면 안 된다. 속담에 배우는 것은 물을 거슬러 올라가는 것과 같아서 앞으로 나아가지 못하면 뒤로 밀려간다는 말이 있지 않아요?

② 他上次考了一百分以後, 就没有好好用功, 这次果然考了第十名, 学如逆水行舟, 不进则退, 这句话真是一点儿也不错.
그 사람은 지난번에 백점을 받은 후 공부를 열심히 하지 않더니 이번엔 과연 십등을 하였다. 배우는 것은 물을 거슬러 올라가는 것과 같아서 앞으로 나아가지 않으면 뒤로 밀려간다는 말이 과연 맞는 말이구나.

---

1. 不如 : 못 하다, 차라리
2. 邻居 : 이웃
3. 打架 : 싸우다
4. 住院 : 입원하다
5. 帮的忙 : 도와 준 것이다
6. 不然的话 : 아니면
7. 怎么办 : 어떻게 하나?
8. 第一名 : 일등
9. 骄傲 : 오만하다
10. 逆水 : 물을 거슬러 가다
11. 行舟 : 배를 타다
12. 则 : (반대로) 그럼
13. 这句话 : 이 한마디의 말씀

332. 学然后知不足

xuéránhòuzhībùzú

直译 : 배우고 난 후에야 자기가 모자라는 것을 안다.
意译 : 항상 배워라.

① 学然后知不足, 学了中国话以後, 我才知道中国话是这么难.
배우고 난 후에야 자기가 모자라는 것을 안다더니 중국말을 배우고 난 뒤에 나는 비로소 중국말이 이렇게 어려운 줄을 알겠구나.

② 我进大学以后, 才知道我的学问还差得远了, 真是学然后知不足.
내가 대학에 들어온 뒤에야 비로소 나의 학문은 아직 멀었다는 것을 알았다. 정말 배우고 난 후에야 자기가 모자라는 것을 알게 되는구나.

333. 爬得高, 跌得重

pádegāo, diēdezhòng

直译 : 높이 올라가면 떨어질 때 더 아프다.
意译 : 관직이 높을수록 위험하다.

① 你不要忘记爬得高, 跌得重, 地位愈高, 就愈要谨慎小心.
당신이 관직이 높을수록 위험하다는 말을 잊지 말라. 지위가 높을수록 조심하여야 한다.

② 怕得高, 跌得重, 他上次被肃清以後, 就一病不起了.
관직이 높을수록 위험하다. 그가 지난번에 숙청당한 후, 곧 몸져눕더니 일어나지 못하였다.

---

1. 知 : 알다
2. 不足 : 모자라다
3. 差得远 : 많이 떨어지다, 차이가 크다
4. 爬 : 기어 오르다
5. 跌 : 넘어지다
6. 愈 : 수록
7. 谨慎 : 근신, 조심하다
8. 一病不起 : 병이 생겨서 죽는다

334. 拼死吃河豚

pīnsǐchīhétún

直译：죽음의 위험을 무릅쓰고 복어를 먹는다.

意译：위험한 일을 한다는 말이다.

① 你明知道李小姐是坏女人，还要和他结婚，你真是想拼死吃河豚吗？
당신이 이양은 나쁜 여자란 것을 알면서도 그녀와 결혼을 하려고 하다니 당신은 정말 죽음의 위험을 무릅쓰고 복어를 먹으려고 하는 겁니까?

② 玩股票是非常危险的事，你却把全部的财产都买了股票，这不是拼死吃河豚吗？
증권을 하는 것은 매우 위험한 일인데 당신이 모든 재산으로 주식을 샀다니, 이것은 죽음의 위험을 무릅쓰고 복어를 먹는 것과 마찬가지 아닌가?

335. 英雄无用武之地

yīngxióngwúyòngwǔzhīdì

直译：영웅이 힘을 쓸 데가 없다.

意译：재주가 있지만 발휘할 장소가 없다.

① 虽然他的英文很好，但是我们公司不须要用英文，所以他每天说：英雄无用武之地.
비록 그가 영어를 매우 잘 하지만 우리 회사에서는 영어를 쓸 필요가 없다. 그래서 그는 날마다 영웅이 힘을 쓸 데가 없다고 한다.

② 他学过电脑，但是我们学校里却没有电脑让他用，英雄无用武之地，真可惜.
그는 컴퓨터를 배운 적이 있는데 우리 학교에서는 그에게 사용하게 할 컴퓨터가 없어요. 영웅이 힘을 쓸 데가 없는 격이죠, 정말 애석해요.

---

1. 拼死：목숨을 걸다
2. 河豚：복어
3. 股票：주식, 증권
4. 不须要：불필요하다
5. 用武：힘을 쓰다
6. 电脑：컴퓨터
7. 可惜：아깝다, 아쉽다, 애석하다

336. 英雄只怕病来磨

yīngxióngzhǐpàbìngláimó

直译 : 영웅은 단지 병마로 고생할 것을 무서워할 뿐이다.

意译 : 아무리 용감한 사람도 병을 무섭게 여긴다.

① 英雄只怕病来磨, 王将军生病以後, 虚弱得连站也站不起来了.
아무리 용감한 사람도 병은 무서운 게야. 왕장군님이 병을 앓고 난 뒤, 일어서지도 못할 정도로 허약해 지셨어.

② 他以前说他什么也不怕, 但是自从得癌症以後, 每天呼天叫地, 实在太可怜了, 真是英雄只怕病来磨.
그는 옛날에는 아무것도 무서워하지 않는다고 했는데 암에 걸린 후, 날마다 하늘과 땅을 부르는데 정말 가엾다. 아무리 용감한 사람도 병을 무서워하는군.

337. 苦海无边, 回头是岸

kǔhǎiwúbiān, huítóushì'àn

直译 : 고해는 끝이 없지만 머리를 돌리면 바로 바닷가이다.

意译 : 회개하기만 하면 바른 길로 갈 수 있다.

① 苦海无边, 回头是岸, 我劝你还是快把鸦片戒了.
회개하기만 하면 바른 길로 갈 수 있다는데 내가 권하건대 당신은 역시 빨리 아편을 끊는 게 낫겠어요.

② 他自从改过自新以後, 就变成了一个模范学生, 真是苦海无边, 回头是岸.
그 사람은 개과천선을 한 후, 곧 모범학생이 되었다. 정말 회개하기만 하면 바른길로 갈 수 있구나.

---

1. 磨 : 맥도릿을 하다, 괴롭히다
2. 站不起来 : 일어설 수 없다
3. 什么也不 : 아무것도 …치 않다
4. 自从 : … 후로부터
5. 癌症 : 암병
6. 呼天叫地 : 하늘을 부르고 땅을 치다
7. 无边 : 끝이 없다
8. 岸 : 기슭, 언덕
9. 鸦片 : 아편
10. 戒 : 끊다
11. 改过自新 : 개과천선

338. 若要人不知, 除非己莫为

ruòyàorénbùzhī, chúfēijǐmòwéi

直译 : 남을 모르게 하려고 하면 다만 자기가 하지 않는 것 밖에 없다.

意译 : 꼬리가 길면 밟힌다. 소문을 내고 싶지 않으면 하지 말아야 한다.

① 若要人不知, 除非己莫为, 既然你已经做错了, 就没有办法隐瞒了.
소문을 내고 싶지 않으면 하지 말아야 하다는데 당신은 벌써 잘못을 저질렀으니 은폐할 수 없을 것이다.

② 你否认也没有用, 若要人不知, 除非己莫为.
당신이 부인해도 소용이 없다. 소문을 내고 싶지 않으면 자기가 하지 말아야지.

339. 姜太公钓鱼, 愿者上钩

jiāngtàigōngdiàoyú, yuànzhěshànggōu

直译 : 강태공이 낚시질을 하는데 자원자만 낚게 된다.

意译 : 강태공의 곧은 낚시질. 강요를 하지 않고 스스로 오기를 기다린다.

① 他做生意, 就像姜太公钓鱼, 愿者上钩, 一点儿也不费力气.
그 사람이 장사를 하는 것은 마치 강태공이 낚시질을 하는 것처럼 조금도 힘들지 않아요.

② 姜太公钓鱼, 愿者上钩, 谁叫你要贪小便宜?
강태공이 낚시질을 하는 것과 같이 자원자만 낚게 되는데, 누가 당신으로 하여금 작은 이익에 탐욕을 하라고 했나?

---

1. 若 : 만약
2. 不知 : 모른다
3. 除非 : … 아니고서는 … ; 오직… 하여야…
4. 做错 : 잘못하다
5. 隐瞒 : 은폐하다
6. 否认 : 부인하다
7. 做生意 : 장사를 하다
8. 愿者 : 희망한 사람
9. 上钩 : 낚기다
10 力气 : 힘
11. 小便宜 : 작은 이익
12. 贪 : 탐내다.

340. 客去主人安

kèqùzhǔrénān

直译 : 손님이 떠나면 주인의 마음이 편하다.
意译 : 손님을 초대하는 것은 어려운 일이다.

① 客去主人安, 那些客人走了以後, 我才松了一口气.
손님을 초대하는 것은 어려운 일이다. 저 손님들이 떠난 후, 내가 비로소 한숨을 쉴 수 있었다.

② 家里有客人的时候, 我这个做主人的怎么能不紧张呢? 难道你不知道客去主人安, 这句俗吗?
집에 손님이 있을 때, 주인인 내가 어떻게 긴장하지 않을 수 있을까? 설마 당신이 손님을 초대하는 것은 어려운 일이라는 속담을 모르시는 것이 아니겠지요?

341. 客随主便(主随客便)

kèsuízhǔbiàn(zhǔsuíkèbiàn)

直译 : 손님은 주인의 뜻을 따른다(주인은 손님의 뜻을 따른다).
意译 : 주인의 뜻을 따르겠다는 말이다.

① a. 今天我请客, 你想吃什么?
오늘 내가 한턱을 낼 테니까 무엇을 잡수실래요?

b. 客随主便, 你决定就好了!
손님은 주인의 뜻을 따른다는 말이 있으니까 당신이 결정하시면 되요

c. 哪儿的话, 主随客便, 还是你决定.
천만의 말씀입니다. 주인은 손님의 뜻을 따른다는 말이 있으니까 역시 당신이 결정하세요.

---

1. 难道 : 설마
2. 请客 : 한 턱을 내다
3. 随 : 따르다
4. 便 : 편리
5. 哪儿的话 : 천만의 말씀

342. 前人种树，后人乘凉

qiánrénzhòngshù, hòurénchéngliáng

直译: 앞 사람이 (조상, 선배) 심은 나무 밑에 뒤 사람이 (후손, 후배)그 그늘아래에서 쉰다.

意译: 앞 사람의 수고로 뒤 사람이 덕을 본다.

① 我们做人，要有前人种树，后人乘凉的精神，不能只贪图自己的享受.
우리는 사람 됨됨이에 있어서 반드시 뒤 사람을 위한다는 정신이 있어야 한다. 자기 자신의 향락만을 탐해서는 안 된다.

② 前人种树，后人乘凉，韩国的独立自主都是抗日先烈用鲜血换来的.
앞 사람의 수고로 뒤 사람이 덕을 본다더니 한국의 독립과 자주는 보두 항일선 열들이 피와 눈물로 바꾼 것이다.

343. 前不着村，後不着店

qiánbùzháocūn, hòubùzháodiàn

直译: 앞에는 마을이 없고 뒤에는 점포가 없다.

意译: 외딴 곳에 있다는 말이다.

① 他住的地方，前不着村，後不着店，太荒凉了.
그가 사는 곳은 앞에는 마을이 없고 뒤에는 점포도 없다. 너무 황량하다.

② 你为什么要去那种前不着村，後不着店的地方住呢?
당신은 왜 앞에는 마을이 없고 뒤에는 점포가 없는 그런 황량한 곳에 가서 살려고 합니까?

---

1. 做人 : 사람 됨됨이
2. 种树 : 나무를 심다
3. 乘凉 : 납량하다
4. 贪图 : 탐하다, 도모하다
5. 享受 : 누리다, 향락
6. 换 : 바꾸다
7. 着 : 의지하다
8. 店 : 상점
9. 荒凉 : 황량하다
10. 住 : 살다

344. 前事不忘, 後事之师

qiánshìbúwàng, hòushìzhīshī

直译 : 앞일을 잊지 않으면 뒷일의 스승이 된다.
意译 : 과거의 경험을 잊지 말자는 말이다.

① 前事不忘, 後事之师, 经过这次教训以後, 他就不敢再迟到了.
앞일을 잊지 않으면 뒷일의 스승이 된다. 이번 교훈을 겪고 난 후 그는 다시는 감히 지각하지 않게 되었다.

② 前事不忘, 後事之师, 只要你记住这次惨痛的教训, 以後就不会再犯错了.
앞일을 잊지 않으면 뒷일의 스승이 된다. 당신이 이번 쓰라린 교훈을 잘 기억하기만 하면 앞으로 다시는 잘못을 범하지 않을 것이다.

345. 兔子不吃窝边草

tùzibùchīwōbiāncǎo

直译 : 토끼는 자기 둥우리 근처의 풀을 먹지 않는다.
意译 : 자기 이웃(친구)들에게 해를 끼치지 않는다.

① 俗话说 : "兔子不吃窝边草", 你为什么要骗自己的朋友呢?
속담에 "토끼는 자기 둥우리 근처의 풀을 먹지 않는다"고 하는데 당신은 왜 지기의 친구를 속입니까?

② 俗话说 : "兔子不吃窝边草", 他连兔子也不如.
속담에 "토끼는 자기 주변의 풀을 먹지 않는다"고 하는데 그는 토끼보다도 못하다.

---

1. 经过 : 경과하다, 거치다, 경과
2. 只要 : 단지 … 만 하면
3. 记住 : 기억하다
4. 惨痛 : 침통하다, 비통하다
5. 窝 : 둥우리
6. 兔子 : 토끼
7. 连 …也不如 : …보다도 못하다

346. 城墙上的草，风吹两面倒

chéngqiángshàngdecǎo, fēngchuīliǎngmiàndào

直译 : 성벽 위의 풀이 바람에 따라 양쪽으로 기운다.

意译 : 주견이 없는 사람이나 투기하는 얌체를 가리키는 말이다.

① 城墙上的草，风吹两面倒，他每次都站在中立的立场，一点人格也没有.
성벽 위의 풀이 바람에 따라 양쪽으로 기운다. 그는 매번 중립의 입장에만 서고 인격이란 것은 하나도 없다.

② 他是城墙上的草，风吹两面倒，不管做什么事情都喜欢投机取巧.
그는 성벽 위의 풀이 바람에 따라 양쪽으로 기우니까. 무슨 일을 하든지 얌채짓 하기를 좋아해.

347. 相逢何必曾相识

xiāngféng hébì céng xiāngshí

直译 : 서로 만날 사람이 반드시 구면일 필요가 없다.

意译 : 1. 만나는 것이 바로 인연이다.
2. 또 만났는데 하필이면 전에 서로 아는 사이였을까?

① 相逢何必曾相识，只要我们两个人互相信任，一定可以做个好朋友的.
서로 만날 사람이 반드시 구면일 필요가 없다. 우리 두 사람이 서로 신임하기만 하면 반드시 좋은 친구가 될 수 있을 것이다.

② 想不到他们两个冤家在这里又见面了，真是相逢何必曾相识.
뜻밖에 그들 두 원수가 여기서 다시 만나게 되었다. 정말 하필이면 전에 서로 안 사람일까?

---

1. 倒 : 넘어지다
2. 投机取巧 : 기회를 틈타 이득을 취하다, 얌채짓을 하다
3. 相识 : 서로 알다
4. 只要 : 단지… 만 하면
5. 互相 : 서로
6. 信任 : 믿다
7. 冤家 : 원수
8. 见面 : 만나다

348. 恨铁不成钢

hèntiěbùchénggāng

直译 : 쇠가 강철이 안 되는 것을 안타깝게 여긴다.
意译 : 기대가 크다는 말이다.

① 我每天骂你, 就是因为恨铁不成钢.
내가 날마다 당신을 욕을 하는 것은 바로 쇠가 강철이 안 되는 것을 안타깝게 여기기 때문이다.

② 虽然你是恨铁不成钢, 但是你也不能打他.
비록 당신은 쇠가 강철이 안 되는 것을 안타깝게 여기겠지만 그래도 당신이 그를 때리면 안 되지요.

349. 哪有猫儿不吃腥

nǎyǒumāoérbùchīxīng

直译 : 어느 고양이가 비린내가 난 고기를 먹지 않겠는가?
意译 : 개가 똥을 마다할까?

① 哪有猫儿不吃腥, 看到了那么漂亮的女人, 哪个男人的心不会动?
어느 고양이가 비린내가 난 고기를 먹지 않겠는가? 그렇게 예쁜 여자를 보고 어느 남자의 마음이 흔들리지 않습니까?

② 你不要怪你的先生了, 那有猫儿不吃腥, 天下男人一般黑.
당신이 남편을 책망하지 마라! 어느 개가 똥을 마다할까? 천하의 남자들은 똑 같이 까맣다.

---

1. 也 : 그래도, 도, 또한
2. 腥 : 비린내
3. 怪 : 책망하다
4. 一般 : 일반적인, 일반적으로, 똑 같이
5. 先生 : 남편, 선생님, 미스터

350. 是非只为多开口, 烦恼只为强出头

shìfēizhǐwèiduōkāikǒu, fánnǎozhǐwèiqiángchūtóu

直译 : 말썽은 모두 입을 많이 열기 때문이고 번뇌는 너무 나서기 때문에 생기는 것이다

意译 : 입을 함부로 열지 말고 너무 나서지 말라는 말이다

① 是非只为多开口, 烦恼只为强出头, 这一次的问题都是你爱管闲事的关系才发生的.

말썽은 모두 입을 많이 열기 때문이고 번뇌는 너무 나서기 때문에 생기는 것이다. 이번의 문제꺼리는 모두 당신이 참견하기를 좋아해서 일어난 것이다.

② 我出国以前, 爸爸告诉我说 : 是非只为多开口, 烦恼只为强出头, 叫我多学习忍耐.

내가 출국하기 전에 아버지가 나에게 말씀하시기를 말썽은 모두 입을 많이 열기 때문이고 번뇌는 너무 나서기 때문에 생기는 것이라고 하시며 나로 하여금 인내력을 많이 기르라고 하셨다.

351. 是非自有公论

shìfēizìyǒugōnglùn

直译 : 옳은 것과 틀린 것은 공정한 논평이 있기 마련이다.

意译 : 옳은 것이라면 무서워할 필요가 없다.

① 是非自有公论, 你何必怕别人闲言闲语呢?

옳은 것이라면 무서워할 필요가 없는데. 당신이 왜 남의 말을 두려워 해야 합니까?

② 他终於平反了, 真是是非自有公论啊.

그는 마침내 공정한 재판을 받아서 원상복귀되었다. 정말 옳은 것이라면 무서워할 필요가 없구나.

---

1. 是非 : 시비, 말썽
2. 因为 : 때문이다
3. 烦恼 : 번뇌, 걱정거리
4. 强出头 : 너무 나서다
5. 爱管闲事 : 자기와 상관없는 일에 나서기를 좋아하다
6. 自有 : 자연적으로 있다
7. 公论 : 공정한 논평
8. 闲言闲语 : 쓸데없는 말, 불평
9. 平反 : 억울한 것을 벗고 공정한 재판을 받는다

352. 是福不是祸，是祸躲不过

shìfúbúshìhuò，shìhuòduǒbúguò

直译：복이라면 화가 되지 않을 것이며 화라면 피할 수 없다.

意译：제 복을 귀신도 못 물어간다.

① 是福不是祸，是祸躲不过，你为什么那么怕他呢?
복이라면 화가 되지 않을 것이며 화라면 피할 수 없다. 당신이 왜 두려워하여야만 합니까?

② 既然警察叫你去，你就得去，是福不是祸，是祸躲不过，你不用哭了.
기왕 경찰이 당신을 오라고 했으니 당신은 가야 한다. 복이라면 화로 되지 않을 것이며 화라면 피할 수 없다는데 당신은 울 필요가 없다.

353. 星星之火，可以燎原

xīngxīngzhīhuǒ，kěyǐliáoyuán

直译：별 같은 작은 불이 평야를 태워버릴 수 있다.

意译：작은 불씨가 큰 화재를 일으킬 수 있다.

① 星星之火，可以燎原，如果你不小心火烛的话，这里随时都可能发生火灾.
작은 불씨가 큰 화재를 일으킬 수 있다. 만약 당신이 촛불을 조심하지 않으면 여기서 수시로 화재가 일어날 수가 있다.

② 星星之火，可以燎原. 这种谣言不赶快制止的话，社会秩序很快就会崩溃的.
작은 불씨가 큰 화재를 일으킬 수 있다는 이런 유언비어를 빨리 제지하지 않으면 사회질서가 매우 빠른 속도로 붕괴할 것이다.

---

1. 躲不掉：피할 수 없다
2. 得去：가야 한다
3. 燎原：평야를 태우다
4. 火烛：불
5. 谣言：유언비어
6. 赶快：어서, 빨리

354. 皇天不负苦心人

huángtiānbúfùkǔxīnrén

直译 : 하늘은 뜻이 있는 사람을 나쁘게 해주지 않는다.

意译 : 뜻만 있으면 성공할 것이다.

① 皇天不负苦心人, 我终於考上大学了.
하늘은 뜻이 있는 사람을 나쁘게 해주지 않는다더니 나는 드디어 고시에 합격되었다.

② 皇天不负苦人, 我找你找了三年, 终於找到了.
하늘은 뜻이 있는 사람을 나쁘게 해주지 않는다더니 내가 당신을 찾아 헤맨 지 삼년 만에 마침내 당신을 찾아냈다.

355. 皇帝不急, 急死太监

huángdìbùjí, jísǐtàijiàn

直译 : 임금님이 급하지 않는데 내시가 급해 죽는다.

意译 : 당사자는 여유 있지만 옆에 사람은 초조하다.

① 我劝他快点结婚, 他却一点也不急, 真是皇帝不急, 急死太监.
나는 그를 보고 빨리 장가를 가라고 하지만 그는 오히려 조금도 급하지 않다 정말 임금님은 급하지 않는데 내시가 급해 죽는 꼴이군.

② 他去不去中国和你有什么关系, 真是皇帝不急, 急死太监
그가 중국에 가든 말든 당신과 무슨 관계가 있습니까? 정말 임금님은 급하지 않는데 내시가 급해 죽는 꼴이군.

---

1. 皇天 : 하늘
2. 不负 : (不辜负) 어기지 않다
3. 高考 : 고등고시
4. 找到 : 찾게 된다
5. 不急 : 급하지 않다
6. 急死 : 급해 죽겠다
7. 太监 : 내시

356. 急惊风撞到慢郎中

jíjīngfēngzhuàngdàomànlángzhōng

直译 : 급한 병이 생겼는데 성질이 느긋한 의사를 만났다.

意译 : 성질이 급한 사람이 성질이 느긋한 사람과 만났다.

① 急惊风撞到慢郎中, 我这件事情非常急, 可是他却一点也不在乎, 真是令人烦脑.
급한 병이 생겼는데 성질이 느긋한 의사를 만났다더니 나의 이일은 매우 급한데 그러나 그는 조금도 신경을 쓰지 않아 정말 사람을 걱정하게 한다.

② 急惊风撞到慢郎中, 没想到他会这么慢.
급한 병이 생겼는데 성질이 느긋한 의사를 만났다더니 뜻밖에 그가 이렇게 느릴 줄 몰랐다.

357. 狡兔死, 走狗烹

jiǎotùsǐ, zǒugǒupēng

直译 : 교활한 토끼가 죽어버리니까 사냥개도 삶기게 된다.

意译 : 이용가치가 없어지면 버림을 받는다.

① 狡兔死, 走狗烹, 他当了总统以後, 把以前的部下都肃清了.
교활한 토끼가 죽어버리니까 사냥개도 잡혀서 삶기게 된다더니 그가 총통이 되고 난 뒤에 옛 부하들을 모두 숙청해버렸다.

② 狡兔死, 走狗烹, 你以为他当了国王以後, 会感谢我们吗?
교활한 토끼가 죽어버리니까 사냥개도 삶기게 된다는데 당신은 그가 왕이 되고 난 뒤에 우리를 감사하게 생각할 줄 압니까?

---

1. 急惊风 : 급한 병, 성질이 급한 사람
2. 郎中 : 의사, 사기꾼
3. 不在乎 : 개의치 않다
4. 令人 : 사람으로 하여금
5. 撞到 : 부딪치다, 만나다
6. 狡兔 : 교활한 토끼
7. 走狗 : 부하, 주구
8. 当 : …노릇을 하다
9. 烹 : 삶다

358. 看风使舵, 顺水推舟

kànfēngshǐduò, shùnshuǐtuīzhōu

直译 : 바람을 보고 키를 사용하고 물길을 따라 배를 민다.

意译 : 대세를 따라야 한다.

① 看风使舵, 顺水推舟, 难道你看不出来他现在非常不高兴吗?
바람을 보고 키를 사용하고 물길을 따라 배를 민다는데 설마 당신은 그가 지금 기분이 아주 좋지 않는 것을 알아보지 못하는 것 아닙니까?

② 他看太太已经不反对了, 就看风使舵, 顺水推舟, 答应了儿子的婚事.
그는 부인이 벌써 반대하지 않은 것을 보고 바람을 보고 키를 사용하고 물길을 따라 배를 밀듯이 아들의 혼사를 허락해 주었다.

359. 重赏之下, 必有勇夫

zhòngshǎngzhīxià, bìyǒuyǒngfū

直译 : 큰 상금을 걸면 반드시 용감한 사람이 나온다.

意译 : 중상 아래 반드시 날랜 사람이 있다. 돈으로 걸면 자원자가 있다.

① 重赏之下, 必有勇夫, 如果你出一千万元, 一定有人帮你做这件事情.
큰 상금을 걸면 반드시 용감한 사람이 나오기 마련이다. 만약 당신이 천만 원을 내면 틀림없이 당신을 도와서 이 일을 할 사람이 있을 것이다.

② 他为了捉到凶手, 奖金出到一千万元, 重赏之下, 必有勇夫, 相信凶手很快就能捉到了.
그는 살인자를 잡기 위하여 현상금을 천만 원까지 냈다. 큰 상금을 걸면 반드시 용감한 사람이 나온다는데 살인자가 곧 잡힐 것이다.

---

1. 顺水 : 물 흐름을 따라
2. 推舟 : 배를 밀다
3. 舵 : 키, 방향타
4. 看不出来 : 알아 볼 수 없다
5. 重赏 : 큰 상금
6. 必 : 반드시
7. 勇夫 : 용감한 사나이
8. 为了 : 위하여, 위해서
9. 捉到 : 잡게 된다
10. 凶手 : 살인자

360. 哀兵必胜，骄兵必败

āibīngbìshèng, jiāobīngbìbài

直译 : 슬픔을 갖고 있는 병사는 반드시 이길 것이며 교만한 병사는 필히 패배할 것이다.

意译 : 사람이 항상 겸손하여야 하며 교만하면 안 된다.

① 哀兵必胜，骄兵必败，他这次参加司法考试失败的原因就是太骄傲了.
슬픔을 띠는 군대는 반드시 이길 것이며 오만한 군대는 반드시 패배할 것이다. 그가 이번 사법시험에 떨어진 이유는 바로 너무 교만했기 때문이다.

② 这次排球比赛，中国队忘了哀兵必胜，骄兵必败的教训，自以为天下无敌，结果被有备而来的韩国队打败了.
이번 배구시합에 중국 팀이 슬픔을 띠는 군대는 반드시 이길 것이며 오만한 군대는 반드시 패배할 것이라는 교훈을 잊어버리고 자기가 천하무적이라고 생각하여 결국 만반의 준비를 다 한 한국 팀에 패배하였다.

361. 屋漏偏逢连夜雨

wūlòupiānféngliányèyǔ

直译 : 집이 세는데 공교롭게 밤새 비가 내린다.

意译 : 밀가루 장사하면 바람이 불고 소금장사 하면 비가 온다. 액운이 연달아 온다.

① 屋漏偏逢连夜雨，我昨天才被革职，今天就被车撞了.
집이 세는데 공교롭게 밤새 비가 내린다더니 나는 어제 직장에서 파면을 당하고 오늘은 차에 치였다.

② 他的爸爸才去世一个月，他妈妈又病了，真是屋漏偏逢连夜雨，令人同情.
그의 아버지가 돌아가신지 한 달밖에 안되는데 그의 어머니도 병상에 누웠다 정말 액운이 연달아 와서 사람으로 하여금 동정하게 하는구나.

---

1. 骄傲 : 오만하다, 교만하다
2. 自以为 : 착각에 빠지다
3. 有持而来 : 준비를 해서 온다, 믿을 바가 있어서 온다
4. 打败 : 패배하다, 패배시키다
5. 屋 : 집
6. 漏 : 새다
7. 偏 : 공교롭게
8. 连夜 : 밤새
9. 革职 : 파면하다
10. 去逝 : 돌아가시다, 서거하다

362. 活到老, 学到老

huódàolǎo, xuédàolǎo

直译 : 늙을 때까지 배운다.

意译 : 나이 예순 되도록 셈이 든다.

① 他说 : "活到老, 学到老", 所以今年虽然已经七十岁了, 还在学开车.
그가 말하기를 나이 예순 되도록 셈이 든다하여 비록 나이는 칠십이지만 아직 차운전을 배우고 있다.

② 现在是一个知识爆炸的时代, 如果没有"活到老, 学到老"的精神, 一定会落伍的.
현재는 지식이 폭발하는 시대이다. 만약 "나이 예순 되도록 셈이 든다"는 정신이 없으면 반드시 낙오자가 될 것이다.

363. 牵一发而动全身

qiānyífàérdòngquánshēn

直译 : 머리카락을 하나를 당기니까 온 몸이 영향을 받는다.

意译 : 사소한 일 때문에 모든 것이 영향을 받는다.

① 牵一发而动全身, 你没有做好自己的工作, 我们只好全都停下来等你了.
머리카락을 하나를 당기니까 온 몸이 영향을 받는다더니 당신이 자기 일을 다 하지 못하니까 우리들이 할 수 없이 다 멈추어서 당신을 기다릴 수밖에.

② 因为李先生贪污, 所以业务课的人都被惩戒了, 真是牵一发而动全身啊.
이선생이 부정을 하였기 때문에 업무과의 사람들이 모두 징계를 받았다. 정말 머리카락을 하나를 당기니까 온 몸이 영향을 받는다더니.

---

1. 开车 : 운전하다
2 爆炸 : 폭발하다
3 牵 : 끌다
4 停下来 : 멈추어서
5. 贪污 : 부정을 하다

364. 哑巴吃黄莲, 有苦说不出

yǎbachīhuánglián, yǒukǔshuōbùchū

直译 : 벙어리가 황련(맛이 쓴 한약재)을 먹어서 쓰지만 말을 못 한다.
意译 : 벙어리 냉가슴 앓듯.

① 东西是他偷去的, 老师却以为是我偷的, 我又不敢告诉老师, 真是哑巴吃黄莲, 有苦说不出.
물건은 그 사람이 훔쳤는데 선생님은 내가 훔쳐간 것이라고 생각하신다. 내가 선생님에게 진실을 말씀을 드릴 용기가 없으니까 정말 벙어리 냉가슴 앓듯 하는구나.

② 我捡到的钱被小偷偷去了, 所以不能报警, 真是哑巴吃黄连, 有苦说不出.
내가 주운 돈을 도둑맞았지만 경찰에 신고할 수 없으니 정말 벙어리 냉가슴 앓는 격이구나.

365. 挂羊头, 卖狗肉

guàyángtóu , màigǒuròu

直译 : 양 머리를 걸고 개고기를 판다.
意译 : 양두구육이다(겉과 속이 다르다).

① 他是一个挂羊头, 卖狗肉的人, 你绝对不可以相信他.
그는 겉과 속이 다른 사람이니 당신은 절대로 그를 믿으면 안 된다.

② 他说他是在做慈善事业, 其实却是挂羊头, 卖狗肉, 只为营取私利而已.
그 사람은 자선사업을 하고 있다고 하지만 사실은 양두구육이다. 오로지 개인의 이익만을 얻으려고 한다.

---

1. 不敢 : … 할 용기가 없다
2. 哑巴 : 벙어리
3. 黄连 : 황련 (한약재)
4. 说不出 : 말을 못하다
5. 挂 : 걸다
6. 相信 : 믿는다
7. 却 : 도리어
8. 营取 : 영업해서 얻는다
9. 私利 : 개인의 이익

366. 胜不骄, 败不馁

shèngbùjiāo, bàibùněi

直译 : 이겨도 교만하지 않고 패배해도 낙심하지 않는다.

意译 : 승부를 평상심으로 한다.

① 胜不骄, 败不馁, 这样子才会一直进步.
이겨도 교만하지 않고 패배해도 낙심하지 않는다. 이렇게 하여야 계속 진보할 수 있다.

② 赵治勋学围棋的时候, 常记得胜不骄, 败不馁的教训, 所以才成了棋圣.
조치훈은 바둑을 배울 때 늘 이겨도 교만하지 않고 패배해도 낙심하지 않는다는 교훈을 기억하여 결국 기성이 되었다.

367. 项庄舞剑, 意在沛公

XiàngZhuāngwǔjiàn, yìzàiPèigōng

直译 : 항우가 칼춤을 추는 것은 유방을 죽이려고 하는 것이다.

意译 : 진짜의 목적은 다른 데에 있다.

① 项庄舞剑, 意在沛公, 他想除掉李将军, 所以先把张将军革职了.
항우가 칼춤을 추는 것은 유방을 죽이려고 하는 것이다. 그가 이 장군님을 없애 버리려고 그래서 먼저 장장군을 파면시켰다.

② 项庄舞剑, 意在沛公, 谁不知道你的目的是想谋害我呢?
항우가 칼춤을 추는 것은 유방을 죽이려고 하듯이 당신의 목적은 나를 모함하려고 하는 것임을 누가 모릅니까?

---

1. 馁 : 실망하다, 맥이 빠지다
2. 一直 : 계속하다, 줄곧
3. 记得 : 기억하다
4. 项庄 : 항우
5. 舞 : 춤을 추다
6. 沛公 : 유비
7. 除掉 : 제거하다
8. 革职 : 파면하다

368. 种瓜得瓜，种豆得豆

zhòngguādéguā, zhòngdòudédòu

直译 : 뫼를 심은 데 뫼가 나고 콩을 심은 데 콩이 나다.
意译 : 콩 심은 데 콩 나고 팥 심은 데 팥 난다.

① 种瓜得瓜，种豆得豆，你以前不好好儿念书，现在才会考不上大学.
콩 심은 데 콩 나고 팥 심은 데 팥 난다. 당신이 옛날에 공부를 잘하지 않아서 지금 대학에 합격하지 못한 것이다.

② 大家都不可以忘记种瓜得瓜，种豆得豆这句话，因为你想收获什么，就要种什么.
모든 사람들이 콩 심은 데 콩 나고 팥 심은 데 팥 난다는 말을 잊어서는 안 된다. 당신이 무엇을 수확하고 싶으면 무엇을 심어야 하기 때문이다.

369. 说你胖，你就喘起来了

shuōnǐpàng, nǐjiùchuǎnqǐláile

直译 : 당신이 살이 많다고 하니까 당신은 숨이 차기 시작한다.
意译 : 칭찬을 들어서 오만해진다는 말이다.

① 说你胖，你就喘起来了，以後谁还敢称称赞你呢?
당신이 살이 많다고 하니까 당신은 숨이 차기 시작하네. 앞으로 누가 감히 당신을 칭찬하겠습니까?

② 说你胖，你就喘起来了，像你这样不知天高地厚的人，会有什么出息呢?
당신이 살이 많다고 하니까 당신은 숨이 차기 시작하네, 당신과 같이 하늘 높은 줄 모르는 사람이 무슨 앞날이 있겠습니까? (어떻게 출세할 수 있겠습니까?)

---

1. 种 : 심다
2. 得 : 얻다
3. 考不上 : 합격하지 못하다
4. 忘记 : 잊어버리다
5. 喘 : 숨이 가쁘다, 숨이 차다
6. 天高地厚 : 하늘이 높고 땅이 두껍다
7. 出息 : 앞날, 장래성
8. 没出息 : 싹이 노랗다

370. 说曹操, 曹操到

shuōCáoCāo,CáoCāodào

直译 : 조조에 대한 이야기를 하니까 조조가 온다.

意译 : 호랑이 이야기를 하니까 호랑이가 온다.

① 说曹操, 曹操到, 我们正在说李先生为什么还没来, 李先生就来了.
호랑이 이야기를 하니까 호랑이가 온다. 우리는 막 이선생 이야기를 하고 있는데 이 선생이 왔다.

② 说曹操, 曹操到, 大家正担心他, 他就出现了.
호랑이 이야기를 하니까 호랑이가 온다. 모든 사람들이 그를 걱정하고 있는데 그가 나타났다.

371. 养子不教父之过

yǎngzǐbújiàofùzhīguò

直译 : 아들을 잘 교육시키지 못함은 아버지의 잘못이다.

意译 : 자녀의 교육은 아버지가 담당하여야 한다.

① 养子不教父之过, 你的儿子会变得这么坏, 都是你这个做父亲的责任.
아들 교육이 잘못 된 것은 아버지의 잘못이라고 하는데 당신의 아들이 이렇게 나쁘게 변한 것도 모두가 아버지인 당신의 책임이다.

② 古人说 : 养子不教父之过, 但是做母亲的也不是完全没有责任.
옛날 사람이 말하기를“아들 교육이 잘못 된 것은 아버지의 잘못이라”고 하지만 모친 역시 완전히 책임이 없는 것은 아니다.

---

1. 担心 : 걱정하다, 염려하다
2. 出现 : 나타나다
3. 养子 : 아들을 키우다, 양자
4. 不教 : 가르치지 않다
5. 过 : 과오, 잘못

372. 养兵千日，用在一时

yǎngbīngqiānrì, yòngzàiyìshí

直译 ; 병사를 천일동안 훈련시킨 것은 하루 아침의 일을 에 위한 것이다.
意译 : 오랜 동안의 준비를 해서 하루 아침에 결정이 난다.

① 他辛辛苦苦学了四年的中国话, 养兵千日 用在一时, 这次去参加司法考试, 一定要考中才行.
그 사람이 4년동안 고생하여 중국말을 배웠으니 이번 고시 가서는 반드시 합격을 하여야 한다.

② 王将军说 : 养兵千日, 用在一朝, 希望士兵们都能为国家牺牲生命, 保卫国家的独立自主.
왕장군님이 병사를 오랫동안 훈련시킨 것은 일각을 위한 것이며 모든 장병 역시 자기의 생명을 희생하여 나라의 독립자주를 수호하기를 바란다고 말하였다.

373. 养儿防老，积谷防饥

yǎng'érfánglǎo, jīgǔfángjī

直译 : 아들을 키워서 늙을 때를 대비하고 곡식을 쌓아서 배고플 때를 대비하다.
意译 : 유비무환이다.

① 俗话说 : 养儿防老, 积谷防饥, 人不可以只看现在, 不为未来着想.
속담에 아들을 키워서 늙을 때를 대비하고 곡식을 쌓아서 배고플 때를 대비하라고 했는데 사람이라면 코앞만 내다보고 미래를 생각하지 않으면 안 된다.

② 养儿防老, 积谷防饥, 你为什么只生三个女儿, 就不生了呢?
아들을 키워서 늙을 때를 대비하고 곡식을 쌓아서 배고플 때를 대비하라고 했는데 당신은 왜 딸만 셋을 낳고 또 낳지 않았을까?

---

1. 辛辛苦苦 : 고생을 많이 하다
2. 养兵 : 병사를 양성하다
3. 一朝 : 하루아침에
4. 考中 : 시험에 합격하다
5. 养儿 : 아들을 키우다
6. 积谷 : 곡식을 쌓다
7. 着想 : 생각해 주다
8. 生 : 출산하다, 태어나다

374. 亲不亲, 故乡人, 美不美, 故乡水

qīnbùqīn, gùxiāngrén, měibùměi, gùxiāngshuǐ

直译 : 친하든 않든 고향사람이며, 아름답든 아름답지 않던 고향의 물이다.
意译 : 까마귀도 내 땅 까마귀라면 반갑다. 고향의 사람과 물은 가장 정이 든다.

① 亲不亲, 故乡人, 美不美, 故乡水, 虽然他不是一个聪明的学生, 也请你看在同乡的面子上, 多指导一下.
친하든 않든 고향사람이며, 아름답든 아름답지 않던 고향의 물이다. 비록 그는 총명한 학생이 아니지만 동향이라는 관계를 보아서 많이 지도해 주시기 바랍니다.

② 因为他是我的老乡, 亲不亲, 故乡人, 美不美, 故乡水, 所以我不能不帮助他.
그는 우리 고향 사람이니까 친하든 않든 고향사람이며, 아름답든 아름답지 않던 고향의 물이라서 나는 그를 도와주지 않으면 안 된다.

375. 亲兄弟, 明算帐

qīnxiōngdì, míngsuànzhàng

直译 : 친형제라도 장부를 분명히 한다.
意译 : 가까운 사람일수록 돈 관계는 분명하게 하여야 한다.

① 咱们亲兄弟, 明算帐, 上次你向我借的钱, 应该还我了 .
우리는 친형제지만 돈관계 만큼은 분명하게 해야 하니 지난 번 당신이 나한테 빌려간 돈을 나에게 갚아야 하겠지요.

② 亲兄弟, 明算帐, 才不会伤了手足之情.
친형제라도 돈 관계를 분명하게 하여야 한다. 그래야만 수족의 정에 상처를 입히지 않을 것이다.

---

1. 亲 : 가깝다
2. 面子 : 얼굴, 체면
3. 老乡 : 동향 사람
4. 咱们 : 우리
5. 明算帐 : 계산을 분명하게 하다
6. 还 : 갚다, 돌려주다
7. 手足之情 : 형제의 정

376. 树高千丈, 叶落归根

shùgāoqiānzhàng, yèluòguīgēn

直译 : 천장이나 되는 나무라도 그 잎이 떨어지면 뿌리로 간다.

意译 : 사람이 늙으면 고향을 찾는다.

① 树高千丈, 叶落归根, 我在中国十多年了, 也应该回韩国去了.
천장이나 되는 나무라도 그 잎이 떨어지면 뿌리로 간다더니 나는 중국에서 십여 년이나 있었으니 이제 한국에 돌아가야 하겠구나.

② 他上个月结束了流浪的生活, 回老家去了, 树高千丈, 叶落归根, 这句话真是一点儿也不错呀!
그 사람은 지난 달에 유랑생활을 마치고 고향으로 돌아갔다. 천장이나 되는 나무도 그 잎이 떨어지면 뿌리로 돌아간다더니 이 말은 정말 틀린 말이 아니었구나!

377. 树欲静而风不止

shùyùjìngérfēngbùzhǐ

直译 : 나무가 고요하게 있고 싶어 하나 바람이 그치지 않다.

意译 : 일은 사람의 주관적인 욕망대로 되지 않는다.

① 虽然我想多孝顺父母, 但是父母却已经离我远去了, 真是树欲静而风不止 .
비록 나는 부모님께 효도를 많이 하고 싶었지만 부모님은 벌써 내게서 멀리 떠나가셨다. 정말 나무가 고요하게 있고 싶어하나 바람이 그치지 않구나.

② 等到他想和李小姐结婚的时候, 李小姐已经和别人结婚了, 树欲静而风不止, 後悔也来不及了.
그가 미스리와 결혼하려고 마음을 먹었을 때 미스리는 벌써 다른 사람과 결혼하였다. 뭐든지 맘대로 되는 일이 없다더니 후회해도 이미 늦었다.

---

1. 叶 : 나무 잎
2. 归根 : 뿌리로 돌아가다
3. 十多年 : 십여 년
4. 结束 : 끝마치다
5. 老家 : 고향
6. 孝顺 : 효도를 하다
7. 离 : 떠나다
8. 来不及 : 늦다

378. 树倒猢狲散

shùdǎohúsūnsàn

直译 : 나무가 쓰러지면 원숭이들이 서방으로 도망간다.

意译 : 두목이나 부자가 망하면 그 밑의 사람들이 떠나버리다.

① 树倒猢狲散, 李老大死了以後, 他的部下们也都解散了.
나무가 쓰러지면 원숭이들이 서방으로 도망간다더니 이두목이 죽은 후, 그의 부하들도 모두 해산해버렸다.

② 栗山财团宣告破产以后, 公司的职员们纷纷转业, 真是树倒猢狲散啊!
율산재단이 파산선고를 한 후, 회사직원들이 다투어 전업을 하여 정말 나무가 쓰러지면 원숭이들이 서방으로 도망가는구나!

379. 骂人不打草稿

màrénbùdǎcǎogǎo

直译 : 사람을 욕할 때 미리 원고를 준비하지 않다.

意译 : 사정없이 사람을 욕한다.

① 他是一个骂人不打草稿的人.
그는 사람을 욕할 때 사정없이 하는 사람이다.

② 你不要骂人不打草稿, 我从来没有说过你的坏话.
당신은 사정없이 나에게 욕을 하지 마십시오. 나는 옛날부터 당신에게 나쁜 말을 한 적 없습니다.

---

1. 猢狲 : 원숭이
2. 纷纷 : 분분히
3. 骂 : 욕을 하다
4. 草稿 : 원고
5. 坏话 : 나쁜 말

380. 姜是老的辣

jiāngshìlǎodelà

直译 : 생강은 오래 된 것이 맵다.

意译 : 나이가 많은 사람이 경험이 많다.

① 姜是老的辣, 还是他的见解比较高明.
생강은 오래 된 것이 맵다더니 역시 그의 견해가 비교적 차원이 높군.

② 王将军说敌人会有埋伏, 要我们小心, 果然被他说对了, 到底姜是老的辣.
왕장군님이 적이 매복하고 있을 것이므로 우리에게 조심하라고 말씀을 하셨는데 과연 그 말이 맞았다. 역시 생강은 오래 된 것이 맵구나.

381. 临渴掘井, 尿急挖坑

línkějuéjǐng, niàojíwākēng

直译 : 입이 마를 때 우물을 파고 오줌이 급할 때 구멍을 판다.

意译 : 평상시에 준비하지 않고 급할 때 한다.

① 临渴掘井, 尿急挖坑, 像你这样平常不预先准备的人, 我第一次看到.
입이 마를 때 우물을 파고 오줌이 급할 때 구멍을 판다더니 당신과 같이 평상시에 준비하지 않은 사람은 나는 처음 봅니다.

② 叫你平常要准备好, 你不听, 现在要考试了, 你才看书, 这不是临渴掘井, 尿急挖坑吗?
평상시에 잘 준비하라고 해도 말을 듣지 않고 이제 시험을 치르려 하니까 비로소 공부를 하다니 이게 바로 입이 마를 때 우물을 파고 오줌이 급할 때 구멍을 파는 격이 아닌가?

---

1. 姜 : 생강
2. 辣 : 맵다
3. 高明 : 좋다, 고명하다
4. 说对了 : 맞게 이야기하였다
5. 临 : 임하다
6. 渴 : 목 마르다
7. 掘 : 파다
8. 尿 : 오줌
9. 挖 : 파다
10. 坑 : 구멍
11. 看到 : 보게 되다, 보이다

382. 胳臂肘子向里弯

gēbēizhǒuzǐxiànglǐwān

直译 : 팔은 안으로 굽는다.

意译 : 팔은 안으로 굽는다.

① 胳臂肘子向里弯, 他怎么会不帮助他弟弟呢?
팔은 안으로 굽는다는데 그가 어떻게 자기의 동생을 도와주지 않을 수 있겠습니까?

② 你不要忘记胳臂肘子向里弯, 他们兄弟们不会帮助你的.
당신이 팔은 안으로 굽는다는 말을 잊지 마라. 그들 형제들이 당신을 도와주지 않을 것이다.

383. 差之毫厘, 谬以千里

chāzhīháolí, miùyǐqiānlǐ

直译 : 천분의 일 미리의 차이로 천리의 거리가 벌어진다.

意译 : 조금의 잘못(차이)으로 큰 과오를 범한다.

① 差之毫厘, 谬以千里, 这首古诗绝对不可以那样解释.
조금의 잘못(차이)으로 큰 과오를 범한다는데 이 고시를 절대로 그렇게 해석할 수가 없다.

② 他的想法和我的想法虽然很像, 但是差之毫厘, 谬以千里, 我们两个人的人生观是完全不同的.
그의 생각은 내 생각과 비록 매우 흡사하지만 그러나 조금의 잘못(차이)으로 큰 과오를 범한다는 듯이 우리 두 사람의 인생관은 완전히 다른 것이다.

---

1. 胳臂 : 팔
2. 肘子 : 관절
3. 差 : 모자라다, 안 좋다
4. 毫厘 : 호와 리, 아주 작은 것
5. 想法 : 생각

384. 神不知，鬼不觉

shénbùzhī, guǐbùjué

直译 : 신이 모르고 귀신도 모르게 한다.

意译 : 구렁이 담 넘어가듯.

① 他神不知，鬼不觉地，把国宝偷走了.
그는 구렁이 담 넘어가듯 국보를 훔쳐가 버렸다.

② 他是怎么越狱的? 没有一个人知道，真是神不知，鬼不觉.
그가 어떻게 탈옥한 것인지 아는 사람이 하나도 없다. 정말 구렁이 담 넘어가듯 해버렸군.

385. 神龙见首不见尾

shénlóngjiànshǒubújiànwěi

直译 : 용은 머리만 보이고 꼬리가 보이지 않는다.

意译 : 신출귀몰하다는 말이다.

① 他每天从早忙到晚，总是神龙见首不见尾，要见他真不容易.
그는 날마다 아침부터 밤까지 바쁘고 늘 신출귀몰식이어서 그를 만나기는 여간 정말 쉽지 않다.

② 林居正神龙见首不见尾，日本警察根本捉不到他.
임꺽정이 신출귀몰하여 일본경찰은 도저히 그를 잡을 수 없었다.

---

1. 不觉 : 모른다
2. 忙 : 바쁘다
3. 总是 : 늘, 아무튼, 결국
4. 根本 : 전혀, 근본적으로

386. 恭敬不如从命

gōngjìngbùrúcóngmìng

直译 : 공경하는 것이 명령을 따르는 것보다 못하다.

意译 : 말씀대로 따르는 것이 가장 옳은 길이다.

① 恭敬不如从命, 既然你叫我不要来, 明天我就不来了.
말씀대로 따르는 것이 가장 옳은 길이겠지요. 당신이 기왕 날더러 오지 말라고 하셨으니까 나는 내일 오지 않겠습니다.

② 你不要客气了. 恭敬不如从命, 这个礼物你就收下吧!
당신은 사양하지 마세요. 사양하는 것보다 말을 따르는 것이 나으니 이 선불을 받으시죠.

387. 真人不露相

zhēnrénbúlòuxiàng

直译 : 진짜 사람은 얼굴을 노출하지 않는다.

意译 : 실력이 있는 자는 쉽사리 보여주지 않는다.

① 真人不露相, 他的中国话才好呢!
실력이 있는 자는 쉽사리 보여주지 않다, 그 사람이야말로 중국말을 잘한다.

② 原来你的英文这么好, 真是真人不露相.
당신의 영어실력은 이렇게 좋았군요. 정말 실력이 있는 자는 쉽사리 보여주지 않는다더니.

---

1. 不如 : 차라리
2. 从命 : 명령을 따르다
3. 客气 : 사양하다, 겸손하다
4. 收下 : 받아들이다
5. 真人 : 진짜 재주가 있는 사람, 진짜 사람
6. 露相 : 얼굴을 내밀지 않다

388. 真人面前不说假话

zhēnrénmiànqiánbùshuōjiǎhuà

直译 : 실력자 앞에서는 거짓말을 안 한다.
意译 : 실력자 앞에서는 거짓말을 안 한다.

① 真人面前不说仮话, 我告诉你的话都是真的.
실력자 앞에서는 거짓말을 안 한다. 내가 당신에게 이야기한 것은 모두 진실이다.

② 你为什么要说谎? 真人面前不说仮话, 你把前后经过都告诉我吧!
당신은 왜 거짓말을 하려고 합니까? 실력자 앞에서는 거짓말을 안 하는 게요. 당신은 전후 경과를 모두 내게 이야기하시지요!

389. 真金不怕火炼

zhēnjīnbúpàhuǒliàn

直译 : 진짜 금은 불의 시련을 무서워하지 않는다.
意译 : 실력이 있으면 시련을 두려워하지 않는다.

① 真金不怕火炼, 如果你不相信的话, 你可以去调查我.
진짜 금은 불의 시련을 무서워하지 않는다. 만약 당신이 못 믿겠다면 나를 조사해도 괜찮다.

② 真金不怕火炼, 他这一次终於考上外交官了.
진짜 금은 불의 시련을 무서워하지 않는다. 그는 이번에 드디어 외교관시험에 합격되었다.

---

1. 仮话 : 거짓말
2. 告诉 : 알려주다, 고소하다
3. 炼 : 연마하다
4. 考 : 시험을 치다
5. 考上 : 시험에 합격되다

390. 豹死留皮，人死留名

bàosǐliúpí, rénsǐliúmíng

直译 : 표범이 죽으면 가죽을 남기고 사람이 죽으면 이름을 남긴다.

意译 : 호랑이가 죽으면 가죽을 남기고 사람이 죽으면 이름을 남긴다.

① 豹死留皮，人死留名，你存了那么多的钱财，但是一点好事也不做，又有什么用呢?

호랑이가 죽으면 가죽을 남기고 사람이 죽으면 이름이 남긴다는데 당신은 돈을 그렇게 많이 모았지만 좋은 일은 하나도 하지 않고 무슨 소용이 있습니까?

② 豹死留皮，人死留名，我们活在这个世界上，一定要做一个有用的人.

호랑이가 죽으면 가죽을 남기고 사람이 죽으면 이름을 남긴다는데 우리는 이 세상에 살면서 반드시 유용한 인간이 되어야 한다.

391. 拿得起，放得下

nádeqǐ , fàngdexià

直译 : 들 수도 있고 내릴 수도 있다.

意译 : 마음의 부담이 안 된다.

① 虽然李小姐和别人结婚了，但是我拿得起，放得下，不会怪她的.

비록 이양이 다른 사람과 결혼하였지만 나는 마음의 부담이 안 된다, 그녀를 책망하지 않을 것이다.

② 他被降级了以後，他说：我拿得起，放得下，你们不用为我伤心.

그는 강등당한 뒤 말하기를 『나는 마음의 부담이 안 되니 당신들은 나 때문에 슬퍼하지 말라고 하였다.

---

1. 豹 : 표범
2. 存 : 보존하다, 저축하다
3. 活 : 살다
4. 拿得起 : 들 수 있다
5. 放得下 : 내려놓을 수 있다
6. 不用 : 필요없다, 사용하지 않다

392. 病从口入，祸从口出

bìngcóngkǒurù, huòcóngkǒuchū

直译 : 병은 입에서 들어가고 화는 입에서 나온다.

意译 : 말을 조심하라.

① 病从口入，祸从口出，你到公司去了以後，千万不要乱讲话.
병은 입에서 들어가고 화는 입에서 나온다고 하는데 당신이 회사에 가서 말을 절대로 함부로 하지 마세요.

② 病从口入，祸从口出，他每天乱吃东西，终於拉肚子了.
병은 입에서 들어가고 화는 입에서 나온다는데 그는 날마다 함부로 집어먹더니 드디어 설사하였다.

393. 病急乱投医

bìngjíluàntóuyī

直译 : 병이 급할 때 아무 의사를 찾는다.

意译 : 사람이 급할 때 당황한다.

① 病急乱投医，怎么会有效果呢?
병이 급할 때 아무 의사를 찾으면 어찌 효과가 있겠습니까?

② 你去借高利贷来解决公司的困难，想解决问题，这根本是病急乱投医嘛!
당신이 사채를 빌려서 회사의 어려움을 해결하려고 하다니 이건 정말 병이 급할 때 아무 의사를 찾는 격이다.

---

1. 千万 : 절대로
2. 乱 : 함부로
3. 讲话 : 말을 하다
4. 肚子 : 배
5. 拉肚子 : 설사하다
6. 投医 : 의사에게 가다
7. 高利贷 : 사채
8. 周转 : (돈을)돌리다
9. 根本 : 전혀, 근본적으로, 도무지

394. 高不成，低不就

gāobùchéng, dībújiù

直译 : 높은 데는 안 되고 낮은 데는 가려고 하지 않다.

意译 : 사람이 까다로워서 일 할 자리를 찾기가 어렵다(안배하기가 어렵다).

① 他已经三十岁了，但是因为高不成，低不就，所以到现在还没有结婚.
그는 벌써 서른 살이 되었는데도 높은 데는 안 되고 낮은 데는 가려고 하지 않기 때문에 지금까지도 결혼하지 못하고 있다.

② 他离开军队以後，因为高不成，低不就，所以到现在也没找到工作.
그는 제대한 뒤, 높은 데는 안 되고 낮은 데는 가려고 하지 않기 때문에 지금까지도 일자리를 찾지 못하였다.

395. 害人之心不可有，防人之心不可无

hàirénzhīxīnbùkěyǒu, fángrénzhī

直译 : 사람을 해칠 마음이 있으면 안 되며 사람을 방비할 마음이 없어도 안 된다.

意译 : 사람을 항상 조심하라.

① 害人之心不可有，防人之心不可无，他是一个诡计多端的人，你一定要小心才行.
사람을 해칠 마음이 있으면 안 되며 사람을 방비할 마음이 없어도 안 된다. 그는 음모가 많은 사람이니까 넌 반드시 조심해야 한다.

② 现在是一个没有道义观念的世界. 所以害人之心不可有，防人之心不可无，凡事小心一点的好.
지금은 도의관념이 없는 세상이니까 사람을 해칠 마음이 있으면 안 되며 사람을 방비할 마음이 없어도 안 된다. 무슨 일이든 간에 조심하는 것이 좋겠다.

---

1. 就 : 나아가다, 취임하다
2. 离开 : 떠나다
3. 害人 : 사람을 해치다
4. 多端 : 여러 가지 있다
5. 才行 : 비로소 된다
6. 凡事 : 모든 일
7. 一切 : 모든

396. 家和万事兴

jiāhéwànshìxīng

直译 : 집안이 화목하면 모든 것이 잘 이룬다.

意译 : 집안이 화목하여야 모든 것이 잘 될 수 있다.

① 俗话说：家和万事兴，像他们家每天打打闹闹的，什么事情都做不成.
속담에 집안이 화목하여야 모든 것이 잘 될 수 있다고 하는데 그들의 집안처럼 날마다 치고 박고 하면 아무 일도 잘 될 수가 없다.

② 家和万事兴，他们夫妇两个人相敬如宾，和和气气，所以事业也非常顺利.
집안이 화목하여야 모든 것이 잘 될 수 있다더니 그들 부부는 서로 존경하며 화기애애하게 지내기 때문에 사업도 매우 순조롭다.

397. 家花不如野花香

jiāhuābùrúyěhuāxiāng

直译 : 집안의 꽃은 들꽃보다 향기롭지 못하다.

意译 : 떡은 남의 것이 맛있어 보인다. 남의 것이 좋아 보인다.

① 他老觉得家花不如野花香，所以常在外面风流.
그 사람은 늘 집안의 꽃은 들꽃보다 향기롭지 못하다고 생각해서 자주 바깥에서 바람을 피운다.

② 他对自己的老婆总看不顺眼，其实那就是家花不如野花香的心理作用.
그 사람은 자기의 부인에게 늘 불만을 품고 있는데 사실 그것은 바로 남의 것이 좋아 보이는 심리작용이다

1. 打打闹闹 : 치고 박는다, 싸우다
2. 做不成 : 일을 이루지 못하다
3. 相敬如宾 : 서로 손님처럼 존경하다
4. 老 : 늙다
5. 香 : 향그럽다
6. 风流 : 바람을 피다, 풍류
7. 总 : 늘
8. 看不顺眼 : 눈에 거스리다
9. 其实 : 기실, 사실상

398. 家家有本难念的经

jiājiāyǒuběnnánniàndejīng

直译 : 집집마다 읽기가 어려운 경본이 있다.

意译 : 집집마다 어려운 일이 있다.

① 家家有本难念的经, 只是别人不知道而已.
집집마다 어려운 일이 있다. 단지 남이 모를 뿐이다.

② 虽然他们的问题很多, 但是俗话说 : 家家有本难念的经, 谁家没有烦恼呢?
비록 그들의 문제는 매우 많지만 속담에 집집마다 어려운 일이 있다고 하듯이 어느 집에 걱정거리가 없겠는가?

399. 家丑不可外扬

jiāchǒubùkěwàiyáng

直译 : 집안의 부끄러운 일은 바깥에 말할 것이 못된다.

意译 : 집안의 부끄러운 일은 감추어야 한다.

① 家丑不可外扬, 这件事不可以对别人说.
집안의 부끄러운 일은 감추어야 한다. 이 일을 남에게 이야기하면 안 된다.

② 没想到你竟然敢偷别人的东西, 本来应当把你送到公安局去, 但是家丑不可外扬, 只好在家里处罚你了.
뜻밖에 네가 남의 물건을 훔치다니 원래 너를 경찰서에 보내야 하지만 집안의 부끄러운 일을 감추어야 한다니까 할 수 없이 집안에서 너를 처벌한다.

---

1. 难念 : 읽기가 어렵다
2. 经 : 경본, 불경
3. 家丑 : 집안의 수치
4. 竟然 : 뜻밖에
5. 公安局 : 경찰서
6. 外扬 : 밖으로 성양하다
7. 只好 : 할 수 없이

400. 浪子回头金不换

làngzǐhuítóujīnbúhuàn

直译 : 탕자가 회개하면 금화보다도 귀하다.

意译 : 탕자가 회개하면 금화보다도 귀하다. 회개하라!

① 浪子回头金不换, 我劝你赶快改过自新, 重新做人吧!
탕자가 회개하면 금화보다도 귀하다는데 내가 권한건대 당신은 하루 속히 개과천선하여 새사람이 되시지요.

② 他的儿子, 以前是不良少年, 自从改过自新以後, 现在每次都考第一名, 真是浪子回头金不换啊!
그의 아들은 전에는 불량배였는데 개과천선한 이후로부터는 지금 매번 일등을 한다. 정말 탕자가 회개하면 금화보다도 귀하구나.

401. 旁观者清, 当局者迷

pángguānzhěqīng, dāngjúzhěmí

直译 : 옆에서 방관하는 사람이 잘 아는데 당사자는 잘 모른다. (매혹한다)

意译 : 하는 나보다 보는 사람이 더 잘 안다. 보는 사람은 상황을 잘 파악하지만 당사자는 상황을 잘 파악하지 못한다.

① 旁观者清, 当局者迷, 所以下棋的时候, 在旁边看的人不可以说话.
옆에서 방관하는 사람은 잘 아는데 당사자는 잘 모르는 법. 그러니 장기(바둑)를 둘 때 옆에서 구경하는 사람은 말을 하면 안 된다.

② 你看得很清楚, 但是他却看不清楚, 这就是旁观者清, 当局者迷.
당신은 잘 보는데 그는 잘 보지 못하는군요. 이것이 바로 옆에서 방관하는 사람이 잘 아는데 당사자는 잘 모른다는 것이군요.

---

1. 浪子 : 탕자
2. 金不换 : 돈으로 바꿀 없다
3. 赶快 : 어서, 빨리
4. 重新 : 다시
5. 清 : 알다, (머리가)깨끗하다
6. 迷 : 매혹하다, 헤매다
7. 下棋 : 장기나 바둑을 두다
8. 看不清楚 : 잘 안 보인다

402. 宰相肚里能撑船

zǎixiàngdùlǐnéngchēngchuán

直译 : 재상의 배속에는 배를 띠울 수가 있다.
意译 : 통이 크다는 말이다.

① 宰相肚里能撑船, 你何必和他斤斤计较呢?
재상의 배속에는 배를 띠울 수가 있다고 하는데 당신이 그와 사사건건 따질 필요가 있겠습니까?

② 他的忍耐力非常好, 所以别人都称赞他说 : 宰相肚里能撑船.
그의 인내력은 아주 대단하다 그래서 모든 사람들이 그를 칭찬하기를 "재상의 배속에는 배를 띠울 수가 있다"고 한다.

403. 留得青山在, 不怕没柴烧

liúdéqīngshānzài, búpàméicháishāo

直译 : 청산을 남겨두면 땔 감이 떨어질 걱정을 안 해도 된다.
意译 : 강하기만 하면 성공할 수 있다(잠시의 실패를 개의할 필요가 없다).

① 留得青山在, 不怕没柴烧, 你只要恢复健康, 一定可以东山再起的.
청산을 남겨두면 땔감이 떨어질 걱정을 하지 않아도 된다고 하니 당신은 건강을 회복하기만 하면 반드시 재기할 수 있을 것이다.

② 虽然所有的财产在这次火灾中都被烧掉了, 但是留得青山在, 不怕没柴烧, 只要肯努力, 生活是不会有问题的.
비록 모든 재산이 이번 화재 중에 다 소실되었지만 청산이 남아 있으면 땔감을 걱정할 필요가 없듯이 노력하기만 하면 생활은 문제가 없을 것이다.

---

1. 肚(肚子) : 배
2. 撑 : 지탱하다, 받치다
3. 斤斤 : 자질구레하게, 지나치게
4. 计较 : 따지다, 계산하다
5. 柴 : 나무, 땔감
6. 烧 : 태우다
7. 东山再起 : 재기하다
8. 肯 : 원하다
9. 所有的 : 모든

404. 酒不醉人人自醉，色不迷人人自迷

jiǔbúzuìrénrénzìzuì, sèbùmírénrénzìmí

直译 : 술은 사람을 취하게 하지 않는데 다만 사람이 스스로 취할 뿐이다. 여색은 사람을 매혹시키지 않은데 단지 사람이 스스로 매혹에 빠질 뿐이다.

意译 : 모든 것이 스스로 자초한 것이다.

① 酒不醉人人自醉，色不迷人人自迷，如果你对金小姐没意思，你怎么会被她骗得晕头转向呢?

모든 것이 스스로 자초한 것이다. 만약에 당신이 김양에게 마음이 없었다면 당신이 어떻게 그녀에게 정신을 차리지 못할 정도로 사기당했겠소?

② 因为你自己想借酒消愁，所以每次一喝酒就醉，这叫做"酒不醉人人自醉，色不迷人人自迷".

당신이 스스로 술로 근심거리를 풀려고 하니까 매번 술을 마시자마자 취하는 거요. 이것이 바로 "술은 사람을 취하게 하지 않는데 다만 사람이 스스로 취할 뿐이라"는 게요.

405. 酒能成事亦能败事

jiǔnéngchéngshìyìnéngbàishì

直译 : 술은 일을 도울 수도 있고 일을 망칠 수도 있다.

意译 : 술을 조심하라.

① 酒能成事亦能败事，绝对不可以喝太多.

술은 일을 도울 수도 있고 일을 망칠 수도 있다, 절대로 과음하면 안 된다.

② 他被董事长开除，就是因为那天喝醉失礼的关系，所以说酒能成事亦能败事.

그가 회장님에게 파면당한 것은 바로 그날 술에 취해서 실례를 했기 때문이다. 그래서 술은 일을 도울 수도 있고 일을 망칠 수도 있다고 한다.

---

1. 自醉 : 스스로 취하다
2. 自迷 : 스스로 매혹에 빠지다
3. 没意思 : 뜻이 없다, 마음이 없다, 재미가 없다
4. 晕头转向 : 머리가 빙빙 돌 정도로 정신을 차리지 못하다
5. 借酒消愁 : 술을 의지하여 고민거리를 없애버리다
6. 一… 就… : …자 마자
7. 败事 : 일을 망치다
8. 绝 : 절대, 절대로
9. 董事长 : 회장, 이사장
10. 喝醉 : 술에 취하다

406. 酒後吐真言

jiǔhòutǔzhēnyán

直译 : 술을 마신 후 진실을 토로한다.

意译 : 술을 마신 후 진실을 토로한다.

① 他终於酒後吐真言了.
그는 술을 마신 뒤 마침내 진실을 이야기하였다.

② 俗话说 : 酒後吐真言, 如果你想知道什么事情, 请他喝杯酒就行了.
속담에 술을 마신 뒤에 진실을 이야기한다는 말이 있으니 만약에 당신이 무엇을 알고 싶으면 그 사람에게 술을 한 잔 사주면 된다.

407. 酒逢知己千杯少, 话不投机半句多

jiǔféngzhījǐqiānbēishǎo, huàbùtóujībànjù

直译 : 술은 지기의 친구를 만나면 천 잔을 마셔도 모자라고 말은 서로 맞지 않으면 일언반구라도 길다.

意译 : 지기의 친구를 필요로 하고 서로의 뜻이 맞아야 한다.

① 来, 来, 来, 酒逢知己千杯少, 我们多喝两杯!
자, 자, 자, 술은 지기를 만나면 천배도 모자란다. 우리는 실컷 마시자!

② 酒逢知己千杯少, 话不投机半句多, 今天我们亲朋好友聚在一起, 应该多喝几杯!
술은 지기를 만나면 천배도 모자라고 말은 서로 맞지 않으면 일언반구라도 많다는데 오늘 우리 일가친척, 친구 을이 함께 모였으니 마땅히 술을 많이 해야지요!

---

1. 吐 : 토하다
2. 真言 : 진실한 말
3. 请(客) : 한 턱을 내다
4. 酒 : 술
5. 行了 : 된다
6. 投机 : 의기투합하다, 투기
7. 亲朋 : 친척과 친구

408. 流言止於智者

liúyánzhǐyúzhìzhě

直译 : 유언비어는 똑똑한 사람에 의하여 멈춘다.
意译 : 유언비어는 똑똑한 사람에 의하여 멈춘다.

① 流言止於智者, 这种谣言, 我们不可以随便相信.
유언비어는 똑똑한 사람에 의하여 멈춘다하니 이러한 유언비어를 우리는 함부로 믿으면 안 된다.

② 许多人说他死了, 但是我昨天才和他见了面, 流言止於智者, 希望你们不要再相信了.
수많은 사람들이 그가 죽었다고 하지만 내가 어제 겨우 그와 만났어요. 유언비어는 똑똑한 사람에 의하여 멈춘다니까 당신들이 더 이상 함부로 상상하지 마세요.

409. 将相本无种, 男儿当自强

jiāngxiāngběnwúzhǒng, nánerdāngzìqiáng

直译 : 장군과 재상은 타고 난 것이 아니다. 사나이가 스스로 노력하여야 한다.
意译 : 왕후장상이 씨가 없다. 노력하면 출세할 수 있다.

① 将相本无种, 男儿当自强, 只要你肯发奋图强, 一定可以出人头地的.
장군과 재상은 타고 난 것이 아니다. 사나이가 스스로 노력하여야 한다. 당신은 스스로 분발하여 강해지기를 꾀하기만 하면 반드시 출세할 수 있을 것이다.

② 虽然他的父亲是一个乞丐, 但是他却成了全世界闻名的将军, 所以说 : 将相本无种, 男儿当自强.
비록 그의 부친은 거지지만 그가 도리어 전 세계에 이름난 장군이 되었다. 그래서 속담에 장군과 재상은 타고 난 것이 아니다. 사나이가 스스로 노력하여야 한다고 말한다.

---

1. 流言 : 유언비어
2. 止 : 멈추다
3. 随便 : 함부로
4. 智者 : 똑똑한 사람
5. 将相 : 장군과 재상
6. 种 : 종자
7. 当 : 마땅히
8. 发奋图强 : 분발을 하여 강해지기를 꾀하다
9. 出人头地 : 출세하다, 두각을 나타나다
10. 乞丐 : 거지
11. 虽然 : 비록
12. 闻名 : 이름이 나다

410. 恶人先告状

èrénxiāngàozhuàng

直译：나쁜 사람이 먼저 소송을 건다.

意译：도둑이 먼저 관청에 간다. 못 된 놈이 선수를 친다.

① 他考试作弊, 我没报告老师, 没想到恶人先告状, 他反而谋害我，说我偷抽烟.
그가 컨닝을 했지만 난 선생님께 일러바치지 않았는데 뜻밖에 못 된 놈이 선수를 친다더니 그는 오히려 내가 몰래 담배를 피웠다고 모함했다.

② 我没说他偷东西, 他反而说我偷东西, 真是恶人先告状.
나는 그가 도둑 짓했다고도 말하지 않았는데 그는 오히려 내가 도둑 짓했다고 한다. 정말 못된 놈이 선수를 치는구나.

411. 债多不愁, 虱多不痒

zhàiduōbùchóu, shīduōbùyǎng

直译：빚이 많으면 걱정이 없고 이가 많으면 간지럽지 않다.

意译：습관이란 것은 무서운 것이다.

① 债多不愁, 虱多不痒, 反正我写不完练习了, 再多点儿练习, 我也不怕!
빚이 많으면 걱정이 없고 이가 많으면 간지럽지 않다는 말처럼 어쨌든 숙제를 다하지 못할 건대, 숙제를 더 많이 내 주어도 나는 두려워하지 않는다.

② 俗话说：债多不愁, 虱多不痒, 我已经欠了一千多万了, 再欠一百万我也不怕.
속담에 빚이 많으면 걱정이 없고 이가 많으면 간지럽지 않다는데 나는 벌써 천만 원이나 빚지고 있어서 다시 백만 원을 빚져도 겁나지 않는다.

---

1. 作弊：시험부정행위를 하다
2. 告状：고소하다
3. 偷抽烟：몰래 담배를 피우다
4. 债：빚
5. 虱：이
6. 痒：간지럽다
7. 写不完：다 쓰지 못하다
8. 再多一点儿：조금 더 많이
9. 欠：빚지다

412. 爱叫的母鸡不下蛋

àijiàodemǔjībúxiàdàn

直译 : 잘 우는 암탉은 알을 낳지 않는다.

意译 : 김 안나는 숭늉이 더 뜨겁다. 실력이 있는 자는 말을 잘 안 한다.

① 爱叫的母鸡不下蛋, 像他那样每天说大话的人, 英文不一定好.
잘 우는 암탉은 알을 낳지 않는다. 그 사람처럼 날마다 큰 소리를 치는 사람이 영어를 반드시 잘하는 것은 아니다.

② 爱叫的母鸡不下蛋, 他只会说, 不会做, 一点用也没有.
실력이 있는 자는 말을 잘 안 한다. 그는 단지 말만 할 줄 알지 실제로는 할 줄 모르니 아무짝에도 쓸모없다.

413. 热锅上的蚂蚁

règuōshàngdemǎyǐ

直译 : 뜨거운 솥 위의 개미.

意译 : 안절부절하다.

① 他到现在还没有来, 把我们急得像热锅上的蚂蚁.
그가 지금까지 오지 않아서 우리를 뜨거운 솥 위의 개미처럼 안절부절 하도록 만들었다.

② 他听到发生车祸的消息以后, 急得像热锅上的蚂蚁.
그는 차사고 소식을 듣고 난 뒤에 뜨거운 솥 위의 개미처럼 초조하였다.

---

1. 爱叫 : 소리 내기를 좋아하다
2. 下蛋 : 알을 나다
3. 说大话 : 큰 소리를 하다
4. 不一定 : 반드시 … 치 않다
5. 急 : 초조하다
6. 锅 : 솥
7. 蚂蚁 : 개미
8. 车祸 : 차사고

414. 请神容易送神难

qǐngshénróngyìsòngshénnán

直译 : 신을 부르는 일은 쉽지만 신을 보내기는 어렵다.

意译 : 나쁜 사람을 불어오기는 쉽지만 보내기는 어렵다.

① 请神容易送神难, 你把他请来以後, 要把他送走就得花一笔钱了.
나쁜 사람을 불어오기는 쉽지만 보내기는 어렵다. 당신이 그를 불러온 뒤에 그를 보내려고 하면 돈을 좀 써야 되겠다.

② 你为什么拜托李老大呢? 难道你不知道请神容易送神难?
당신은 왜 이 두목에게 부탁하려고 합니까? 설마 당신은 나쁜 사람을 불어오기는 쉽지만 보내기는 어렵다는 것을 모르시는 건 아니겠지요.

415. 钱上分明大丈夫

qiánshàngfēnmíngdàzhàngfū

直译 : 돈을 분명하게 하는 사람이 진짜 사나이다.

意译 : 금전관계를 분명히 하라.

① 钱上分明大丈夫, 我们两个人的钱, 一定要算清楚.
금전관계를 분명하게 하는 사람이 진짜 사나이다. 우리 두 사람의 돈은 반드시 깨끗하게 계산하여야 한다.

② 虽然我们是一家人, 但是俗话说 : 钱上分明大丈夫, 所以我们还是把帐算清楚比较好.
비록 우리는 한 집안 식구이지만 속담에 금전관계를 분명한 사람이 진짜 사나이라고 하니까 우리 역시 계산을 확실하게 하는 것이 좋겠다.

---

1. 送 : 보내다, 선사하다
2. 得 : …야 하다
3. 花 : 쓰다, 꽃
4. 笔 : 돈의 양사, 연필, 만년필
5. 拜托 : 부탁하다
6. 老大 : 맏이, 두목
7. 难道 : 설마
8. 大丈夫 : 사나이
9. 算清楚 : 확실하게 계산하다
10. 一家人 : 한 집의 식구
11. 帐 : 장부, 계산

416. 钱财不露白

qiáncáibúlòubái

直译 : 돈이나 재화 같은 것을 외부에 노출하면 안 된다.
意译 : 돈과 재화를 항상 조심하라.

① 俗话说：钱财不露白，你去北京的时候，千万不要让别人看到你的钱.
속담에 돈이나 재화 같은 것은 외부에 노출하면 안 된다고 하니까 당신이 북경에 갈 때도 절대로 남에게 돈을 보여주지 마시오.

② 钱财不露白，你把钱让坏人看到了，他们不想偷才怪呢?
돈이나 재화 같은 것을 외부에 노출하면 안 된다고 하는데 당신이 돈을 나쁜 사람들에게 보여주었으니 그들이 훔치고 싶지 않다면 그게 오히려 이상하지 않아요?

417. 铁杵磨成绣花针，功到自然成

tiěchǔmóchéngxiùhuāzhēn，gōngdàozìránchéng

直译 : 절구공이를 갈아 수를 놓을 바늘로 만들 듯이 정성을 들이면 자연적으로 목표를 이룰 수 있다.
意译 : 무쇠도 갈면 바늘이 된다. 꾸준히 노력하면 성공할 수 있다.

① 铁杵磨成绣花针，功到自然成，只要你肯努力，一定可以把中国话学好的.
절구공이를 갈아 수를 놓을 바늘로 만들 듯이 정성을 들이면 자연적으로 목표를 이룰 수 있다. 당신이 노력하기만 하면 반드시 중국말을 잘 배울 수 있을 것이다.

② 虽然中国话很难，他每天学习四个小时，连续学了三年，终於把中国话学好了，这就是铁杵磨成绣花针，功到自然成
비록 중국말은 배우기가 어렵지만 그는 날마다 세 시간씩 배우고 삼년동안 연속적으로 배워서 마침내 중국말을 마스타하였다. 이것은 바로 절구공이를 갈아 수를 놓을 바늘로 만들 듯이 정성을 들면 자연적으로 목표를 이룰 수 있다는 것이다.

---

1. 露 : 노출, 백 : 빛, 하얗다
2. 千万 : 절대로
3. 看到 : 보이다, 보게 되다
4. 怪 : 이상하다, 책망하다
5. 杵 : 절구공이, 공이
6. 磨 : 갈다, 연마하다
7. 绣花针 : 수를 놓는 바늘
8. 功 : 정성, 공로

418. 铁树开了花, 哑巴说了话

tiěshùkāilehuā, yǎbashuōlehuà

直译 : 소철나무가 꽃을 피우고 벙어리가 입을 열어 말을 한다.
意译 : 절로 죽은 고목에 꽃이 핀다. 불가능한 일이다.

① 除非铁树开了花, 哑巴说了话, 不然的话, 没有人会相信你的.
소철나무가 꽃을 피우든지 벙어리가 입을 열어 말을 하든지, 그렇지 않으면 당신을 믿는 사람은 아무도 없을 것이다.

② 他能考第一名, 那就像铁树开了花, 哑巴说了话.
그가 일등을 하는 것이 곧 소철나무가 꽃을 피우고 벙어리가 입을 열어 말을 하는 것과 같다.

419. 读书有三到, 眼到, 口到, 心到

dúshūyǒusāndào, yǎndào, kǒudào, xīndào

直译 : 공부할 때 세 가지가 와야 한다. 즉 눈과 입과 마음이 와야 한다.
意译 : 공부를 할 때 분심하면 안 된다.

① 读书有三到, 眼到, 口到, 心到, 像你这样一面读书, 一面看电视, 怎么能念得好?
공부할 때 세 가지 도달함이 있어야 한다. 즉 눈과 입과 마음인데 당신처럼 공부하면서 텔레비전을 보는 사람이 어떻게 공부를 잘 할 수 있겠는가?

② 古人说读书有三到, 眼到, 口到, 心到, 少一样都不行.
옛날 사람들은 공부할 때 세 가지 도달함이 있어야 했다. 즉, 눈과 입과 마음인데 한 가지라도 모자라면 안 된다.

---

1. 铁树 : 소철나무
2. 哑巴 : 벙어리
3. 除非 : …아니고서는
4. 考 : 시험을 치다

420. 读不尽的书，走不尽的路

dúbújìndeshū, zǒubújìndelù

直译 : 다 읽을 수 없는 것은 책이고 다 걸을 수 없는 것은 길이다.

意译 : 공부는 영원히 마칠 수 없다.

① 吴老师说：读不尽的书，走不尽的路，希望你们继续努力学习中国话
오선생님이 말씀을 하시기를, “다 읽을 수 없는 것은 책이고 다 걸을 수 없는 것은 길이라, 당신들이 백척간두에 더 열심히 중국말을 배우기 바란다”고 하셨다.

② 虽然学完了这本中国俗活，但是古人说：读不尽的书，走不尽的路，千万不可以就此停止学习.
이 중국속담법예를 다 배웠으나 옛 사람이 말하기를 “다 읽을 수 없는 것은 책이고 다 걸을 수 없는 것은 길이라”하니 절대로 이대로 학습을 멈추면 안 됩니다.

421. 强中更有强中手

qiángzhōnggèngyǒuqiángzhōngshǒu

直译 : 강한 자 중에 더 강한 자가 있다.

意译 : 뛰는 놈 위에 나는 놈이 있다.

① 你不要自以为了不起，强中更有强中手.
넌 자기가 대단하다고 생각하지 말라. 뛰는 놈 위에 나는 놈이 있다.

② 强中更有强中手，虽然你的围棋下得很好，但是你比得上赵治勋吗?
는 놈 위에 나는 놈이 있다. 비록 당신이 바둑을 잘 두지만 조치훈을 따라 갈 수 있나요?

---

1. 自以为 : 스스로 착각에 빠지다
2. 了不起 : 훌륭하다, 대단하다, 잘하다
3. 围棋 : 바둑
4. 比得上 : 비교해서 이길 수 있다

422. 强将手下无弱兵

qiángjiàngshǒuxiàwúruòbīng

直译 : 용장의 부하에는 약한 병졸이 없다.

意译 : 용장의 부하에는 약한 병졸이 없다.

① 强将手下无弱兵, 李将军的部下个个都勇敢善战.
용장의 부하에는 약한 병졸이 없다더니 이장군님의 부하들은 모두 용맹하고 잘 싸운다.

② 李老师的学生都考上北大了, 真是强将手下无弱兵.
이선생님의 학생들이 모두 북경대학교에 합격되었다. 정말 용장의 부하에는 약한 병졸이 없구나.

423. 清官难断家务事

qīngguānnánduànjiāwùshì

直译 : 명관도 집안 일을 판단하기가 어렵다.

意译 : 명관도 부부싸움과 같은 집안 분규를 처리하기가 어렵다.

① 清官难断家务事, 你们夫妇两个人的事, 我可没有办法替你们解决.
명관도 집안 분규를 판단하기가 어렵다하니 당신 부부의 싸움은 내가 대신 해결해 줄 도리가 없다.

② 他们夫妇打架, 谁都没有办法劝解, 因为清官难断家务事!
그들 부부가 싸우는데 누구도 화해시킬 재간이 없다. 유명한 판관도 집안 분규를 판단하기가 어려우니까.

---

1. 强将 : 훌륭한 장군
2. 个个 : 마다
3. 考上 : 합격하다
4. 清官 : 청렴결백한 관리
5. 难断 : 판단하기가 어렵다
6. 没有办法 : 방법이 없다, 할 수 없다
7. 替 : 대신, 위하여
8. 劝解 : 말리다
9. 谁都 : 누구라도

424. 麻雀虽小，五脏俱全

máquèsuīxiǎo, wǔzàngjùquán

直译 : 참새는 작긴 작지만 오장육부를 다 갖추고 있다.
意译 : 규모가 작지만 있어야 할 것은 다 있다.

① 我的房间虽然不大. 但是该有的东西都有，可以说是麻雀虽小，五脏俱全.
내 방은 크지 않지만 있어야 할 것은 다 있어서 참새가 작지만 오장육부를 다 갖추고 있다고 말할 수 있다.

② 这个小镇虽然不大，但是麻雀虽小，五脏俱全. 银行，病院，消防队等等，应有尽有.
이 작은 마을은 비록 크지 않지만 있어야 할 것은 다 있어요. 은행, 병원, 소방서 같은 것들은 다 있어요.

425. 船到桥头自然直

chuándàoQiáotóuzìránzhí

直译 : 배는 다리 밑까지 가면 딴 길이 자연적으로 나온다.
意译 : 모든 일이란 끝까지 가면 자연적으로 해결된다.

① 船到桥头自然直，你放心好了.
모든 일이란 끝까지 가면 자연적으로 해결되는 법이니 안심하세요.

② 你不要着急，船到桥头自然直，他一定会帮助你的.
당신은 조급하게 생각하지 마세요. 그는 반드시 당신을 도와줄 것입니다.

---

1. 该 : 응당히, 마땅히
2. 麻雀 : 참새
3. 俱全 : 다 있다
4. 一切 : 모든
5. 桥头 : 다리 어귀
6. 直 : 바르다
7. 着急 : 서투르다, 초조하다
8. 放心 : 마음을 놓다

426. 救人一命，胜造七级浮屠

jiùrényímìng, shèngzàoqījífútú

直译：사람 목숨 하나 구해주는 것이 칠층의 불탑을 쌓는 것보다 공덕이 더 크다.

意译：사람의 생명을 구해주는 것이 무엇보다도 공덕이 크다.

① 救人一命，胜造七级浮屠，你就救救他吧!.
사람 목숨 하나를 구해주는 것이 칠층의 불탑을 쌓는 것보다 공덕이 더 크다 하니 당신이 그를 좀 구해 주시지요.

② 你今天救了他，救人一命，胜造七级浮屠，一定会有好报的.
당신이 오늘 그를 구해 주었는데 사람 목숨 하나를 구해 주는 것이 칠층의 불탑을 쌓는 것보다 공덕이 더 크다 하니 당신에게 반드시 좋은 보답이 있을 것입니다.

427. 捧著金碗要饭吃

pěngzhùjīnwǎnyàofànchī

直译：금 그릇을 안고 거지동냥을 한다.

意译：자신의 장점을 쓸 줄 모른다.

① 他每天捧著金碗要饭吃，对自己吝啬得不得了.
그는 날마다 금 그릇을 안고 거지동냥을 한다. 자신에게 매우 인색하다.

② 你有林肯大轿车不坐，却每天坐出租车，这不是捧著金碗要饭吃嘛?
당신은 링컨 리무진이 있으면서도 타지 않고 오히려 날마다 택시를 타고 다니니 이것은 바로 금 그릇을 안고 거지동냥을 하는 격이 아닌가?

---

1. 胜：낫다, 이기다
2. 浮屠：부도, 불탑
3. 好报：좋은 보답
4. 捧：받들다, 움킴
5. 要饭：밥을 달란다, 걸식하다
6, 要饭的：거지
7. 不得了：대단히, 매우
8. 林肯：링컨
9. 出租车：택시
10. 坐：타다, 앉다

428. 常将冷眼看螃蟹，看你横行到几时

chángjiānglěngyǎnkànpángxiè，kànnǐhéngxíngdàojǐshí

直译 : 늘 차가운 눈으로 게를 본다. 자네는 언제까지 옆으로 횡행할 것인가?
意译 : 나쁜 사람들의 비행은 오래 가지 못할 것이다.

① 常将冷眼看螃蟹，看你横行到几时，我相信他迟早会被法律制裁的.
나쁜 사람들의 비행은 오래 가지 못하다고 하니 나는 그가 조만간 법률의 제재를 받을 것이라고 믿는다.

② 俗话说 : 常将冷眼看螃蟹，看你横行到几时，遇到那种坏人，我们只有多忍耐了.
속담에 나쁜 사람들의 비행은 오래 가지 못할 것이라고 하니 그 같이 나쁜 사람을 만났지만 우리는 꾹꾹 참을 수밖에 없다.

429. 唯恐天下不乱

wéikǒngtiānxiàbúluàn

直译 : 세상이 어지럽기를 바란다.
意译 : 세상이 어지럽기를 바란다.

① 侵略者的心理是唯恐天下不乱，所以不断地侵扰别的国家.
침략자의 심리는 세상이 어지럽기를 바란다. 그래서 끊임없이 다른 나라를 침범한다.

② 汉奸们唯恐天下不乱，所以每天制造谣言.
매국놈들은 세상이 어지럽기를 바라기 때문에 날마다 유언비어를 만든다.

---

1. 冷眼 : 차가운 눈초리
2. 螃蟹 : 게
3. 横行 : 옆으로 가다, 나쁜 짓을 하다
4. 几时 : 언제
5. 遇到 : 만나다
6. 坏人 : 나쁜 사람
7. 只有 : 단지… 만이 있다, 단지…뿐이다
8. 唯恐 : 단지… 을 두려워할 뿐이다
9. 侵扰 : 침략하다, 소요하다
10. 汉奸 : 중국의 매국노

430. 眼不见为净

yǎnbújiànwéijìng

直译 : 눈이 안 보이면 깨끗한 것으로 간주한다.
意译 : 차라리 안 보는 것이 낫다.

① 他做的坏事太多了, 眼不见为净, 还是不要知道比较好.
그가 저지른 나쁜 일은 너무 많다. 차라리 안 보는 게 좋으니 알려고 하지 않는 것이 낫다.

② 他的房间实在太脏了, 眼不见为净, 所以我很少去他那里.
그의 방은 정말 너무 더러워요. 차라리 안 보는 것이 낫기 때문에 나는 그의 곳에 잘 안 간다.

431. 眼里揉不下沙子

Yǎnlǐróubúxiàshāzi

直译 : 눈에는 모래를 둘 수 없다.
意译 : 눈에 가시. 용납할 수 없다.

① 情人眼里揉不下沙子, 他对李先生和金小姐的关系非常不高兴.
애인의 눈에는 모래를 둘 수 없다. 그는 이선생과 김양의 관계에 대하여 기분이 매우 언짢다.

② 李先生的器量非常小, 他的眼里揉不下沙子, 你怎么能和他一起生活呢?
이 선생님의 속은 매우 좁아 그의 눈에는 모래를 둘 수 없을 것인데 당신이 어떻게 그와 같이 생활할 수 있습니까?

---

1. 为 : 이다, 위하여
2. 净 : 깨끗하다
3. 还是 : 역시
4. 比较 : 비교적으로, 비교하다
5. 房间 : 방
6. 脏 : 더럽다
7. 情人 : 연인
8. 揉 : 비비다, 문지르다
9. 揉不下 : 용납할 수 없다
10. 沙子 : 모래
11. 器量 : 기량, 도량

432. 野草烧不尽，春风吹又生

yěcǎoshāobújìn, chūnfēngchuīyòushēng

直译 : 들판의 풀은 불로 다 태울 수가 없고 봄바람이 불면 다시 살아난다.
意译 : 풀을 빼면 뿌리를 없이 하라. 뿌리를 뽑기가 힘든 것을 말한다.

① 虽然日本帝国主义残忍无道，但是白衣民族的精神就像小草一样，野草烧不尽，春风吹又生，永远不会中断的.
비록 일본제국주의자들은 잔인무도하지만 백의민족의 정신은 작은 풀처럼 뿌리를 뽑기가 힘든 것이며 영원히 끊어지지 않을 것이다.

② 野草烧不尽，春风吹又生. 明洞的流氓帮派在警察扫荡以後，不久又出现了.
들판의 풀은 불로 다 태울 수가 없고 봄바람이 불면 다시 살아난다. 명동의 깡패 조직은 경찰의 소탕이 끝난 후 얼마 지나지 않아 또 나타났다.

433. 猫哭老鼠仮慈悲

māokūlǎoshǔjiǎcíbēi

直译 : 쥐가 죽었다고 고양이는 우는 것은 가짜로 자비를 베푼 것이다.
意译 : 진심이 아니라는 말이다.

① 猫哭老鼠仮慈悲，你以前那么恨他，现在他死了，你伤心什么呢?
쥐가 죽었다고 고양이는 우는 것은 가짜로 자비를 베푸는 것이라더니 당신은 옛날에 그를 그렇게 미워하더니 이제 그가 죽었는데 무엇 때문에 슬퍼합니까?

② 他来看我，不是同情我，而是猫哭老鼠仮慈悲，来嘲笑我而已.
그가 나를 보러 온 것은 나를 동정한 것이 아니라 단지 쥐가 죽었다고 고양이가 울어 것은 가짜로 자비를 베풀듯이 나를 조소하러 왔을 뿐이다.

---

1. 像… 一样 : …와 같다
2. 野草 : 들판의 풀
3. 烧不尽 : 다 태울 수 없다
4. 流氓 : 깡패
5. 帮派 : 마피아 조직
6. 不久 : 곧
7. 恨 : 미워하다
8. 而是 : 오히려… 이다

434. 欲速则不达

yùsùzébùdá

直译 : 빨리 하려고 하니까 오히려 늦어진다.

意译 : 모든 일을 여유 있게 하여야 한다.

① 你不要忘记 : 欲速则不达, 如果你进行得太急了, 反而会有不好的效果发生.
당신 잊지 마세요. 빨리 하려고 하면 오히려 늦어진다는 말… 만약 당신이 너무 성급하게 진행하면 오히려 역효과가 일어날 겁니다.

② 欲速则不达, 他想快点吃, 结果反而把饭碗打破了.
빨리 하려고 하니까 오히려 늦어진다. 그는 빨리 먹으려고 하다가 오히려 밥그릇을 깼다.

435. 欲穷千里目, 更上一层楼

yùqióngqiānlǐmù, gèngshàngyìcénglóu

直译 : 천리 먼 곳을 구경하려고 하면 한층 위를 더 올라가야 한다.

意译 : 끊임없이 노력하여야 더 높은 차원에 도달할 수 있다는 말이다.

① 欲穷千里目, 更上一层楼, 如果你想把中国话说得像中国人一样, 你就非去中国留学不可.
천리 먼 곳을 구경하려고 하면 한층 위를 더 올라가야 한다. 만약 당신이 중국말을 중국 사람처럼 잘 하려고 하면 반드시 유학하러 중국에 가야 한다.

② 俗话说 : 欲穷千里目, 更上一层楼, 你想研究学问, 就一定要上研究院深造才行.
속담에 천리 먼 곳을 구경하려고 하면 한층 위를 더 올라가야 한다고 하는데 당신이 학문을 하려고 하면 반드시 대학원에서 깊이 공부하여야 한다.

---

1. 忘记 : 잊다
2. 则 : 오히려, 그럼
3. 不达 : 도달하지 못하다
4. 太急 : 너무 급하다
5. 反而 : 오히려
6. 快点 : 좀 빨리, 어서
7. 饭碗 : 밥 그릇
8. 打破 : 깨지다
9. 穷 : 가난하다, 다 하다, 끝이다
10. 非…不可 : …치 않으면 안 된다
11. 研究院 : 대학원
12. 深造 : 깊이 공부하다

436. 做一天和尚, 敲一天钟

zuòyìtiānhéshang, qiāoyìtiānzhōng

直译 : 하루 중 노릇을 하고 있는 한, 하루 동안 종을 친다.

意译 : 주면 먹고 안 주면 안 먹는다. 이래도 한 인생, 저래도 한 인생(주 : 좋은 의미와 나쁜 의미가 다 있다).

① 做一天和尚, 敲一天钟, 你是班长就要尽到班长的责任.
하루 중 노릇을 하면 종을 하루 동안 친다하니 당신이 반장이니까 반장의 책임을 다하시오.

② 现在的公务员已经没有责任感了, 都只是做一天和尚, 敲一天钟而已.
현재의 공무원들은 벌써 책임감 같은 것이 없다. 단지 하루 중 노릇을 하고 있는 한, 종을 하루 칠 뿐이다.

437. 黄毛丫头十八变

huángmáoyātóushíbābiàn

直译 : 노란색 머리의 계집애는 열여덟 살이 되면 변한다.

意译 : 아무리 못생긴 여자라도 열여덟 살이 되면 예뻐진다.

① 几年没见, 她竟然长得这么漂亮了, 真是黄毛丫头十八变啊!
몇년 안 보이더니 그 계집애가 뜻밖에 이렇게 예뻐진 줄 몰랐다. 정말 노란색 머리의 계집애는 열여덟 살이 되면 변한다더니.

② 黄毛丫头十八变, 他现在已经是亭亭玉玉的少女了.
노란색 머리의 계집애는 열여덟 살이 되면 변한다더니 그녀는 지금 벌써 팔등신의 소녀가 되었다.

---

1. 敲 : 치다, 두드리다
2. 和尚 : 중
3. 尽 : 다 하다
4. 竟然 : 뜻밖에
5. 丫头 : 계집애
6. 亭亭立立 : 날씬하다, 팔등신

438. 黄鼠狼拜年, 不存好心

huángshǔlángbàinián, bùcúnhǎoxīn

直译 : 족제비가 세배를 하지만 좋은 마음을 두고 있지 않다
意译 : 나쁜 사람이 방문을 하는 것은 좋은 일이 없다

① 黄鼠狼拜年, 不存好心, 他来我家找我, 绝不会有好事.
족제비가 세배를 하지만 좋은 마음을 두고 있지 않듯이 그가 우리 집에 나를 찾으러 온 것은 결코 좋은 일이 있는 것이 아니다.

② 黄鼠狼拜年, 不存好心. 他是有名的色狼, 今天来看我, 一定是看上了我的女儿.
족제비가 세배를 하나 좋은 마음을 두고 있지 않듯이 그는 유명한 바람둥이인데 오늘 나를 보러 온 것은 틀림없이 나의 딸이 마음에 들었던 모양이다.

439. 情人眼里出西施

qíngrénYǎnlǐchūxīshī

直译 : 애인의 눈에는 西施가 나타난다.
意译 : 제 눈의 안경이다.

① 情人眼里出西施, 他坚决说他的女朋友是全世界最美丽的女人.
제 눈의 안경이다. 그는 그의 여자 친구가 세상에서 가장 예쁜 여자라고 굳게 주장한다.

② 他爱上了李小姐, 所以说李小姐是全校最漂亮的女学生, 真是情人眼里出西施.
그가 이양을 사랑하게 되자 이양을 전교에서 가장 예쁜 여학생이라고 한다. 정말 제 눈의 안경이군.

---

1. 黄鼠狼 : 족제비
2. 拜年 : 세배하다
3. 色狼 : 색마, 색광
4. 看上 : 마음에 든다
5. 西施 : 중국 미인의 이름
6. 坚决 : 굳세게
7. 爱上 : 사랑하게 된다

440. 偷鸡不著蚀把米

tōujībúzhùshíbǎmǐ

直译 : 닭을 훔치려고 하다가 실패하여 쌀만 손해를 보았다.

意译 : 닭을 훔치려고 하다가 실패하여 쌀만 손해를 보았다. 혹을 떼러 갔다가 혹 붙였다.

① 他想白搭车, 结果被捉到了, 罚了两倍的车钱, 真是偷鸡不著蚀把米.
그는 차를 공짜로 타려고 하다가 결국 잡혀서 벌로 두 배의 요금을 냈다. 정말 닭을 훔치려고 하다가 실패하여 쌀만 손해를 본격이구나.

② 他考试的时候, 想作弊, 结果被老师发现, 学校把他开除了, 真是偷鸡不著蚀把米.
그는 시험 칠 때 컨닝을 하다가 선생님에게 들켜 학교에서 제적당하였다. 정말 닭을 훔치려고 하다가 실패하여 쌀만 손해 본 격이군.

441. 脱裤子放屁, 多此一举

tuōkùzifàngpì, duōcǐyìjǔ

直译 : 바지를 벗고 방귀를 뀌듯이 필요 없는 짓이다.

意译 : 쓸데없는 수고를 한다. 공연한 짓을 한다.

① 他发誓说他没有看见, 但是根本没有人相信他, 真是脱裤子放屁, 多此一举.
그가 못 보았다고 맹세하지만 그를 믿는 사람이 전혀 없다. 정말 바지를 벗고 방귀를 뀌듯이 필요 없는 짓이다.

② 我这里已经有中文字典了, 你还去图书馆借, 这不是脱裤子放屁, 多此一举吗?
내게 이미 중국어 사전이 있는데 당신이 또 도서관에 가서 빌리다니 정말 바지를 벗고 방귀를 뀌듯이 필요 없는 짓이 아닌가?

---

1. 白 : 공짜, 괜히
2. 搭 : (차, 배, 비행기를) 타다
3. 不着 : 못하다
4. 蚀 : 손해를 보다
5. 把 : 쌀의 양사
6. 作弊 : 시험에 부정행위를 하다
7. 开除 : 제적하다
8. 发誓 : 맹세하다
9. 根本 : 전혀, 기본적으로
10. 裤子 : 바지
11. 放屁 : 방귀를 뀌다
12. 多此一举 : 필요가 없는 행위이다

442. 得饶人处且饶人

dĕiráorénchùqiĕráorén

直译 : 사람을 용서할 수 있을 때 용서하라.

意译 : 사람을 궁지에 몰지 말라.

① 得饶人处且饶人, 这次你就愿谅他吧!
사람을 용서할 수 있을 때 용서하라는데 이번에 당신이 그를 용서해 주시지요.

② 李先生! 得饶人处且饶人, 人非圣贤, 谁都会犯错嘛!
이 선생님! 사람을 용서할 수 있을 때 용서하시지요. 사람이 성인이 아닌데 누구든지 잘못을 저지를 수 있는 법이지요.

443. 睁一只眼, 闭一只眼

zhēngyìzhīyăn, bìyìzhīyăn

直译 : 눈 하나를 뜨고 하나를 감다.

意译 : 모른 척 한다.

① 这件事你就睁一只眼, 闭一只眼, 帮帮忙吧!
당신은 이 일에 대하여 모른 척 하시고 좀 도와주시지요.

② 因为他们是亲戚, 所以他就睁一只眼, 闭一只眼, 没有抓他.
그들은 친척이기 때문에 그가 모른 척 해서 그를 잡지 않았다.

---

1. 得 : 얻다
2. 饶 : 용서하다
3. 且 : 잠깐, 당분간
4. 愿谅 : 용서하다
5. 谁都 : 누구라도
6. 犯错 : 잘못을 저지르다

444. 睁眼说瞎话

zhēngyǎnshuōxiāhuà

直译 : 눈 뜨고 거짓말을 한다.

意译 : 새빨간 거짓말을 한다.

① 他每天睁眼说瞎话, 没有一个人相信他.
그가 날마다 새빨간 거짓말을 하여 그를 믿는 사람이 하나도 없다.

② 你不要睁眼说瞎话, 你做了什么事情, 没有一个人不知道
당신은 새빨간 거짓말을 하지 마세요. 당신이 무엇을 했는지 모르는 사람이 하나도 없으니까요.

445. 阎王好见, 小鬼难缠

yánwánghǎojiàn, xiǎoguǐnánchán

直译 : 염라대왕을 만나기가 쉬워도 그 밑의 잡신들과 상대하기는 어렵다.

意译 : 상전을 믿고 살아도 종은 믿고 못산다. 높은 사람은 상대하기가 쉽지만 그 주변의 사람들과 사무담당자들은 상대하기가 어렵다.

① 阎王好见, 小鬼难缠, 市政府里小职员的工作态度都很坏.
염라대왕을 만나기는 쉬워도 밑의 잡신들과 상대하기가 어렵다더니 시청말단직원들의 봉사태도는 매우 나쁘다.

② 办行政的人都希望得点好处, 不肯协力合作, 所以说 : 阎王好见, 小鬼难缠.
행정을 맡은 사람들은 모두 선물만 받으려고 하고 협력하려고 하지 않아. 그러기에 염라대왕은 만나기 쉬워도 잡신배들과 상대하기는 어렵다구.

---

1. 睁 : 뜨다
2. 瞎话 : 거짓 말
3. 阎王 : 염라대왕
4. 好见 : 만나기가 쉽다
5. 小鬼 : 작은 귀신
6. 难缠 : 상대하기가 어렵다
7. 市政府 : 시청
8. 好处 : 이익, 좋은 점
9. 不肯 : 원하지 않다

446. 阎王注定三更死, 并不留人到五更

yánwángzhùdìngsāngēngsǐ, bìngbùliúréndàowǔgēng

直译 : 염라대왕이 삼경에 죽으라고 하면 오경까지 남겨두지 않는다.
意译 : 사람의 수명은 정해진 것이다.

① 阎王注定三更死, 并不留人到五更, 生死有命, 你还是不要太伤心了.
염라대왕이 삼경에 죽으라고 하면 오경까지 남겨두지 않는다. 사람의 목숨은 하늘에 달려 있는 것이니까 너무 슬퍼하지 마세요.

② 虽然有人说 : 阎王注定三更死, 并不留人到五更, 但是我们还是要尽力挽救他的生命.
비록 사람의 수명은 다 일정된 것이라고 말하지만 우리는 역시 온 힘을 다 해서 그의 목숨을 살려야 합니다.

447. 谋事在人, 成事在天

móushìzàirén, chéngshìzàitiān

直译 : 일을 꾸미는 것은 사람이나 이루는 것은 하늘에 달려 있다.
意译 : 진인사, 대천명이다.

① 能不能成功, 你不要担心, 谋事在人, 成事在天, 只要你尽了力, 就好了.
성공할 수 있느냐에 대하여 당신은 걱정하지 마십시오. 진인사, 대천명이라고 하니 당신은 최선을 다 했으면 그걸로 족합니다.

② 俗话说 : 谋事在人, 成事在天, 但是如果你不尽力而为, 老天也帮不了你的.
속담에 진인사, 청천명이라. 그러나 만약에 당신이 최선을 다 하지 않으면 하늘도 당신을 돌보지 않을 겁니다.

---

1. 注定 : 규정돼 있다, 등록돼 있다
2. 三更 : 삼경
3. 留 : 남기다
4. 还是 : 역시
5. 尽力 : 힘을 다 하여
6. 挽救 : 살리다
7. 谋事 : 일을 계획하다, 일을 촉진하다
8. 好了 : 되었다
9. 尽力而为 : 힘을 다 하여야 한다.
10. 老天 : 하늘
11. 帮不了 : 도울 수 없다

448. 断了线的风争飞不远

duànlexiàndefēngzhēngfēibùyuǎn

直译 : 실이 끊어진 연은 멀리 날아가지 못한다.
意译 : 원조가 없으면 오래 지탱하지 못한다.

① 断了线的风争飞不远, 你放心吧! 钱用光了, 他自然就会回来.
실이 끊어진 연은 멀리 날아가지 못한다니까 당신도 마음을 놓으세요. 돈이 떨어지면 그도 자연히 돌아올 거예요.

② 断了线的风争飞不远, 他很快就会回到他母亲身边的.
실이 끊어진 연은 멀리 날아가지 못하듯이 그도 곧 그의 모친 곁으로 돌아올 거예요.

449. 绣花枕头一肚草

xiùhuāzhěntóuyídùcǎo

直译 : 수를 놓은 베개 속에는 풀 밖에 없다.
意译 : 명주비단에 똥싸개. 빈 깡통이다.

① 他虽然一表人才, 但是却是绣花枕头一肚草, 一点学问也没有.
그 사람은, 인물은 잘 생겼으나 빈 깡통이라 학문이라고는 아무것도 모른다.

② 像他那种绣花枕头一肚草的人, 会做什么事呢?
그 사람과 같은 빈 깡통이 무슨 일을 할 줄 알겠습니까?

---

1. 断了线 : 실이 끊어지다, 줄이 끊어지다
2. 风争 : 연
3. 飞不远 : 멀리 날아가지 못하다
4. 放心 : 마음을 놓다
5. 用光 : 다 쓰다
6. 一表人才 : 인물이 좋다
7. 绣花 : 꽃무늬 자수
8. 枕头 : 베개
9. 肚 : 배

450. 棒下出孝子

bàngxiàchūxiàozǐ

直译 : 막대기 밑에 효자가 난다.

意译 : 귀한 자식 매 한대 더 때린다. 엄격하게 교육시켜야 완전한 인간을 키울 수 있다.

① 他小时候, 常常被他的父亲打得半死, 现在他长大做了大官, 不但不恨他的父亲, 反而感谢他父亲的苦心教诲, 对他非常孝顺, 真是棒下出孝子.
그는 어릴 때 늘 그의 부친에게서 죽도록 맞았는데 지금 그가 높은 자리에 앉았지만 그의 부친을 미워하지 않을 뿐만 아니라 오히려 부친의 고심과 훈계를 감사하게 여겨서 그의 부친에게 큰 효도를 하고 있다 정말 막대기 밑에 효자가 나는구나.

② 俗话说 : 棒下出孝子. 对小孩太惯爱, 绝对不是好的教育方法.
속담에 막대기 밑에 효자가 난다는데 애들을 대하여 너무 총애하는 것은 절대로 좋은 교육방법이 아니다.

451. 棋错一着, 满盘皆输

qícuòyìzhāo, mǎnpánjiēshū

直译 : 한 수가 틀리니까 온 판이 다 진다.

意译 : 한 번의 실수로 모든 것을 망친다.

① 没想到他会先把我的车子偷走了, 真是棋错一着, 满盘皆输.
그가 나의 차를 먼저 훔쳐갈 줄이야 생각도 못했다. 정말 한 번의 실수로 모든 것이 망쳤군.

② 棋错一着, 满盘皆输, 在学校的时候, 以为中国话不重要, 所以没有好好学习, 现在每天要用中国话, 却一点也不会, 真是棋错一着, 满盘皆输.
한 번의 실수로 모든 것을 망친다더니 학교에 다닐 때 중국말이 중요하지 않다고 생각해서 잘 배우지 않았는데 지금은 날마다 중국말을 사용해야 되지만 오히려 조금도 할 줄 모르니 정말 한 번의 실수로 모든 것이 낭패로군.

---

1. 打得半死 : 반 죽을 정도로 맞는다
2. 教诲 : 교육, 훈계
3. 孝顺 : 효도를 하다
4. 惯爱 : 총애하다
5. 一着 : 일착, 한 걸음
6. 满盘 : 온 판
7. 输 : 지다, 잃다

452. 量小非君子

liàngxiǎofēijūnzǐ

直译 : 통이 작으면 군자가 아니고 마음이 독하지 않으면 사나이가 아니다.
意译 : 배짱이 있어야 한다.

① 量小非君子, 我们把他杀了吧!
통이 작으면 군자가 아니고 마음이 독하지 않으면 사나이가 아니다. 우리 그를 죽이자!

② 他认为量小非君子, 无毒不丈夫, 要想及格就不能不作弊.
그는 통이 작으면 군자가 아니며 마음이 독하지 않으면 사나이가 아니며 시험에 합격하려고 하면 부정행위(컨닝)를 하지 않으면 안 된다고 주장한다.

453. 最毒妇人心

zuìdúfùrénxīn

直译 : 가장 독한 것은 여자의 마음이다.
意译 : 계집의 독한 마음, 오뉴월에 서리 내린다.

① 俗话说 : 最毒妇人心, 没想到她竟然把自己的孩子都杀死了.
속담에 가장 독한 것은 여자의 마음이라더니 뜻밖에 그녀가 자기의 아이를 살해할 줄은 생각하지도 못했다.

② 最毒妇人心, 如果她想复仇的话, 一定会不择手段的.
가장 독한 것은 여자의 마음이다. 만약 그녀가 복수하려고 하면 반드시 수단방법을 가리지 않을 것이다.

---

1. 量 : 가량, 도량
2. 及格 : 합격
3. 竟然 : 뜻밖에
4. 不择手段 : 수단방법을 갈리지 않다

454. 智者千虑, 必有一失

zhìzhěqiānlǜ, bìyǒuyìshī

直译 : 똑똑한 사람도 천번 고려해 봤자 필히 생각지 못한 점이 있을 것이다.
意译 : 아무리 똑똑한 사람도 실수할 수 있다.

① 智者千虑, 必有一失, 无论是做什么事情, 都要小心才行.
아무리 똑똑한 사람도 실수할 수 있다. 무슨 일을 하든 간에 반드시 조심하여야 한다.

② 他以为考虑得很周详了, 绝对不会失败, 结果却因为阴错阳差, 没有成功, 真是智者千虑, 必有一失.
그는 매우 주도면밀하게 고려해서 절대로 실패하지 않을 것이라고 생각했는데 결국 귀신 곡할 노릇 때문에 성공하지 못했다. 정말 아무리 똑똑한 사람도 실수할 수 있구나.

455. 善有善报, 恶有恶报, 不是不报, 时辰未到

shànyǒushànbào, èyǒuèbào, búshìbúbào, shíchénwèidào

直译 : 좋은 행위는 좋은 보답이 있고 나쁜 행위는 나쁜 업보가 있으며, 업보가 없는 것이 아니라 때가 아직 이르지 않았을 따름이다.
意译 : 욕은 욕으로 갚고 은혜는 은혜로 갚는다. 모든 행위는 업보가 있다.

① 善有善报, 恶有恶报, 不是不报, 时辰未到, 他杀了人, 一定会有报应的.
좋은 행위는 좋은 보답이 있고 나쁜 행위는 나쁜 업보가 있으며 업보가 없는 것이 아니라 때가 아직 안 왔을 따름이라고 하잖아. 그가 사람을 죽였으니까 반드시 업보가 있을 것이다.

② 善有善报, 恶有恶报, 不是不报, 时辰未到, 像他那么善良的人, 一定会有好报应的.
좋은 행위는 좋은 보답이 있고 나쁜 행위는 나쁜 업보가 있으며 업보가 없는 것이 아니라 때가 아직 안 왔을 따름이다. 그와 같이 선량한 사람은 반드시 좋은 보답이 있을 것이다.

---

1. 周详 : 주도면밀하다
2. 阴错阳差 : 우연한 원인으로 잘못되다, 귀신이 곡할 노릇
3. 善报 : 좋은 보답
4. 恶报 : 나쁜 업보
5. 时辰 : 때, 시기
6. 报应 : 업보

456. 温室的花草经不起风霜

Wēnshìdehuācǎojīngbùqǐfēngshuāng

直译 : 온실의 꽃은 바람과 서리를 이길 수 없다.
意译 : 고난을 겪어봐야 인물 될 수 있다.

① 温室的花草经不起风霜, 你过度保护他, 反而会害了他.
온실의 꽃은 바람과 서리를 이길 수 없는 거예요. 당신이 그를 과잉보호하는 것은 오히려 그를 해치는 거예요.

② 因为他没有受过苦难, 所以经不起穷困的考验, 就像温室的花草经不起风霜.
그는 고난을 겪어본 적이 없기 때문에 가난의 시련을 이길 수 없다 마치 온실의 꽃이 바람과 서리를 이길 수 없는 것과 같다.

457. 朝闻道, 夕死可也

zhāowéndào, xīsǐkěyě

直译 : 아침에 도를 깨달면 저녁에 죽어도 한이 없다.
意译 : 아침에 도를 깨달면 저녁에 죽어도 한이 없다.

① 子曰 : 朝闻道, 夕死可也, 今天听了你一席话, 我才明了了人生的意义.
공자가 말씀하기를 "아침에 도를 깨달면 저녁에 죽어도 한이 없다"고 하셨는데 오늘 당신의 말씀을 듣고서 나는 비로소 인생의 의의를 알게 되었다.

② 子曰 : 朝闻道, 夕死可也, 但是什么是真正的道呢?
공자가 말씀하기를 "아침에 도를 깨달면 저녁에 죽어도 한이 없다"고 하셨는데 그렇다면 진정한 도는 무엇일까요?

---

1. 经不起 : 겪을 수 없다, 감당할 수 없다
2. 害 : 해치다, 망치다
3. 像 : 같다
4. 朝 : 아침
5. 道 : 진리, 도
6. 席 : 话의 양사, 좌석

458. 赔了夫人又折兵

péilefūrenyòuzhébīng

直译 : 처를 잃고 병사도 전멸되었다.

意译 : 내 곳 잃고 내 함박 깨뜨린다. 게도 구럭도 놓치다. 손해가 막심하다는 말이다.

① 我上次和他合作进口梨子, 结果赔了夫人又折兵, 不但没赚到钱, 名誉也坏了.
나는 지난 번에 그와 합작하여 배를 수입하였는데 결국 처를 잃고 병사도 전멸 되듯이 돈을 벌지 못할 뿐만 아니라 명예도 땅에 떨어졌다.

② 他去年休学一年, 重新参加大学考试, 结果赔了夫人又折兵, 名落孙山, 白白损失了一年.
그가 작년에 일년 동안 휴학을 하여 다시 대학입시에 참가하였는데 결국 손해가 막심하였다. 시험에 떨어지고 괜히 일년만 손해보았다.

459. 谦受益, 满招损

qiānshòuyì, mǎnzhāosǔn

直译 : 겸손하면 득을 보고 교만하면 손해를 본다.

意译 : 겸수익, 만초손이다. 사람은 겸손하여야 한다.

① 谦受益, 满招损, 他就是因为太骄傲了, 所以才会失败.
겸손하면 득을 보고 교만하면 손해를 본다. 그는 너무 오만하므로 실패하고 말았다.

② 古人说 : 谦受益, 满招损, 我们无论在何时何地, 都不可以忘记这句话.
옛날 사람이 말하기를 겸손하면 득을 보고 교만하면 손해를 본다는데 우리는 언제, 어디서나 이 말을 잊어서는 안 된다.

---

1. 名落孙山 : 시험에 떨어지다, 이름은 손산씨의 뒤에 처지다
2. 白白 : 괜히
3. 谦 : 겸손하다
4. 满 : 가득차다, 교만하다
5. 招损 ; 손해를 보다
6. 无论 : 든지, 든 간에
7. 何时何地 : 언제든지 어디든지

460. 雷声大, 雨点小

léishēngdà, yǔdiǎnxiǎo

直译 : 천둥소리는 크지만 빗방울은 작다.

意译 : 태산명동서일필. 소리만 크고 별 것이 없다.

① 中国人做事, 常常是雷声大, 雨点小, 只会喊, 不会做.
중국 사람들이 일을 할 때 늘 천둥소리는 크지만 빗방울은 작듯이 소리만 지르고 실천에 옮기지 않는다.

② 你不要怕他, 他是雷声大, 雨点小, 脾气过去, 就没事了.
당신은 그를 두려워하지 마세요. 그는 소리만 크고 별 것이 없습니다. 성질만 죽으면 아무 일도 없을 겁니다.

461. 敬酒不吃吃罚酒

jìngjiǔbùchīchīfájiǔ

直译 : 정중하게 드린 술을 받아 마시지 않고, 벌주를 받아 마신다.

意译 : 좋은 말로 하면 따르지 않고, 나쁜 태도로 상대해야 말을 듣는다.

① 你不要敬酒不吃吃罚酒, 希望你好好和我合作.
당신이 정중하게 드린 술을 받아 마시지 않고 벌주를 받아 마신다는 식으로 하지 말고, 나와 잘 협력하기를 바란다.

② 刚才请你吃, 你不吃, 现在逼你吃, 你才吃, 真是敬酒不吃吃罚酒.
조금 전에 잡수시라고 청하였지만 당신이 먹지 않았고, 지금 먹으라고 강요해서 겨우 먹었으니 정말 정중하게 드린 술을 받아 마시지 않고 벌주를 받아 마시는 격이군요.

---

1. 喊 : 소리를 찌르다
2. 脾气 : 성질, 화
3. 敬酒 : 술을 권하다, 공경하게 드리는 술
4. 好好 : 잘, 매우 좋다
5. 刚才 : 조금 전에
6. 请 : 청하다, 초대하다, 한 턱을 내다
7. 逼 : 강요하다

462. 落井下石

luòjǐngxiàshí

直译 : 우물에 빠진 사람에게 돌을 던지다.

意译 : 불난 집에서 도둑질을 하다.

① 他被罢免以後, 已经非常可怜了, 你何必落井下石呢?
그가 파면당한 후 벌써부터 매우 불쌍한데 당신이 우물에 빠진 사람에게 돌을 던질 필요가 있겠습니까?

② 他是一个最喜欢落井下石人.
그는 우물에 빠진 사람에게 돌을 던지고 불난 집에서 도둑질을 하기를 가장 좋아하는 사람이다.

463. 落花有意, 流水无情

luòhuāyǒuyì, liúshuǐwúqíng

直译 : 낙화가 뜻이 있으나 유수가 무정하다.

意译 : 짝사랑을 한다.

① 你虽然爱他, 但是他一点儿也不关心你, 落花有意, 流水无情, 你就算了吧.
당신이 그를 사랑하지만 그는 당신에 대해 조금도 관심이 없으니 짝사랑을 그만 두세요.

② 落花有意, 流水无情, 单相思是很苦的事情.
낙화가 뜻이 있으나 유수가 무정하다. 짝사랑은 매우 고된 일이다.

---

1. 虽然 : 비록
2. 算了 : 그만두다, 계산하였다
3. 单相思 : 짝사랑

464. 隔行如隔山

géhángrúgéshān

直译 : 직업이 다르면 산을 사이 두고 있는 것과 같다.

意译 : 자기의 직업과 상관없는 일이라면 잘 알 수 없다

① 隔行如隔山, 我对银行的业务完全不了解.
직업이 다르면 산을 사이에 두고 있는 것과 같으니 나는 은행의 업무에 대하여 아는 것이 없습니다.

② 虽然他是文学博士, 但是对化学一点儿也不懂, 因为隔行如隔山嘛!
비록 그 사람은 문학박사이지만 그러나 화학에 대해서 조금도 아는 바가 없다. 전공이 다르면 산을 사이 두고 있는 것과 같기 때문이다.

465. 隔层肚皮, 隔层山

gécéngdùpí, gécéngshān

直译 : 뱃 속 알기는 산을 사이 두고 있는 것처럼 알기 어렵다.

意译 : 열길 물속은 알아도 한 길 사람 속은 알기 어렵다.

① 想不到他竟是个杀人犯, 真是隔层肚皮隔层山.
그 사람이 살인범인 줄은 정말 생각도 못하였다. 정말 사람의 속은 알 수 없구나.

② 隔层肚皮, 隔层山, 谁知道他心里想什么呢?
열길 물속은 알아도 한길 되는 사람 속은 알기 어렵다. 그 사람이 마음 속으로 무엇을 생각하고 있는지 누가 압니까?

---

1. 隔 : 사이를 두다
2. 行 : 직업, 줄
3. 懂 : 알다
4. 肚皮 : 배 가죽

466. 路见不平，拔刀相助

lùjiànbùpíng, bádāoxiāngzhù

直译 : 길에서 갔다가 억울한 일을 보면 칼을 뽑고 도와준다.

意译 : 모르는 사이지만 어려운 일을 보면 도와준다.

① 他的性格就是这样，路见不平，拔刀相助，如果看到有困难的人，他一定会停下来，帮助他们.
그의 성격은 바로 이렇다. 길에서 억울한 일을 보면 칼을 뽑고 도와준다는 식이다. 만약 어려운 사람을 보면 그는 반드시 멈추어서 그들을 도와준다.

② 路见不平，拔刀相助是人人应当做的事，哪里值得称赞呢?
길에서 억울한 일을 보면 칼을 뽑고 도와주는 것이 사람마다 해야 하는 일인데 어디 칭찬받을 가치가 있습니까?

467. 路遥知马力，日久见人心

lùyáozhīmǎli, rìjiǔjiànrénxīn

直译 : 길이 멀면 말의 힘을 알게 되고 시일이 오래 되면 인심을 알게 된다.

意译 : 한 집 살아보고 한 배 타보아야 속을 안다. 세월이 흘러야 사람의 진심을 알 수 있다.

① 路遥知马力，日久见人心，你们认识才一个月，他究竟是不是真心爱你，现在怎么能知道呢?
세월이 흘러야 사람의 진심을 알 수 있다는데 당신들이 서로 안 지 겨우 한 달 만에 그가 도대체 당신을 진심으로 사랑하는 것인지 아닌지 지금 어떻게 알 수 있는가?

② 他跟我吃苦才一年，心就变了，真是路遥知马力，日久见人心啊.
그는 나를 따라 고생한지 일 년 밖에 안 되어 마음이 곧 변해버렸다니 정말 세월이 흘러야 사람의 진심을 알 수 있구나.

---

1. 路 : 길, 거리
2. 不平 ; 불공평하다
3. 拔 : 뽑다
4. 停下来 : 멈추어서
5. 值得 : …할 가치가 있다, …만 하다
6. 路遥 : 길이 멀다
7. 马力 : 말의 힘, 마력
8. 日久 : 세월이 오래되다
9. 究竟 : 도대체
10. 跟 : 와, 과
11. 吃苦 : 고생을 하다

468. 蜀中无大将, 廖化当先锋

shǔzhōngwúdàjiàng, liàohuàdāngxiānfēng

直译 : 蜀나라에는 좋은 장군이 없어서 요화가 선봉장으로 나섰다.
意译 : 장님나라에서는 애꾸눈이 왕이다.

① 蜀中无大将, 廖化当先锋, 既然你们都谦让, 不肯说话, 我只好出来说两句贺辞了.
장님나라에서는 애꾸눈이 왕이다. 기왕 여러분들이 모두 사양하시니 할 수 없이 내가 나서서 축하의 말씀을 드리겠습니다.

② 蜀中无大将, 廖化当先锋, 我们学校真的没有人才, 所以只好派我来参加演讲比赛了.
장님나라에서는 애꾸눈이 왕이다. 우리학교에서는 정말 인재가 없다. 그래서 할 수 없이 나를 이 웅변대회에 참가하도록 파견하였다.

469. 置之死地而后生

zhìzhīsǐdìérhòushēng

直译 : 죽은 땅에 빠진 후에 산다.
意译 : 죽을 각오를 하여야 살아난다. 배수진을 쳐야 살아날 수 있다.

① 如果你没有置之死地而後生的精神, 就不可能活著回来.
만약 당신이 배수진을 쳐야 살아날 수 있다는 각오가 없으면 당신이 살아서 돌아올 가능성이 없을 것이다.

② 我们遇到困难的时候, 一定要有置之死地而後生的观念, 全力以赴, 如此才有可能克服困难, 解决问题.
우리들이 어려움에 봉착할 때 반드시 배수진을 쳐야 살아날 수 있다는 생각이 있어야 한다. 그래야 비로소 전력을 다 하여 어려움을 극복하고 문제를 해결할 가능성이 있다.

---

1. 蜀 : 사천성
2. 大将 : 좋은 장군
3. 廖化 : 사람의 이름
4. 先锋 : 선봉군
5. 谦让 : 양보하다, 겸손하다
6. 不肯 : …원하지 않다
7. 两句 : 두 마디
8. 演讲比赛 : 웅변대회
9. 置之死地 : 사지에 몰아넣다
10. 活著回来 : 살아서 돌아오다
11. 遇到 : 만나다, 봉착하다
12. 赴 : 나가다
13. 如此 : 이렇게

470. 解铃还是系铃人

jiělíngháishìxìlíngrén

直译 : 방울을 풀 때 역시 방울을 매는 사람이 필요하다.
意译 : 결자해지.

① 解铃还是系铃人, 你和李小姐的问题, 只有你自己才能解决.
결자해지이므로 당신과 이양의 문제는 단지 당신만이 해결할 수 있다.

② 我认为解铃还是系铃人, 这件事是你做的, 所以只好由你来负责解决.
내 생각에는 결자해지라, 이 일은 당신이 했기 때문에 할 수 없이 당신이 책임을 져야 한다.

471. 衙门深似海. 有理无钱莫进来

yámenshēnsìhǎi. yǒulǐwúqiánmòjìnlái

直译 : 관청은 바다처럼 깊으니 정당한 이유가 있어도 돈이 없으면 들어오지 말라.
意译 : 소송은 좋지 않은 일이니까 함부로 걸지 말라.

① 俗话说 : 衙门深似海. 有理无钱莫进来, 发生问题的时候, 最好是自己解决, 千万不要闹到法院里去.
속담에 관청은 바다처럼 깊으니 정당한 이유가 있어도 돈이 없으면 들어오지 말라고 하는데 문제가 생겼을 때 되도록이면 스스로 해결하고 절대로 법원으로 끌고 가지 마세요.

② 现在的司法风纪很坏, 大家都说 : 衙门深似海. 有理无钱莫进来, 所以没有一个人相信法院能公正处理诉讼案件.
지금의 사법기율은 아주 나쁘다. 모든 사람들이 관청은 바다처럼 깊이니 정당한 이유가 있어도 돈이 없으면 들어오지 말라고 하므로 법원이 소송안건을 공정하게 처리할 수 있다고 믿는 사람이 하나도 없다.

---

1. 系 : 매다
2. 负责 : 책임을 지다
3. 衙门 : 관청, 법원
4. 似 : 같다
5. 莫 : 하지 마라, 아니다
6. 闹 : 떠들다

472. 愚者千虑, 必有一得

yúzhěqiānlǜ, bìyǒuyìdé

直译 : 둔한 사람도 천번 생각하면 필히 일득이 있다.
意译 : 아무리 머리가 나쁜 사람도 심사숙고하면 득이 있다.

① 愚者千虑, 必有一得, 凡事只要多想, 一定会有好处的.
아무리 머리가 나쁜 사람도 심사숙고하면 득이 있다는데 무슨 일이든지 많이 생각하면 (신경을 많이 쓰면) 반드시 득이 있을 것이다.

② 他以为没有办法解决那个问题了, 但是却不放弃, 每天费心思考, 终於被他想出解决的方法来了. 真是愚者千虑, 必有一得啊!
그는 그 문제를 해결할 방법이 없는 줄 알았는데 그러나 포기하지 않고 날마다 신경을 써서 생각하여 결국 해결할 방법을 발견하였다. 정말 아무리 머리가 나쁜 사람이라도 심사숙고하면 득이 있구나!

473. 新官上任, 三把火

xīnguānshàngrèn, sānbǎhuǒ

直译 : 신관이 부임하여 세 개의 횃불에 불을 붙인다.
意译 : 새로 부임한 관리는 세 개의 횃불 마냥 기세등등하다.

① 新官上任, 三把火, 他刚到任, 就规定在办公室里, 不准抽烟.
새로 부임한 관리는 세 개의 횃불 마냥 기세등등하다더니, 그가 금방 부임되어 곧장 사무실에서는 담배를 피우면 안 된다는 규정을 내렸다.

② 俗话说 : 新官上任, 三把火. 不知道新来的市长会有些什么新的政策?
속담에 새로 부임한 관리는 세 개의 횃불 마냥 기세등등하다더니, 새로 오신 시장님에게 어떠한 새로운 정책이 있을지 모르겠다.

---

1. 凡事 : 모든 일
2. 多想 : 많이 생각하다
3. 好处 : 좋은 점
4. 费心 : 신경을 쓰다
5. 想出来 : 생각을 해 내다
6. 到任 : 취임
7. 不准 : 허락하지 않다, 금지하다

474. 搬石头打自己的脚

bānshítoudǎzijǐdejiǎo

直译 : 돌을 옮겨서 자기의 발을 친다.
意译 : 도끼로 제 발을 찍는다.

① 他说中国话很重要, 但是却不好好儿学, 这不是搬石头打自己的脚吗?
그가 중국말이 아주 중요하다고 하지만 도리어 열심히 배우지 않는 것이 도끼로 제 발을 찍는 것과 같지 않겠는가?

② 他说的话和他的行动常常不一样, 就像搬石头打自己的脚一样.
그가 말하는 것과 행동은 늘 다르다, 마치 도끼로 제 발을 찍는 것과 같다.

475. 嫁出去的女儿, 泼出去的水

jiàchūqùdenǚer, pōchūqùdeshuǐ

直译 : 시집으로 보낸 딸은 뿌려진 물과 같다.
意译 : 시집간 딸은 뒤집어진 물. 출가외인이다.

① 嫁出去的女儿, 泼出去的水, 女人结婚以後, 就应该听公婆的话.
시집 간 딸은 뿌려진 물과 같으니 여자가 결혼 후, 시부모의 말씀을 잘 따라야 한다.

② 姐姐结婚以後, 就没有回来过, 因为她认为嫁出去的女儿, 泼出去的水, 没有资格回娘家了.
누나는 결혼 후 돌아온 적이 없다, 그녀는 시집 간 딸은 뿌려진 물과 같다고 생각하기 때문이다.

---

1. 搬 : 옮기다
2. 脚 : 발, 다리
3. 不一样 : 다르다
4. 嫁出去 : 시집에 보내다
5. 泼出去 : 뿌려나가다
6. 公婆 : 시부모
7. 娘家 : 친정

476. 嫁鸡随鸡，嫁狗随狗

jiàjīsuíjī, jiàgǒusuígǒu

直译 : 닭에게 시집갔으면 닭을 따르고 개에게 시집갔으면 개를 따른다.
意译 : 여필종부이라.

① 嫁鸡随鸡，嫁狗随狗，我怎么能不听你的话呢?
여필종부라고 하는데 제가 어떻게 당신의 말을 안 따를 수 있겠습니까?

② 妈妈说 : "嫁鸡随鸡，嫁狗随狗"，叫我绝对不可以和他离婚.
어머니가 말씀하시기를 "여필종부라", 나에게 절대로 그이와 이혼하면 안 된다고 당부하셨다.

477. 辣椒是小的辣

làjiāoshìxiǎodelà

直译 : 고추는 작은 것이 맵다.
意译 : 고추는 작은 것이 맵다.

① 他的个子虽然不大，但是辣椒是小的辣，你要小心他啊!
그의 키는 크지 않지만 작은 고추가 맵다고, 그를 조심하여야 해!

② 邓亚平虽然很矮，但是却是世界乒乓球冠军，真是辣椒小的辣!
등아평은 키가 작지만 세계 탁구 챔피언이다. 정말 작은 고추는 매워!

---

1. 随 : 따르다
2. 叫我 : 나로 하여금… 게 하다, 나를 부르다
3. 个子 : 키
4. 辣椒 : 고추
5. 辣 : 맵다
6. 矮 : 키가 작다
7. 冠军 : 우승

478. 跳到黄河洗不清

tiàodàoHuánghéxǐbùqīng

直译 : 황하에 뛰어 들어도 깨끗하게 씻을 수 없다.

意译 : 회복하지 못한 누명을 쓰다.

① 新闻报导说他贪污了一千万元, 虽然他是冤枉的, 但是现在跳到黄河也洗不清了.
뉴스방송에 그 사람이 공금 1,000만원을 횡령하였다고 하는데 비록 그는 억울하지만 이제 회복하지 못할 누명을 썼습니다.

② 大家都说他是小偷, 即使他不是小偷, 现在跳到黄河也洗不清了.
모든 사람들이 그 사람이 도둑이라고 하니까 그가 도둑이 아니더라도 이제 회복하지 못할 누명을 썼습니다.

479. 道不同不相为谋

dàobùtóngbùxiāngwèimóu

直译 : 길이 다르면 서로 의논하지 않다.

意译 : 뜻이 다르면 서로 왕래하지 않는다.

① 道不同不相为谋, 他一心只想发财, 我怎么能和他一起生活呢?
뜻이 다르면 서로 왕래하지 않는다는데 그가 한 마음으로 부자가 되려고 하니 나는 어떻게 그와 같이 생활할 수 있을까요?

② 我认为道不同不相为谋, 既然我们两个人的意见不一致, 我们就此分手吧!
나는 뜻이 다르면 서로 왕래하지 않아야 한다고 생각한다. 기왕 우리 두 사람의 의견이 일치하지 않으니까 우리는 이로 헤어지자.

---

1. 贪污 : 부정을 하다, 뇌물을 받다
2. 冤枉 : 억울하다
3. 洗不清 : 깨끗이 씻지 못하다
4. 即使 : …더라도
5. 相 : 서로
6. 谋 : 도모하다, 상의하다
7. 一心 : 한 마음으로
8. 发财 : 부자되다
9. 就此 : 이 자리에서, 이로 하여

480. 道高一尺，魔高一丈

dàogāoyìchǐ, mógāoyízhàng

直译 : 도인의 능력은 한 자이지만 마귀의 능력은 열 자나 된다.
意译 : 뛰는 놈 위에 나는 놈이 있다.

① 道高一尺，魔高一丈，我想骗他，却被他骗了.
뛰는 놈 위에 나는 놈이 있다. 나는 그를 속이려고 했는데 도리어 그에게 속았다.

② 现在的小偷们都很聪明，连警察对他们也没办法，真是道高一尺，魔高一丈.
현재의 도둑들 모두가 아주 똑똑하다. 경찰마저도 그들을 어쩔 수 없다. 정말 뛰는 놈 위에 나는 놈이 있구나.

481. 福无双至，祸不单行

fúwúshuāngzhì, huòbùdānxíng

直译 : 복은 두개씩 오지 않고 화는 혼자서 다니지 않는다.
意译 : 엎친 데 덮친다. 짝 없는 화가 없다. 설상가상이다.

① 福无双至，祸不单行，他的爱人刚死去，他的儿子又被车撞了.
설상가상으로 그의 부인이 금방 죽었는데 그의 아들이 또 차에 치였다.

② 他今年真是福无双至，祸不单行，失了业又被小偷偷了.
그는 금년에 정말로 엎친 데 덮친 격으로, 직업을 잃은데다가 또 도둑을 맞았다.

---

1 骗 : 속다
2. 被骗 : 속이다
3. 连… 也 … : …마저도
4. 没办法 : 방법이 없다, …수 없다
5. 至 : 오다
6. 单行 : 홀로 가다
7. 刚 : 금방, 막
8. 撞 : 부딪치다
9. 小偷 : 도둑

482. 聚沙成塔，聚腋成裘

jùshāchéngtǎ, jùyèchéngqiú

直译 : 모래를 모으면 탑이 되고 겨드랑이의 털을 모으면 털옷이 된다.

意译 : 티끌 모아 태산.

① 聚沙成塔，聚腋成裘，他省吃俭用了十年，终於买了自己的房子.
티끌 모아 태산이라, 그가 십년동안 먹을 것과 쓸 것을 절약해서 마침내 자기의 집을 마련하였다.

② 不要小看十块钱，聚沙成塔，聚腋成裘，一千个十块钱就是一万块了.
당신은 십원을 무시하지 마세요, 티끌 모아 태산이라, 천개의 십원은 바로 만원이 됩니다.

483. 漫天要价，就地还钱

màntiānyàojià, jiùdìhuánqián

直译 : 하늘 높이 값을 부르고 그 자리에서 에누리한다.

意译 : 엿 장사는 마음대로이고 매매는 에누리를 하여야 한다.

① 在南大门买东西的时候，商人们漫天要价，我们也就地还钱.
남대문에서 물건을 살 때 장사꾼들이 하늘 높이 값을 부르고 우리도 그 자리에서 에누리한다.

② 漫天要价，就地还钱是旧时代的买卖方式，现在已经不合时宜了.
하늘 높이 값을 부르고 그 자리에서 에누리한다는 것이 구시대의 장사방법이고 지금은 이미 시대에 맞지 않아요.

---

1. 聚 : 모이다
2. 沙 : 모래
3. 腋 : 겨드랑이
4. 省吃俭用 : 먹는 것과 쓸 것을 절약하다
5. 买成 : 사게 되다
6. 小看 : 멸시하다
7. 就是 : 바로
8. 漫天 : 온 하늘
9. 要价 : 가격을 부르다
10. 就地 : 그 자리에서
11. 还钱 : 돈을 돌리다
12. 买卖 : 장사, 장사하다
13. 时宜 : 시대

484. 旗开得胜, 马到成功

qíkāidéshèng, mădàochénggōng

直译 : 깃발을 펴자마자 이기고 말이 도착하자마자 성공하다.
意译 : 시작하자마자 성공하다.

① 祝你旗开得胜, 马到成功!
당신이 시작하자마자 성공하기를 빕니다.

② 他做卖买每次都是旗开得胜, 马到成功, 真是做生意的天才.
그는 장사를 할 때 매번 시작하자마자 성공을 거두었다 정말 장사의 천재이다.

485. 精诚所至, 金石为开

jīngchéngsuǒzhì, jīnshíwéikāi

直译 : 정성이 있으면 바위도 열린다.
意译 : 지성감천이다.

① 精诚所至, 金石为开, 只要你継续不断努力, 一定可以把中国话学得很流利的.
지성감천이다. 당신이 지속적으로 끊임없이 노력하면 반드시 중국말을 매우 유창하게 배울 수 있을 것이다.

② 他为了找到不老草, 给他的母亲治病, 走遍了全世界, 终於被他找到了, 真是精诚所至, 金石为开呀!
그가 불로초를 찾아서 모치의 병을 치료해주기 위하여 전 세계를 다 다니다가 드디어 찾게 되었다. 정말 지성감천이구나.

---

1. 旗开 : 깃발을 펴다
2. 做买卖 : 장사를 하다
3. 做生意 : 장사하다
4. 金石 : 금과 돌, 금석
5. 走遍 : 다 다니다

486. 醉翁之意不在酒

zuìwēngzhīyìbúzàijiǔ

直译 : 술 마실 사람의 뜻이 술에 있지 않다.

意译 : 명태 한 마리 놓고 딴전 본다. 딴 곳에 뜻을 두고 있다.

① 醉翁之意不在酒, 他去酒家的目的, 不是想喝酒, 而是想和李小姐见面.
술 마실 사람의 뜻이 술에 있지 않다. 그가 술집에 가는 목적은 술을 마시고 싶은 것이 아니고 도리어 이양과 만나고 싶은 것이다.

② 他去图书馆不是去看书, 而是想见金小姐, 真是醉翁之意不在酒.
그가 도서관에 가는 것은 공부하고 싶은 것이 아니고 오히려 김양과 만나고 싶은 것이다. 정말 술 마실 사람의 뜻이 술에 있지 않다.

487. 慧眼识英雄

huìyǎnshíyīngxióng

直译 : 똑똑한 눈만이 영웅을 볼 줄 안다.

意译 : 인재를 볼 줄 아는 것은 쉽지 않다.

① 李将军慧眼识英雄, 派金中校去打前锋了.
이장군님은 영웅을 볼 줄 아는 눈이 있어서 김중령님이 선봉에서 싸우도록 파견하셨다.

② 还是你慧眼识英雄, 知道他是一个一等人才.
역시 당신은 영웅을 볼 줄 아는 눈이 있어서. 그가 인재 중의 인재라는 것을 아는군요.

---

1. 酒家 : 술집
2. 和 …见面 : …와 만나다
3. 识 : 알다
4. 中校 : 중령
5. 前锋 : 선봉

488. 擒贼先擒王

qínzéixiānqínwáng

直译 : 도둑을 잡을 때 두목을 먼저 잡아라.

意译 : 도둑을 잡을 때 두목을 먼저 잡아라.

① 擒贼先擒王, 如果你想把他们捉起来, 就要先捉小李, 因为小李是他们的头目.
도둑을 잡을 때 두목을 먼저 잡아라. 만약 당신이 그들을 잡으려고 하면 이씨를 먼저 잡아야 한다. 이씨는 그들의 두목이기 때문이다.

② 警察为了把黑社会一网打尽, 所以用擒贼先擒王的方法, 先逮捕了他们的教父.
경찰들은 마피아단을 일망타진하기 위하여 도둑을 잡을 때 두목을 먼저 잡으라는 방법으로 그들의 대부를 먼저 잡았다.

489. 踏破铁靴无觅处, 得来全不费工夫

tàpòtiěxuēwúmìchù, Déláiquánbúfèigōngfu

直译 : 쇠로 된 구두가 다 닳도록 찾을 길이 없었는데 힘 하나 들이지 않고 찾아내다.

意译 : 의외로 찾았다는 말이다.

① 我找他找了一年, 没想到今天在自己的家里见到了他, 真是踏破铁靴无觅处, 得来全不费工夫.
나는 그를 찾은 지 일년이 다 되었는데 오늘 뜻밖에 우리 집에서 그를 만나게 되었으니 정말 쇠로 된 구두가 다 닳도록 찾을 길이 없었는데 의외로 힘 하나 들이지 않고 찾게 되었구나.

② 踏破铁靴无觅处, 得来全不费工夫, 我找你找了一个小时, 现在你总要把我的钱还给我了吧!
쇠로 된 구두가 다 닳도록 찾을 길이 없었는데 의외로 힘 하나 들이지 않고 찾게 되었군요. 나는 당신을 한 시간이나 찾았는데 이젠 어쨌든 간에 내 돈을 갚아 주세요.

---

1. 擒 : 잡다
2. 小李 : 이씨
3. 黑社会 : 암흑가
4. 教父 : 대부, 두목
5. 踏破 : 밟아서 깨지다 (찢어지다)
6. 觅 : 찾다
7. 得来 : 얻어내다
8. 不费工夫 : 힘이 안 들다

490. 瞎猫遇到死耗子

xiāmāoyùdàosǐhàozǐ

直译 : 눈 먼 고양이가 죽은 쥐를 만났다.

意译 : 소경 문 걸쇠. 운수가 좋았다.

① 瞎猫遇到死耗子, 没想到我把问题猜对了.
눈 먼 고양이가 죽은 쥐를 만난 듯이 운수가 좋아서 뜻밖에 내가 이 문제를 알아 맞추었다.

② 我今天瞎猫遇到死耗子, 爱国奖券中了一百万元.
나는 오늘 눈 먼 고양이가 죽은 쥐를 만난 듯이 운수가 좋아서 복권에 백만 원 짜리가 당첨되었다.

491. 箭在弦上, 不得不发

jiànzàixiánshàng, bùdébùfā

直译 : 화살은 현에 있어서 쏘지 않을 수 없다.

意译 : 기호지세이다. 내친 걸음.

① 因为我已经准备了一年, 箭在弦上, 不得不发, 所以我不能不参加今年的司法考试.
나는 벌써 일년 동안 준비를 해 온 터라 기호지세격으로 금년의 사법고시에 참가하지 않을 수 없다.

② 战斗机都已经发动了, 箭在弦上, 不得不发, 这场战争是不可避免的了.
전투기들이 이미 시동을 걸었다. 기호지세라 이 전쟁은 불가피한 것이다.

---

1. 瞎 : 눈 멀다
2. 耗子 : 쥐
3. 题 : 문제
4. 猜对 : 맞게 알아 맞추다
5. 爱国奖券 : 복권의 이름
6. 中 : 당첨되다
7. 箭 : 화살
8. 发 : 발사하다, 나누다

492. 靠山吃山，靠水吃水

kàoshānchīshān, kàoshuǐchīshuǐ

直译：산에 있으면 산을 믿고 살고 물가에 있으면 물을 믿고 산다.

意译：산을 낀 곳에서는 산을 뜯어먹고 바다를 낀 곳에서는 바다에 의지한다. 환경을 따라 살아야 한다.

① 我们靠山吃山, 靠水吃水, 不然的话, 靠什么生活?
산에 있으면 산을 믿고 살고 물가에 있으면 물을 믿고 산다는데 그렇지 않으면 어떻게 살아가야 됩니까?

② 靠山吃山靠水吃水, 所以这里的人都以打渔为生.
산에 있으면 산을 믿고 살고 물 곁에 있으면 물을 믿고 살듯이 여기 사람들은 모두 고기잡이로 생활한다.

493. 寡妇门前是非多

guǎfuménqiánshìfēiduō

直译：과부 사는 집 앞에 시비가 많다.

意译：과붓집 수쾨 많다. 과붓집 일이 많다.

① 寡妇门前是非多, 自从李先生死去以後, 李太太身边的谣言就一直没有断过.
과부 사는 집 앞에 시비가 많다. 이선생이 죽고 난 뒤, 이씨부인 주변의 유언비어는 줄곧 끊이지 않았다.

② 寡妇门前是非多, 你为什么要和寡妇谈恋爱呢?
과부집 문 앞에 시비가 많다는데 당신은 뭐 때문에 과부와 연애하려고 합니까?

---

1. 靠 : 의지하다, 기대다
2. 不然的话 : 아니면
3. 打渔 : 고기를 잡다
4. 为生 : 생업을 유지하다
5. 是非 : 시비
6. 谈恋爱 : 연애를 하다
7. 身边 : 곁에
8. 谣言 : 유언비어
9. 断 : 끊다

494. 聪明一世, 糊涂一时

cōngmíngyíshì, hútúyìshí

直译 : 일생동안 총명했을지라도 어리석을 때가 한 번은 있다.

意译 : 총명한 사람도 실수를 할 수 있다.

① 李完在卖国求荣, 真是聪明一世, 糊涂一时啊.
이완재가 나라를 팔아서 부귀영화를 누리려고 하니 정말 총명한 사람도 어리석을 때가 있구나.

② 像你这样聪明的人, 怎么会做出那种事呢?, 真是聪明一世, 糊涂一时.
당신 같이 똑똑한 사람이 어째서 그런 일을 할 수 있을까? 정말 아무리 총명한 사람도 한 때 실수는 있을 수 있구나.

495. 聪明反被聪明误

cōngmingfǎnbèicōngmíngwù

直译 : 총명하지만 종명 때문에 망한다.

意译 : 제 꾀에 제가 넘어간다. 꾀병에 말라죽겠다.

① 他想不劳而获, 结果却把老本都赔光了, 真是聪明反被聪明误.
그가 불로소득하려고 하다가 결국 본전마저 다 밑졌다. 정말로 제 꾀에 제가 넘어간 격이구나.

② 俗话说 : 聪明反被聪明误, 我劝你还是脚踏实地的努力比较好.
속담에 꾀부리다가 오히려 망한다는데 당신은 역시, 착실하게 노력하는 것이 좋을 것이다.

---

1. 卖国求荣 : 나라를 팔아서 부귀영화를 구하다
2. 糊涂 : 멍청하다, 어리석다
3. 做出 : 해내다
4. 获 : 얻다
5. 老本 : 본전
6. 赔光 : 다 잃다, 밑지다
7. 误 : 틀리다, 방해하다
8. 反 : 오히려
9. 脚踏实地 : 착실하게, 착실하다

496. 嘴上无毛, 办事不牢

zuǐshàngwúmáo, bànshìbùláo

直译 : 1. 입에 털(수염)이 없으면 일을 제대로 못하다.
2. 나이가 어리면 일을 제대로 잘 못한다.

意译 : 하루 비둘기 재를 못 넘는다. 쓸개가 빠진다. 젊은 사람을 믿을 수 없다.

① 你连这种小事也办不好, 真是嘴上无毛, 办事不牢.
너는 어째서 이런 작은 일마저 못하니? 정말 나이가 어리니 일도 제대로 못하구나.

② 他那个人, 嘴上无毛, 办事不牢, 一定不会办好的.
그와 같은 사람은 나이가 어려서 일을 제대로 못한다니까.

497. 螳螂捕蝉, 黄雀在后

tánglángbǔchán, huángquèzàihòu

直译 : 사마귀가 매미를 잡으려고 하는데 황새가 그 뒤에 있다.

意译 : 남을 노리다가 자기의 입지가 위험할 줄 모른다.

① 螳螂捕蝉, 黄雀在后, 他想偷我的东西, 但是老师却在他後面注意他.
사마귀가 매미를 잡으려고 하는데 황새가 그 뒤에 있듯이 그가 내 물건을 훔치려하지만 선생님께서 그의 뒤에서 그를 주목하고 있다.

② 日本想吞并韩国, 但是苏联却想侵占日本的北方领土, 真是螳螂捕蝉, 黄雀在后.
일본은 한국을 병탐하려고 하지만 소련이 오히려 일본의 북방영토를 침점하려고 한다. 정말 사마귀가 매미를 잡으려고 하는데 황새가 그 뒤에 있는 것과 같구나.

---

1. 连… 也 … : 마저도
2. 办不成 : (일을) 잘 처리하지 못하다
3. 牢 : 튼튼하다
4. 办好 : 잘 처리하다
5. 螳螂 : 사마귀
6. 黄雀 : 참새
7. 吞并 : 삼키다

498. 覆巢之下无完卵

fùcháozhīxiàwúwánluǎn

直译 : 뒤엎인 새집 밑에 성한 알이 없다.

意译 : 나라가 망하면 성한 국민이 없다.

① 覆巢之下无完卵, 我们一定要团结一心, 把国土光复.
뒤엎인 새집 밑에 성한 알이 없다고 하니 우리는 반드시 일심단결하여 국토를 해방하여야 한다.

② 安重根说 : 覆巢之下无完卵, 韩国独立自主的地位一定要恢复.
안중근이 말하기를 뒤엎인 새집 밑에 성한 알이 없다. 한국의 독립자주 지위는 반드시 회복되어야 한다.

499. 癞蛤蟆想吃天鹅肉

làihámaxiǎngchītiān'éròu

直译 : 못생긴 두꺼비가 백조 고기를 먹으려고 한다.

意译 : 아이 못 낳는 여자 밤마다 용꿈을 꾼다. 까마귀 꿩 잡아 먹을 궁리한다. 주제를 모른다.

① 想追金完善, 真是癞蛤蟆想吃天鹅肉!
당신이 김완선에게 프로포즈하려 하다니 정말 주제를 모르는구나!

② 癞蛤蟆想吃天鹅肉, 你想他会嫁给你吗?
주제도 모르는군요. 당신은 그녀가 당신에게 시집 올 것이라고 생각합니까?

---

1. 覆 : 엎어지다, 전도하다
2. 巢 : 둥우리
3. 完卵 : 온전한 알
4. 癞 : 문둥병
5. 蛤蟆 : 두꺼비
6. 天鹅 : 백조
7. 追 : 쫓는다, 프로포즈하다
8. 嫁 : 시집에 가다

500. 鹬蚌相争，渔翁得利

yùbàngxiāngzhēngyúwēngdélì

直译 : 새와 조개가 싸워서 어부가 득을 본다.
意译 : 방율지쟁, 어부지리이다.

① 鹬蚌相争，渔翁得利，你们两个人相执不下，结果只有他一个人得到好处.
어부지리이다. 당신 두 사람이 서로 고집하여 양보하지 않으니까, 결국 그 사람만이 득을 본다.

② 南北韩战争的时候，日本得到了最大的好处，这就是鹬蚌相争，渔翁得利.
남북한이 전쟁할 때 일본이 가장 득을 보았다. 이것이 바로 어부지리이다.

---

1. 一面 …一面 … : …면서
2. 念得好 : 공부를 잘하다, 잘 읽다
3. 一样 : 한 가지, 같다
4. 鹬 : 도요새
5. 蚌 : 조개
6. 渔翁 : 어부
7. 相执不下 : 서로 고집을 하여 양보를 하지 않다
8. 好处 : 이익, 좋은 점

저자 오 경 제

중국문화대학교 한국어학과 졸업
영남대학교 대학원 정치외교학과 유학
동 대학교 정치학박사 학위취득
중국문화대학교 한국어학과 부교수, 대학원 업무주임 겸직
중앙통신사 서울 주재 특파원
현재 경성대학교 중어중문학과 교수

속담으로 중국어를 말해요

1판 1쇄 찍음 • 2010년 2월 20일
1판 1쇄 펴냄 • 2010년 2월 28일

저 자 • 오 경 제
발행인 • 정 현 걸
발 행 • 신 아 사
인 쇄 • 예지인쇄

출판등록 • 1956년 1월 5일 (제9-52호)
서울특별시 은평구 녹번동 28-36 (2F)
전화 (02)382-6411 • 팩스 (02)382-6401
홈페이지 • www.shinasa.co.kr
E-mail • shinasa@chol.com

ISBN 978-89-8396-689-6(93720)

정가 *13,000*원